U0926115

◎国家社会科学基金教育学青年项目(CJA180258)

我国职业教育治理的制度逻辑

孙长远　著

山东大学出版社
SHANDONG UNIVERSITY PRESS
·济南·

图书在版编目(CIP)数据

我国职业教育治理的制度逻辑 / 孙长远著. — 济南：山东大学出版社，2022.11

ISBN 978-7-5607-7652-1

Ⅰ. ①我… Ⅱ. ①孙… Ⅲ. ①职业教育—研究—中国 Ⅳ. ①G719.2

中国版本图书馆 CIP 数据核字(2022)第 188772 号

责任编辑　陈佳意
封面设计　杜　婕

我国职业教育治理的制度逻辑
WOGUO ZHIYE JIAOYU ZHILI DE ZHIDU LUOJI

出版发行　山东大学出版社
社　　址　山东省济南市山大南路 20 号
邮政编码　250100
发行热线　(0531)88363008
经　　销　新华书店
印　　刷　济南乾丰云印刷科技有限公司
规　　格　720 毫米×1000 毫米　1/16
　　　　　15.5 印张　245 千字
版　　次　2022 年 11 月第 1 版
印　　次　2022 年 11 月第 1 次印刷
定　　价　51.00 元

前　言

党的十八届三中全会提出“推进国家治理体系和治理能力现代化”的改革目标之后，我国哲学社会科学界掀起了一股“国家治理”研究热潮。在职业教育理论界，学者们围绕着推进职业教育治理体系和治理能力现代化问题展开了热烈的讨论。对于职业教育治理问题，不少研究者主张，政府、企业、行业协会、非营利组织以及个人等利益主体都是职业教育治理的主体，而这些治理主体可以通过协商、合作或共治的方式，共同解决职业教育面临的问题和矛盾，并致力于提高职业教育的质量。这些研究成果具有一定的现实意义，但也不难发现，研究者在强调企业、行业协会和非营利组织作用的同时，也存在轻视和忽视政府主导作用的现象，或避而不谈政府主导作用，或置政府于从属地位，或视政府为配合者角色。这无助于我国职业教育实现治理体系和治理能力现代化。因为从政府的职业教育职能、政府与市场的关系、职业教育的产品属性以及职业教育发展的现实需要来说，我国政府应是职业教育治理的主导者，应该在职业教育治理过程中承担主导责任。离开了政府主导这一逻辑前提，职业教育治理主体将会陷入各自为政的状态，耗散治理的合力作用。基于此，笔者认为，职业教育治理是在政府主导下，政府与其他职业教育相关利益主体实现多元协调共振，以共同解决职业教育所面临的问题和不足，从而提高职业院校的办学质量、增强职业教育吸引力的系统性过程。

在正确认识和理解职业教育治理是政府主导的“一主多元”治理过程、

政府应在职业教育治理过程中承担主导责任的前提下，我们不得不面对的理论问题就是制度与职业教育治理的关系。因为从一定意义上讲，把握了两个关键词——“制度”与“治理”的关系逻辑，就把握了我国职业教育治理现代化的理论逻辑和实践逻辑，就能够顺利实现我国职业教育治理现代化的目标，进而为职业教育事业的可持续发展奠定坚实的基础。有效的职业教育治理是促进职业教育满足社会经济发展需要和个体内在发展需要的关键，这虽然受到制度及其他多种因素的影响，但从根本上来看，它受制于职业教育治理表象背后的制度逻辑。因此，力求站在理论与实践的结合点上较为深入、系统地解答政府与职业教育治理的关系是什么，制度与职业教育治理的关系是什么，基于制度逻辑的职业教育治理路径是什么等问题，便是笔者选择“我国职业教育治理的制度逻辑研究”的初衷。

从理论上来看，现代意义上的“治理”(Governance)，强调的是多元主体的参与性，它同时内含着有序性和规范性，而这种有序性和规范性又在很大程度上有赖于制度来提供。正是在此意义上，联合国全球治理委员会提出，治理是个人和公共或私人机构管理其共同事物的诸多方式的总合，它既包括有权迫使人们服从的正式制度和规则，也包括人民和机构同意的或以为符合其利益的各种非正式的制度安排。因此，从制度对于社会发展的根本性、全局性和长远性角度来说，社会各领域的治理事实上是一种制度治理，强调的就是要使制度在整个社会运转过程中发挥基础性作用，从而促使整个社会的发展真正实现有序化、规范化。职业教育治理同样需要制度发挥基础性作用。从职业教育制度本身来看，它的价值和作用就在于能够为职业教育治理体系和治理能力现代化提供根本制度保障，为职业教育治理提供一定的价值规范和具体的行为操作模式，规范和引领职业教育治理方式，并促使职业教育实现其所蕴含的教育性、职业性和技术技能性。

那么，究竟何为职业教育治理的制度逻辑？笔者认为，职业教育治理的制度逻辑是协调职业教育治理主体权、责、利关系的一整套制度安排，是形塑和指导职业教育治理主体的认知和行为的基本规制。它不仅能够解释当前职业教育治理主体的思维方式和选择偏好，将不同阶段的职业教育治理行为归因于其所遵循的制度逻辑的影响，而且能够指导职业教育行为主体研判什么是有效的治理，如何才能提升治理能力和推进治理现代化。故笔者认为，职业教育治理的制度逻辑是融通制度与治理的纽带，制度逻辑塑造着职业教育治理行为，坚持什么样的制度逻辑则产生什么样的职业教育治理行为。因此，本书对职业教育治理的制度逻辑的研究，不仅可以弥补我国学者关于职业教育治理的研究忽视制度视角的缺憾、深化职业教育治理理论研究，而且还能在一定程度上为当前我国职业教育政策的调整、改进和完善，以及推进职业教育治理体系和治理能力现代化实践提供参考意见。

本书基于新制度主义的分析框架，以制度为逻辑起点，从制度安排与行动策略两个层面考察职业教育治理的现状，采用理论研究与实证研究、历史研究与现实研究、本土研究与国际研究相结合的技术路线，系统探究我国职业教育治理的制度逻辑等一系列问题。首先，本书从理论上论证政府主导职业教育治理的合法性，明确职业教育治理的本质是政府主导的多元主体协调共振过程，明确制度逻辑是融通“职业教育之治”与“职业教育之制”的深层逻辑，制度逻辑形塑和指导着职业教育治理主体的认知和行为。其次，本书考察在制度逻辑的形塑和引导下我国职业教育治理的成就与不足，并分析问题产生的主要原因；考察国外职业教育治理的制度安排，并总结国外职业教育治理的可资借鉴的经验。最后，基于新制度经济学的视角，在借鉴国外经验的基础上，结合我国职业教育治理的现实需要，提出契合我国职业教育治理需要的制度安排和可操作的政策建议。

本书共七章。第一章“研究概述”：提出问题与研究意义，综述前人的研究成果，明确研究思路与研究方法，并指出本书可能的创新之处。第二章“职业教育治理的质的规定性”：论证政府主导职业教育发展的合理性，明确职业教育治理的本质，并指出职业教育治理的核心内容。第三章“职业教育治理的制度逻辑意蕴”：论证制度逻辑是融通“职业教育之治”与“职业教育之制”的深层逻辑，梳理职业教育治理的制度逻辑演变脉络，分析职业教育治理的制度逻辑运行机理。第四章“基于制度逻辑的职业教育治理现状”：考察我国职业教育治理存在的现实问题，分析存在问题的主要原因。第五章“国外职业教育治理的制度安排”：考察美、德、韩、日四国职业教育的制度实践，总结四国职业教育治理的制度经验。第六章“职业教育治理的制度创新原则”:论证职业教育治理过程中要体现公平与效率的辩证统一,体现个体价值与社会价值的辩证统一。第七章“基于制度逻辑的职业教育治理创新路径”:从完善职业教育法律法规体系、正确处理中央政府与地方政府的关系、推进职业教育经费投入的市场化改革、引导企业参与职业教育治理、探索新的职业教育供给模式、落实和扩大职业院校办学自主权、加强和改进职业教育质量监管、推动竞争机制嵌入职业教育项目制等八个方面,探讨制度逻辑下我国职业教育治理可能的应对措施。

本书得到了国家社会科学基金教育学青年项目“我国职业教育治理的制度逻辑研究”(课题批准号:CJA180258)的资助。围绕课题研究,笔者统筹协调,组织团队分别赴山东、天津、江苏等地进行调研考察,收集资料和数据,并通过多次沟通交流,不断完善研究框架与核心内容,最后汇聚成书。在研究团队中,笔者负责全书框架设计、主要内容的撰写以及统稿工作,书中所有内容仅代表笔者个人观点;团队成员也为书稿的完成做了大量工作,包括河南师范大学陈醒博士对访谈资料的整理与分析,天津大学教育学院董同强博士对基础理论的研究,南宁师范大学张成涛副教授对调研资料的统计与分析,北京外国语大学张宇博士对国外相关文献的收集、梳理与分析,山东省教育科学研究院孙培东助理研究员对调查问卷的整理和分析,天津职业技术师范大学徐宏伟博士、天津城建大学朱珊博士也做了部分资料的收集工作。在此,对所有团队成员表示感谢。最后,由于笔者和团队成员的研究能力有限,书中定有诸多纰漏,敬请诸位读者和同行专家不吝指教。

2022 年 3 月 5 日于曲园

目　录

第一章　研究概述

在这个大发展、大变革的时代，如何在一个发展中的社会主义大国实现科学有效的职业教育治理，是职业教育理论研究和实践探索的重要命题。对于职业教育治理这一复杂的研究系统而言，从制度、制度治理、制度逻辑的角度切入并开展研究，既是改革开放以来职业教育治理注重制度建设的发展要求，水到渠成的自然结果，也是新时代职业教育治理现代化需要顶层设计，注重制度建设的系统性、完整性和协同性的必然产物。为进一步助推职业教育治理能力现代化，促进职业教育高质量发展，我们仍要审思职业教育治理的质的规定性是什么，职业教育治理与制度逻辑的关系是什么，基于制度逻辑的职业教育治理创新路径是什么，这些都是在新时代我们应不断追问的关键问题。

一、问题提出与研究意义

（一）问题提出

改革开放以来，我国职业教育事业取得了令世人瞩目的巨大成就，在培养高素质劳动力、促进经济发展和社会进步等方面做出了不可替代的贡献。然而，当前我国职业教育仍然是整个国民教育体系中相对薄弱的环节，职业教育发展还面临诸多困难和问题。根据我国学者的相关研究和笔者所做的前期调查研究，目前我国职业教育发展所面临的困难和问题集中体现在以下几个方面：政府提供的职业教育总量不足，职业教育资源使用效率不高，职业教育经费投入偏低，市场提供的职业教育质量良莠不齐，职业教育作为卖方市场的吸引力不足等。造成这些困难和问题的原因主要有三个：一是职业教育发展缺少共识支撑。对于发展职业教育是政府的责任还是主要依靠市场，一直存在着激烈的争论。不少人认为，市场调节职业教育资源能够达到最优配置，发展职业教育应该依靠市场。这种观点在一定程度上导致了政府定位和主体责任定位的偏差，进而造成了职业教育财政经费投入偏低的局面。当然，职业教育的发展也离不开市场调节，倘若如一些人所主张的那样单纯地由政府提供职业教育，也会由于缺乏竞争而降低职业教育资源的使用效率。二是职业教育政策和法律法规不够健全，可操作性较差。职业教育发展离不开政策和法律法规的引导、规范和推动，政策和法律法规的科学制定与有效执行是保障职业教育发展的基础。以行业、企业等社会力量参与职业教育办学为例，由于政策和法律法规的不健全、可操作性较差，政府至今仍无法充分而有效地调动行业、企业等社会力量参与职业教育办学。不仅如此，由于市场补偿机制尚不健全，市场力量缺乏参与职业教育办学的动力，从而导致市场提供的职业教育产品质量良莠不齐。三是职业教育办学主体的责任和限度有待明确。在职业教育发展过程中，政府、学校、企业、社会组织和个人等还没有形成合力，各办学主体的责任及其限度有待进一步明确。而存在所有这些问题的根本原因就是，什么是职业教育治理、政府与职业教育治理的关系是什么、职业教育治理与制度治理的关系是什么、政府如何更好地承担职业教育治理责任等问题的答案尚不够清晰。站在理论与实践的结合点上较为深入、系统地解答这些问题，便是笔者探究“我国职业教育治理的制度逻辑”的初衷。

（二）研究意义

职业教育制度与职业教育治理现代化存在着密不可分的内在逻辑关系。从制度的视角审视和研究职业教育治理问题，不仅是深化职业教育治理研究的重要路径，也是职业教育治理现代化的本质需求。从这一角度而言，本研究的意义体现在以下两个方面。

1.理论意义

有效的职业教育治理受到制度及其他多种因素的影响，但从根本上来看，它受制于职业教育治理表象背后的制度逻辑。职业教育治理的制度逻辑是协调职业教育治理主体责、权、利关系的一整套制度安排，是指导和形塑职业教育治理主体的认知和行为的基本规制。因此，从理论上来说，制度逻辑是融通“职业教育之治”与“职业教育之制”的深层逻辑。关于我国职业教育治理的制度逻辑的研究，实际上是关于职业教育治理的制度环境、制度安排和制度选择的研究，本质上就是对职业教育资源配置方式、供给方式、财政来源、职业教育质量监管等问题的确认。所以，在新制度主义的分析框架下，以制度为起点，从制度安排与行动策略两个层面对新时代我国职业教育治理的研究，不仅可以深化职业教育治理理论研究，弥补我国学者关于职业教育治理的研究忽视制度视角的缺憾，而且还能在一定程度上丰富和深化职业教育发展理论。

2.实践意义

理论探索既是对实践问题的深度回答，也是实践本身的直接要求。职业教育的理论与实践的关系也是如此。职业教育是社会公共事业的重要组成部分，对于社会和个体发展都具有不可替代的作用，而考察当前职业教育治理过程中存在的问题，分析问题存在的原因，并提出有针对性的职业教育治理路径，将有效助推我国职业教育治理实践。这不仅能够对当前我国职业教育政策的调整、改进和完善以及推进职业教育治理体系和治理能力现代化实践提供参考意见，而且也能对地方政府、职业教育行政主管部门的政策资源运用、制度建设、“管办评分离”以及嵌入地方经济发展等起到咨询和参谋作用。

二、国内外相关研究述评

从职业教育的起源来看，它正是源于人类社会有了劳动分工之后，人们为了生存、繁衍和发展，通过言传身教、口耳相传的方式而进行生产和生活经验的传递。因此,从这一角度而言,任何培养人的社会生存能力和职业技术能力的教育活动都可以称为"职业教育"。《国际教育大辞典》(*International Dictionary of Education*)指出:"职业教育是为了职业岗位娴熟而设计的所有的校内外的活动,包括学徒制、学校指导、培训课程、在职培训、人事培训。当今的定义也包括生涯指导、特殊技能培训和就业教育。"①在《中国大百科全书·教育》一书中,职业教育被界定为"给予学生从事某种职业或生产劳动所需要的知识和技能的教育"②。不难看出,以上是对"职业教育"概念的广义描述,职业教育的实施机构既包括所有正规的学校机构,也包括面向职业岗位实施教育与培训活动的非正规的社会机构。本书所指称的"职业教育"限定为狭义的学校职业教育,即"通过学校对学生进行的一种有目的、有计划、有组织的教育活动,使学生获得一定的职业知识、技能和态度,以便为学生将来从事某种职业做准备"③。在我国,学校职业教育是国民教育体系的重要组成部分,其实施机构主要是中等职业学校和高等职业院校。如未特别说明,本书所指称的"职业教育"即这两个层级意义上的统一称谓。

(一)国内相关研究述评

我国直接而明确地研究"职业教育治理的制度逻辑"的学者较少,但已有相关研究成果对本书能够提供不少帮助。这些研究成果可以概括为以下几个方面。

1.关于治理、职业教育治理的研究

近年来,我国学者逐步深化治理内涵的研究,取得了一定的共识性成果,学者们普遍认为,现代意义上的"治理"是一种民主治理,强调参与性与多中心性,它意味着政府不再是公共事务的唯一主体,非政府组织甚至包括私人机构在内的一系列公共事务主体正在以多元共治的模式承担着管理责任,内含着民主、参与、协商、分权、责任、人权、平等和合作等诸多价值,并成

---

① PAGE G T, THOMAS J B, MARSHALL A R. International Dictionary of Education[M]. New York: Nichols Publishing Co., 1977: 360.

② 中国大百科全书出版社编辑部.中国大百科全书·教育[M].北京:中国大百科全书出版社,1985:520-521.

③ 刘春生,徐长发.职业教育学[M].北京:教育科学出版社,2002:28.

为政府职能变革的重要价值取向。我国学者俞可平从治理主体和治理运行的角度指出，治理出自政府，但又不限于政府，治理涉及集体行为的各个社会公共机构并存在权利依赖。[①] “治理”衍生于“统治”与“管理”，但又区别于“统治”与“管理”，是对“统治”与“管理”的进一步升华。具体而言，“管理”的主体一般是权力的拥有者或组织的最高层，强调为利益最大化而开展竞争；而“治理”的主体是多元利益相关者，侧重立法、政策、制度等强制性约束和规范。“统治”的主体为社会的公共机构，尤其是政府发挥决定性作用，明确了自上而下的权力运行机制；“治理”则是多元利益主体合作、协商的过程，更关注不同治理主体的权力分配和利益划分。

自党的十八届三中全会提出“推进国家治理体系和治理能力现代化”的改革目标之后，我国哲学社会科学界掀起了一股“国家治理”研究热潮。教育治理是“治理”概念的延伸，其在承袭“治理”一般要素的基础上，践行具体的教育活动事项。从教育治理主体的角度来说，教育治理的本质为多元利益相关者共同参与，政府、学校、社会等多个主体作为教育的重要相关者，各司其职，彼此协作，共同推动教育实现“善治”。从教育治理方式的角度来说，教育作为一种事业，其治理过程需要政府在制度层面的宏观把控，通过一系列制度要求，为教育治理创建优质的发展环境。我国学者褚宏启将“教育治理”界定为政府、学校、社会通过一定的制度安排进行合作互动，共同管理教育公共事务的过程。[②]

在职业教育理论界，学者们围绕着推进职业教育治理体系和治理能力现代化问题展开了热烈的讨论。已有研究大多聚焦于职业教育治理理念、治理模式和治理方法等方面，如肖凤翔及其团队依托教育部哲学社会科学重大课题“现代职业教育治理体系和治理能力现代化研究”发表了系列论文，提出从多元共治、官民共治、协商治理的角度助推职业教育治理体系和治理能力现代化。[③] 刘玉山等从治理的角度提出政府购买职业教育服务是

① 俞可平.治理与善治[M].北京：社会科学文献出版社，2000：34.

② 褚宏启.绘制教育治理的全景图：教育治理的概念拓展与体系完善[J].教育研究，2021，42(12)：105-119.

③ 肖凤翔，于晨，肖艳婷.国家高职教育项目制治理的生成动因、效用限度及优化策略——以“国家示范性高等职业院校建设计划”为例[J].教育发展研究，2016，36(Z1)：64-70.

改变职业教育规模不经济的一种可行的治理工具。[①] 总体来看，已有成果从“多元化”“准市场化”的角度对职业教育治理问题进行探讨，为从根本上扭转传统的政府“家长式”的一元治理局面，促进我国职业教育的改革与发展提供了重要的理论支撑。

关于职业教育治理路径的研究，代表性的观点有：董仁忠基于“大职教观”的视角，从公共产品理论出发，将职业教育产品分为四种类型，即职业教育私人产品、职业教育共用资源、职业教育俱乐部产品、职业教育纯公共产品。以此认识为基础，他提出政府应建立健全并逐步加大公共财政投入职业教育的制度，探索职业教育公共产品供给的市场运行机制，扩大职业教育俱乐部产品供给以及重构职业教育私人产品供给管理制度。[②] 李滨从校企合作的角度出发，认为职业教育的校企合作应采取政府主导型战略，这种方式更加符合我国国情和校企合作发展的实际，有利于实现校企合作的可持续发展。[③] 范先佐认为，普通高中的公共属性要大于职业技术教育的公共属性。职业教育可以划分为普通职业教育和特殊职业教育两类。普通职业教育外部效应明显，其成本应由政府、企业和个人共同承担，其中企业和个人应占较大比重。[④] 刘玉山等人从治理的角度提出，政府购买职业教育服务是改变职业教育规模不经济的一种可行的治理工具。我国政府在购买职业教育服务的实践上，存在着政府理性错位、职业教育服务属性定位不清、教育中介组织发育滞后和信息不对称引致的契约风险等困境。为此，须完善有关的政策制度体系以厘清职业教育服务属性，规范扶持职业教育服务的竞争市场，构建服务、学习、责任型政府，提升政府在购买职业教育服务过程中的治理能力。[⑤] 张茂聪在其博士论文《论教育公共性及其保障》中指出，教育公共性的保障应包括四个方面的工作：教育公共服务、公共财政、非营利组

① 刘玉山，汪洋，吉鹏.我国政府购买职业教育服务的运行机理、实践困境与发展路径[J].教育发展研究，2014，34(19)：13-19.

② 董仁忠.职业教育供给：在政府与市场之间的选择[J].教育学报，2009，5(5)：121-128.

③ 李滨.试论我国职业教育校企合作政府主导型战略[J].黑龙江高教研究，2010(6)：90-92.

④ 范先佐.教育投资体制改革的理论与实践问题研究[M].武汉：华中师范大学出版社，2003：234-235.

⑤ 刘玉山，汪洋，吉鹏.我国政府购买职业教育服务的运行机理、实践困境与发展路径[J].教育发展研究，2014，34(19)：13-19.

织的社会责任、学校与社区互动。[1] 吴景松在其博士论文《政府职能转变视野中的公共教育治理范式研究》中指出，公共教育治理的有效性不仅取决于政府在公共教育领域内的职能定位，而且取决于公共教育权力的配置。[2] 台湾地区学者周志宏主张，政府应对包括私立大学在内的大学教学与学术研究提供各种奖励与补助，要基于设立大学或对私立大学提供各种奖励或补助的目的，对大学进行达标检验。[3] 与上述观点不同，也有学者对政府主导职业教育供给持相反的观点。如匡绪辉认为，教育从整体上看是准公共产品，但并不意味着教育是同质均匀分布的，实际上，各级各类教育在性质上有很大的差异性，它们在受益外在性和排他性上表现各异。职业教育属于私人产品，财政投入应逐步直至完全退出，按市场化要求由社会投资办学，由个人承担教育成本。[4]

2.关于制度逻辑的相关研究

学者们对于制度逻辑的研究主要聚焦在政府责任、国家治理、多重制度逻辑等方面，从制度构建、制度运行、制度执行等角度，对社会领域进行了较为深入的探讨。从概念上来说，制度逻辑是指某一领域中稳定存在的制度安排和相应的行动机制，每一种制度场域都有其自身的行动逻辑，不同的逻辑强调不同的评价基础，强调不同行动取向的优先性。[5] 制度逻辑是一套控制着特定组织域中各种行为的信念系统，也是一套组织原则，它为组织域的参与者提供了有关他们应该如何开展活动的指南。[6] 例如，近年来我国研究者依托新制度经济学的相关理论，对中央地方关系、地方政府购买公共服务的制度逻辑、政府推进教育公平的制度逻辑、社会服务的制度创新、制度逻辑下的高校发展、公共服务治理、环境治理、管理模式和社区发展等众多领

① 张茂聪.论教育公共性及其保障[D].济南：山东师范大学，2010.

② 吴景松.政府职能转变视野中的公共教育治理范式研究[D].上海：华东师范大学，2008.

③ 周志宏.学术自由与高等教育法制[M].台北：高等教育文化事业有限公司，2002：143.

④ 匡绪辉.公共财政下教育财政投入模式选择[J].江汉论坛，2002(12)：13-15.

⑤ 斯科特.制度与组织：思想观念与物质利益[M].姚伟，王黎芳，译.北京：中国人民大学出版社，2010：39-43.

⑥ FRIEDLAND R, ALFORD R R. Bringing Society Back in：Symbols, Practices and Institutional Contradictions[M]//POWELL W W, DIMAGGIO P J, The New Institutionalism in Organizational Analysis. Chicago：University of Chicago Press, 1991：248-252.

域进行了较为深入的探讨。特别是周雪光①、周黎安②、周飞舟③和渠敬东④等社会学领域的专家学者，对政府的治理模式、国家治理的制度逻辑、国家治理体系和治理能力现代化等问题的研究成果，为本书奠定了较好的理论基础。不仅如此，教育学领域也不乏关注制度逻辑的研究成果，例如，李立国在探讨大学治理中的"大学之制"与"大学之治"时指出，大学治理的制度逻辑是从制度的根本性、全局性、长远性和稳定性出发，在实践中建设和完善处理各类治理主体之间责、权、利关系的一套制度安排，建立一套行之有效的制度体系，并且提升治理主体设计制度、执行制度、影响制度和完善制度的能力。⑤ 潘懋元、朱乐平从历史制度主义的视角，探讨我国高等职业教育政策变迁逻辑，认为我国高职教育政策变迁深受经济体制、管理模式及传统文化观念等深层结构因素影响。其不同阶段的发展方式呈现较强的路径依赖现象，政府和高职院校的理性选择影响政策变迁。推动产业转型、变革管理机制和满足个体需求是高职教育政策变迁的主要动力。⑥ 还有学者从多重制度逻辑的角度探讨产教融合、校企合作等问题。比如，张斌认为，校企合作问题是一个历久弥新而又难以突破的话题，在当前校企合作治理公共理性缺失和信息不对称的背景下，国家、地方教育部门、职业院校和企业等利益相关者在参与校企合作过程中基于自身利益的考量，形成了各自的行为逻辑，这些行为逻辑相互作用和影响，使校企合作治理陷入层层困境。⑦ 钱程、韩宝平认为，我国职业教育产教融合处于多元化的制度环境中，呈现出自发式、浅层次、松散式和低水平的状态。政府、学校、市场和文化等多重

---

① 周雪光.中国国家治理的制度逻辑：一个组织学研究[M].北京：生活·读书·新知三联书店，2017.

② 周黎安.转型中的地方政府——官员激励与治理[M].上海：格致出版社，上海人民出版社，2008.

③ 周飞舟.政府行为与中国社会发展——社会学的研究发现及范式演变[J].中国社会科学，2019(3)：21-38+204-205.

④ 渠敬东.项目制：一种新的国家治理体制[J].中国社会科学，2012(5)：113-130+207.

⑤ 李立国.大学治理的制度逻辑：融通"大学之制"与"大学之治"[J].华东师范大学学报(教育科学版)，2021，39(3)：1-13.

⑥ 潘懋元，朱乐平.高等职业教育政策变迁逻辑：历史制度主义视角[J].教育研究，2019，40(3)：117-125.

⑦ 张斌.多重制度逻辑下的校企合作治理问题研究[J].教育发展研究，2014，34(19)：44-50.

制度逻辑冲突造成职业教育产教融合深入推进的制度化困境。① 王思懿、赵文华则基于多重逻辑的制度变迁分析框架，将影响美国终身教职制度变革的制度逻辑概括为五种：国家逻辑、市场逻辑、大学管理逻辑、学术逻辑、行业逻辑。②

（二）国外相关研究述评

国外学者大多将教育作为一个整体的领域予以论证，并且从政府经济学、政治经济学的角度论证了教育治理的理念、模式和路径，阐释了政府的行为对教育领域的影响，探讨了制度环境、制度变迁以及政府行为边界等内容。概言之，已有研究成果可以归纳为以下几个方面。

1.关于治理、（职业）教育治理的研究

1995 年，联合国全球治理委员会（Commission on Global Governance）发表了一份题为《我们的全球伙伴关系》的研究报告，提出：治理不是一整套规则，也不是一种活动，而是一个过程；治理过程的基础不是控制，而是协调；治理既涉及公共部门，也包括私人部门；治理不是一种正式的制度，而是持续的互动。在此概念的基础上，后续众多学者加以补充和改善，从治理主体、治理方式等角度提出治理的相关见解。例如，罗茨（R. Rhodes）基于“管理”“统治”“治理”三者词源的分析，提出治理意味着“管理”与“统治”的含义发生变化，治理是动态管理，是有序统治，是众多利益相关者在制度协调下的合作与互动。③ 国外研究者对于治理、教育治理的研究最早可以追溯到古希腊时期。亚里士多德（Aristotle）在《政治学》中论述城邦政体更迭的原因时指出，在我们所曾讲到的保全政体的诸多方法中，最重大的一端还是按照政体（宪法）的精神实施公民教育；教育应从私人事务转为公共事务，由城邦统一规划并使之成为全城邦共同关心的事情。④ 但是，真正从政府职能的角

---

① 钱程，韩宝平.多重制度逻辑下职业教育产教深度融合路径创新研究[J].职业技术教育，2018，39(4)：14-18.

② 王思懿，赵文华.多重制度逻辑博弈下的美国终身教职制度变迁[J].教育发展研究，2018，38(1)：76-84.

③ RHODES R. The New Governance：Governing without Government[J]. Political Studies，1996，44(4)：652-667.

④ 亚里士多德.政治学[M].吴寿彭，译.北京：商务印书馆，1997：275.

度完整论述政府干预教育发展问题的学者，应当是英国自由主义经济学家哈耶克(F. A. Hayek)。他指出当今世界的教育从国家通过国立学校增加教育机会开始，毫无例外地都打上了政府干预的烙印，今天所有的国家很难在教育事务上选择是否实施政府干预政策，所能做的只是干预多少、形式和程度。① 与哈耶克同时期的美国经济学家萨缪尔森(P. A. Samuelson)从公共产品理论出发，认为教育具有公共产品属性和混合产品属性，政府应提供并生产部分教育产品。② 在萨缪尔森之后，西方经济学家关于政府干预教育发展的思想大多从公共产品理论出发，首先确定教育是公共产品、准公共产品或私人产品，继而论证政府在教育发展中的责任，代表人物有阿罗(K. J. Arrow)、布坎南(J. M. Buchanan)、斯蒂格利茨(J. E. Stiglitz)、奥斯特罗姆(Elinor Ostrom)、马莫罗(E. Marmolo)、鲍德威(R. W. Boadway)和威迪逊(D. E.Wildasin)③等。还有的经济学家从教育的外部性出发阐述了政府干预教育发展的理由，代表人物有弗里德曼(Milton Friedman)、哈维·罗森(Harvey S. Rose)和巴泽尔(Y. Barzel)等。

以上学者主要是从经济学视角阐述了治理、教育治理的依据。而国外知名教育学者从教育属性和功能的视角对此问题进行的探究，对本书具有启发意义。其代表性的观点如下。

克拉克·克尔(Clark Keer)强调高等教育已经成为各国之间经济和军事竞争的潜在工具，国家对高等教育兴趣的增长，为其政府不断加强干预高等教育提供了足够的理由。④ 约翰·布鲁贝克(John S. Brubacher)则主张应在大学自治与政府干预之间保持必要的张力。正如他所指出的，政府不能从教育的影响因素中退出，高等教育越卷入社会的事务中就越有必要用政治的眼光来看待它。就像战争意义太重大，不能完全交给将军们决定一样，高等教育也相当重要，不能完全留给教授们决定。同样，高等教育也不

① 哈耶克.自由宪章[M].杨玉生，冯兴元，陈茅，等译.北京：中国社会科学出版社，1999：554.

② SAMUELSON P A. The Pure Theory of Public Expenditure[J]. Review of Economics and Statistics, 1954, 36(4): 387-389.

③ 鲍德威，威迪逊.公共部门经济学[M].邓力平，译.北京：中国人民大学出版社，2000：2.

④ 克拉克·克尔.高等教育不能回避的历史——21世纪的问题[M].王承绪，译.杭州：浙江教育出版社，2001：12.

能完全交给市场来决定。[①] 德里克·博客(Derrk Bok)强调:市场力量不会自动引导学员和大学去培养符合社会需求的相应数量的医生和博士生;教育工作者虽然具有能够解决多种学术问题的能力,但他们在处理特殊事例时还是会犯极大的错误,教授或行政管理者的行为因为粗心大意、判断错误或公然的歧视偏见而可能是缺乏公正性的,这样的行为经常使个人受到伤害,因此政府应有权力保护那些有时由于大学明显错误的做法或决定而蒙受伤害的受害者。不仅如此,政府干预大学应具有边界和限度,政府既是制度的主要供给者,又是公共利益的代言人以及实现公共利益的主要保障者,政府干预大学应止于公共利益的需要。[②] 丹尼斯·缪勒(Dennis C. Mueller)主张:公共产品是指能以零的边际成本给所有社会成员提供同等数量的物品,除非政府干预能带来很大的便利,否则便决不允许政府进行干预。[③]

哈耶克在《法律、立法与自由》[④]一书中设立"公共部门与私营部门"的章节,认为没有必要让政府既筹措教育经费,又生产教育服务,在教育领域,政府充当公正的守护人角色,需要资助教育,但无须亲自举办教育。斯蒂格利茨在《政府为什么干预经济:政府在市场经济中的角色》[⑤]中指出:在私人部门不能实现政府政策目标(例如提供公共产品)的情况下,政府可以通过经济资助、法律保护、签订合同、授予经营权等手段,委托私人部门生产并提供,而适用于这一类的公共产品也包括教育在内。这一点无疑为我国政府主导职业教育治理提供了启发。弗里德曼在《政府在教育中的作用》(后收编于《资本主义与自由》[⑥])一文中主张改革政府在高等教育资源供给中的垄断,引入市场竞争机制对教育进行干预。詹姆斯·杜德斯(James J. Duderstadt)

① 约翰·S. 布鲁贝克.高等教育哲学[M].王承绪,郑继伟,张维平,译.杭州:浙江教育出版社,2002:91.

② 德里克·博克.走出象牙塔——现代大学的社会责任[M].徐小洲,陈军,译.杭州:浙江教育出版社,2001:12.

③ 丹尼斯·C. 缪勒.公共选择理论[M].杨春学,等译.北京:中国社会科学出版社,1999:15.

④ 哈耶克.法律、立法与自由(第二、三卷)[M].邓正来,张守东,李静冰,译.北京:中国大百科全书出版社,2000.

⑤ 约瑟夫·E. 斯蒂格利茨,等.政府为什么干预经济:政府在市场经济中的角色[M].郑秉文,译.北京:中国物资出版社,1998.

⑥ 米尔顿·弗里德曼.资本主义与自由[M].张瑞玉,译.北京:商务印书馆,1986.

在《21世纪的大学》一书中指出：许多国家的大学，不管是公立的还是私立的，都受到公共政策的调整，政府可通过有关优惠鼓励性措施使私立大学能接受私人捐赠资金、享受税收优惠。[①] 而菲利普·G. 阿特巴赫(Philip G. Altbach)则强调政府可以依赖非官方的认证机制来确保私立高等教育质量。[②] 法尔金格(J. Falkinger)等人以实证的方式探讨了公共产品的自愿供给情形，认为"现实生活中自愿供给公共产品的案例也不胜枚举"[③]，这为非营利组织供给职业教育提供了论据。阿特金森(A. B. Atkinson)与斯蒂格利茨在《公共经济学》一书中认为，现实中存在大量私人供给公共产品的例证，这种私人赞助的动机是多种多样的，我们在大多数分析中使用的个人效用函数也许无法恰当地概括这些动机。[④] 戴维·布朗(L. David Brown)等研究者认为，政府、企业和非营利组织提供社会产品或服务的动机是不同的，政府力求创造合意的公共条件、提供公共秩序和公共商品；企业力求通过自愿交易机制提供私人商品和服务；非营利组织行动者则以志愿求公益，希望通过对企业界和政府的影响来实现自身的价值和目的。[⑤] 马摩罗(E. Marmolo)采用宪政经济学的方法分析了公共产品的供给问题，认为社会产品的属性与其提供方式相对等，"公共"和"私人"只是供给方式的不同，而与产品的性质无关。[⑥] 蒙哥马利(M. R. Montgomery)和宾(R. Bean)则从成本分担的角度，论证了公共产品的私人供给应在政府资金支持下，在政府协助削减交易费用的条件下，通过成本分担的自由市场谈判的方式来完成。[⑦] 奥斯本(D. Osborne)

---

① 詹姆斯·杜德斯达.21世纪的大学[M].刘彤，译.北京：北京大学出版社，2005：38.

② 菲利普·G. 阿特巴赫，李梅.私立高等教育：从比较的角度看主题和差异[J].教育展望，2000(3)：9-18.

③ FALKINGER J, FEHR E, et al. A Simple Mechanism for the Efficient Provision of Public Goods: Experimental Evidence[J]. The American Economic Review, 2000, 90(1): 247-264.

④ 安东尼·B. 阿特金森，约瑟夫·E. 斯蒂格里茨.公共经济学[M].蔡江南，许斌，邹华明，译.上海：上海三联书店，上海人民出版社，1994：643，648.

⑤ 戴维·布朗，桑杰夫·凯哈格拉姆，马克·摩尔，等.全球化、非政府组织和多部门关系[J].马克思主义与现实，2002(3)：41-48.

⑥ MARMOLO E. A Constitutional Theory of Public Goods[J]. Journal of Economic Behavior & Organization, 1999, 38(1): 27-42.

⑦ MONTGOMERY M R, BEAN R. Market Failure, Government Failure, and the Private Supply of Public Goods: The Case of Climate-Controlled Walkway Networks[J]. Public Choice, 1999, 99(3/4): 403-437.

和盖布勒(T. Gaebler)在《改革政府:企业家精神如何改革着公共部门》一书中,从现实生活中概括了36种公共物品的供给方式,并指出政府是基本公共服务供给中的主要角色,提供方式有很多,如在公共领域直接供给服务或物品,或将公共服务外包等。[①] 这一观点对我们探索更为有效的职业教育供给模式提供了有益启示。

2.关于制度逻辑的相关研究

"制度逻辑"(Institutional Logic)是制度理论的一个重要概念,根据罗伯特·阿尔弗德(Robert R. Alford)和罗杰·费尔南德(Roger Friedland)的定义:"制度逻辑是指某一领域中稳定的制度安排和相应的行动机制。不同的制度逻辑强调不同的评价基础,强调不同行动取向的优先性。"[②]在此基础上,桑顿(P. H. Thornton)又进一步阐释制度逻辑的内涵,认为制度逻辑是一系列首要的原则,规定了行为者如何解释组织现实、什么构成了合适的行为以及如何保持这种行为。[③] 传统的新制度理论无法同时解释组织同质化和组织多样化现象,制度逻辑研究就是在这一背景下发展起来的。[④] 制度逻辑理论认为:"只有把组织所处的制度环境视为彼此分离、相互竞争的多元性制度逻辑的混合体,把制度转变(Institutional Shifts)视为一种时期效应(Period Effect),并且区分不同时段内相对稳定的信念(Belief)和活动,才能准确理解组织行为。"[⑤]随着制度逻辑研究的深入,一些新制度理论学者开始把注意力转移到由制度逻辑衍生出来的制度多元性上来,认为要想理解个

---

① 戴维·奥斯本,特德·盖布勒.改革政府:企业家精神如何改革着公共部门[M].周敦仁,等译.上海:上海译文出版社,2006:83.

② ALFORD R R, FRIEDLAND R. Powers of Theory: Capitalism, the State, and Democracy [M]. Cambridge: Cambridge University Press, 1985: 109-116.

③ THORNTON P H. Markets from Culture: Institutional Logics and Organizational Decisions in Higher Education Publishing[M]. Stanford: Stanford University Press, 2004: 59-83.

④ 杜运周,尤树洋.制度逻辑与制度多元性研究前沿探析与未来研究展望[J].外国经济与管理,2013,35(12):2-10+30.

⑤ THORNTON P H, OCASIO W. Institutional Logics and the Historical Contingency of Power in Organization: Executive Succession in the Higher Education Publishing Industry, 1958-1990 [J]. American Journal of Sociology, 1999, 105(3): 801-843.

体和组织行为，就必须基于他们所处的制度情境来进行分析。[①] 从目前制度逻辑的研究成果来看，研究者大多认同这样的观点：在某个场域中存在着多重制度逻辑，这些制度逻辑之间存在着持续竞争的关系，并且多元制度逻辑是可以长期共存的。[②] 不仅如此，制度逻辑理论认为，制度具有历史权变性：在不同时间历史权变性阶段内，不同的制度逻辑对于组织和个体行为产生影响的重要性是不断变化的。[③] 2012 年，桑顿等共同完成了第一部论述制度逻辑的专著[④]，他们在书中全面综述和评价了制度逻辑观（Institutional Logics Perspective），并首次系统地介绍了制度逻辑研究成果，即制度逻辑理论与制度多元性概念虽然起源于传统的新制度理论，但又明显有别于新制度理论。制度逻辑理论认为，组织在特定制度体系下受到多种制度逻辑的多元性影响，组织行为和战略选择离不开组织所处的社会地位及其对自身社会地位的理解。因此，从制度逻辑以及由其衍生而来的多元制度共存的角度来看，主体行为受多种制度逻辑的制约和影响，并且主体对相互竞争的多元制度逻辑的选择性响应会导致其行为的多样化。这为分析行为主体在不同历史阶段的行为差异性、明确行为主体遵循的制度逻辑倾向提供了一个全新的视角。

（三）研究评价与反思

国内外有关治理、职业教育治理以及制度逻辑的相关研究，是与一定时期的政治、经济和文化背景相伴而生的。应该说，国内外学者的研究成果是富有价值且具有启发性的，尤其是对职业教育治理路径的研究，可以为我国

---

① DUNN M B, JONES C. Institutional Logics and Institutional Pluralism: The Contestation of Care and Science Logics in Medical Education, 1967-2005[J]. Administrative Science Quarterly, 2010, 55(1): 114-149. THORNTON P H, OCASIO W. Institutional Logics[M]. //Greenwood R, et al. The Sage Handbook of Organizational Institutionalism. London: Sage, 2008: 99-129.

② DUNN M B, JONES C. Institutional Logics and Institutional Pluralism: The Contestation of Care and Science Logics in Medical Education, 1967-2005[J]. Administrative Science Quarterly, 2010, 55(1): 114-149. PURDY J M, GRAY B. Conflicting Logics, Mechanisms of Diffusion, and Multilevel Dynamics in Emerging Institutional Fields[J]. Academy of Management Journal, 2009, 52(2): 355-380.

③ 周雪光，艾云.多重逻辑下的制度变迁：一个分析框架[J].中国社会科学，2010(4)：132-150+223.

④ THORNTON P H, et al. The Institutional Logics Perspective: A New Approach to Culture, Structure, and Process[M]. London: Oxford University Press, 2012.

职业教育治理实践提供启发和借鉴。然而,从研究视角上看,着眼于职业教育治理理念、治理模式和治理方法的研究较多,而从制度安排、制度因素、非正式制度的角度对职业教育治理的研究较少;着眼于政策本身即制度的研究多,对制度约束下政府行为选择对职业教育治理的影响的研究少。总体而言,目前关于“职业教育治理的制度逻辑”的相关研究成果,存在着以下四点不足。

其一,缺乏对政府与职业教育治理关系的系统研究。虽然许多学者从不同学科视角阐述了政府干预职业教育的依据,但是从整体的角度论述政府干预依据的研究相对较少。政府在职业教育治理中应承担什么责任?这一问题的本质就是对职业教育治理的质的规定性的确认。这是本书所要解决的重要理论问题。国内外学者对职业教育产品属性问题存在着分歧,其产生分歧的主要原因就在于界定教育产品属性标准的差异。我国研究者对于职业教育产品属性的研究大多基于西方公共产品理论,主要研究成果集中在改革开放之后,研究者对于职业教育产品属性的界定同样未有定论,未能达成共识。如果不能在理论上明确职业教育的产品属性,就无法对职业教育治理有一个准确的认识。

其二,缺少制度与职业教育治理关系的系统研究。许多学者将职业教育治理成效不彰归因于制度的缺位,并将职业教育治理的方方面面都纳入制度的范畴,试图建构一个无所不包的职业教育制度体系,同时热衷于对制度的解读,每每有新的职业教育制度出台,不是去辨识这一制度的现实合理性,而是颇具“学术敏锐性”地为该制度摇旗呐喊。产生这些问题的原因,应是缺乏对职业教育制度、制度安排和制度执行的辨识,因而从理论上系统地分析制度与职业教育治理的关系,分析职业教育治理的制度逻辑运行机理就显得十分必要。

其三,研究视角局限于多重制度逻辑。许多研究者套用多重制度逻辑的分析框架,将职业教育治理视为多种制度逻辑影响之下的结果。这一研究视角虽然具有一定的合理性,指出了职业教育治理的制度逻辑的多样性,但是研究结论往往止步于此,尚未触及职业教育治理的核心命题——制度治理。我们不仅要明确制度治理在职业教育治理中的重要性,更要探寻制度治理在职业教育治理中的实践路径，真正实现制度治理嵌入职业教育治理的目标，又快又好地推进职业教育治理体系和治理能力现代化，这也是本书所要解决的重要问题。

其四，制度逻辑概念使用的泛化。许多学者将教育政策演进、制度变迁、治理过程等视为制度逻辑，甚至将其作为吸引眼球的点缀并置于不相关的成果中，出现大量文题不符的研究成果。制度逻辑是协调行为主体权、责、利关系的一整套制度安排，是指导和形塑行为主体的认知和行为的基本规制。对于职业教育治理而言，制度逻辑是融通"职业教育之治"与"职业教育之制"的深层逻辑。因此，从职业教育治理的质的规定性出发，探讨职业教育治理的制度逻辑意蕴，分析"职业教育之治"与"职业教育之制"的逻辑互洽性，明确"职业教育之治"源自"职业教育之制"的逻辑理路，并从制度逻辑的角度探寻我国职业教育治理的实现路径，这是提升我国职业教育治理体系和治理能力现代化的重要突破口。

三、研究思路与研究方法

(一)研究思路

本研究遵循"提出问题—剖析问题—解决问题"的思路展开，从理论分析与实证分析两条路径对职业教育治理的制度逻辑问题进行综合研究。首先，从理论上明确政府主导职业教育治理的合法性，职业教育治理的本质是政府主导的多元主体协调共振过程；明确制度逻辑是融通"职业教育之治"与"职业教育之制"的深层逻辑，制度逻辑形塑和指导着职业教育治理主体的认知和行为。其次，考察在制度逻辑的形塑和引导下我国职业教育治理的成就与不足，并分析问题产生的主要原因；考察国外职业教育治理的制度安排，并总结国外职业教育治理中可资借鉴的经验。最后，基于新制度经济学的视角，在借鉴国外经验的基础上，结合我国职业教育治理的现实需要，提出契合我国职业教育治理需要的制度安排和具有可操作性的政策建议。

(二)研究方法

为了提高研究的信度与效度,本书运用文献研究法、社会调查法和比较研究法,对我国职业教育治理的制度逻辑问题进行较为深入、系统的研究。

1.文献研究法

任何一项研究都离不开对相关文本资料的分析和解读。因而,广泛而全面地整理、分析与职业教育治理的制度逻辑相关的文献资料,是科学、规范和高效地完成本论题的基本前提。本书运用文献研究法,广泛收集和分析国内外与职业教育治理、制度治理、制度逻辑等相关的文献资料。文献收集的范围主要包括专著、官方公布的法规和政策文本、硕士和博士学位论文、学术期刊论文和网络资料等。在深入阅读的基础上,基于研究的需要加以进一步的整理、分析与综合,使这些资料成为本书重要的思想来源与理论支撑。同时,运用文献研究法梳理有关政府主导职业教育治理的依据、内容和手段方面的研究成果,了解国内外相关研究的现状,以避免研究的重复,并力求在已有研究成果的基础上寻求新的突破。

2.社会调查法

本书运用的社会调查法包括问卷调查法和访谈法。其中,问卷调查法主要用于前期研究,通过方便取样的方式,了解地方教育主管部门、职业院校的负责人对我国职业教育治理状况的认识。运用访谈法时,重点选择的是职业院校负责人,运用半开放式的访谈,了解他们对职业院校管理体制与机制、办学经费、办学自主权、校企合作等方面情况的看法。社会调查法的运用,为本书选题的确定、观点的阐述提供了第一手资料。

3.比较研究法

各国职业教育治理都是在国际职业教育相互学习、借鉴、影响和促进的大环境中形成和发展起来的。因此,本书在探讨我国职业教育治理的制度逻辑问题时,既要较多地关注国外职业教育治理中政府管理的“共性”,又要较多地注意国外职业教育治理中政府、市场的责任和限度的“个性”,这就使得比较研究法显得尤为重要。具体而言,运用比较研究法,对比和分析不同政治制度、经济体制和历史文化传统国家的职业教育治理状况,总结各国政府在职业教育治理过程中的共性与个性，为职业教育治理路径提供借鉴与参考；比较和分析外国政府在职业教育治理过程中所体现的公平与效率的价值取向，以期有助于我国政府正确处理公平与效率的关系；归纳和分析国外职业教育治理过程中政府管理的经验，在有选择地借鉴的基础上，为我国政府更好地履行职业教育治理责任提供可资参考的建议。

四、拟创新点

本研究拟在以下四个方面有所创新和突破：

第一，关于职业教育治理的质的规定性的论证。本研究将系统地论证我国职业教育治理这一行为或过程的应有之义。特别是从职业教育产品属性的可赋予性的角度对这一问题的探讨，较之已有研究是有所创新和突破的。本研究认为，职业教育不仅是人类基于自身生存发展的需要而建构起来的，而且是不同的共同体基于自身的需要而历史地建构起来的。由此决定了每一个国家或民族对于职业教育的建构以及对于建构的职业教育的使用，都可以赋予其符合历史条件和现实的合理需要的属性。我国职业教育的产品属性的确定不仅要以公共产品理论为基础，而且要结合我国的政治制度、经济体制和历史文化影响的现状。职业教育产品消费的竞争性和受益的非排他性决定了它是介于纯公共产品和私人产品之间的准公共产品，而在社会主义市场经济体制和我国传统文化深刻影响职业教育发展的背景下，政府应该进一步凸显职业教育的公共性、公益性，将职业教育定位为公共性程度较高的准公共产品。

第二，关于职业教育治理的制度逻辑的界定。本研究基于新制度经济学的相关理论，以制度为逻辑起点，界定职业教育治理的制度逻辑内涵，并明确提出，制度逻辑是融通“职业教育之治”与“职业教育之制”的深层逻辑。以此为基础，本研究从制度和行为两个方面考察我国职业教育治理的现状及其面临的困境，对既定制度环境下的政府行为方式、行为目标及策略选择问题进行规律性剖析，并从解决问题的角度对实现职业教育治理的制度创新给出政策性建议。

第三,关于职业教育治理的制度创新原则的探讨。从当前研究成果来看,学者们对政府在职业教育改革与发展过程中所应坚持的原则研究较少,至少可以说,已有研究成果不够具体和系统。本研究将提出,政府推进职业教育改革与发展应遵循公平与效率辩证统一原则和个体价值与社会价值辩证统一原则。同时还强调,不管各个时代采取何种方式来解决个体价值与社会价值之间的矛盾或冲突,所采取的总原则历来却是相同的,那就是职业教育的社会价值的实现要以其个体价值的牺牲为代价,以保证基本的社会共同体的利益之实现。

第四,关于制度逻辑下职业教育治理的努力方向的研究。在推进供给侧结构性改革的背景下,本研究将提出,在职业教育供给方式上应积极探索职业教育供给的 PPP 模式和非营利组织供给。虽然已有研究者对这两种供给模式进行过研究,但是将 PPP 模式和非营利组织供给引入职业教育供给模式,可以被视为新的尝试,因为 PPP 模式为职业教育供给提供了一个新的视角。不仅如此,在有限的职业教育财政投入的情况下,我们需要进一步拓展职业教育的经费来源渠道,寻求职业教育经费投入的市场化改革之道,以缓解政府财政压力。基于政府财政投入不足的现状,本研究提出,要通过成立政策性教育发展银行为职业教育间接融资、利用债券市场为职业教育直接融资以及建立职业教育融资担保体系等措施,力图为职业教育经费的增加探寻新的路径。对于政府引导企业参与职业教育治理的路径问题,本研究将在系统分析企业参与职业教育治理理由的基础上,提出以法律的形式明确企业在职业教育中的权利、责任和义务,适时制定并逐步完善吸引企业参与和投入职业教育的优惠政策,以及政府为企业和非营利组织搭建平台,以充分发挥二者在职业教育治理中的"协动"作用。关于职业教育质量监管问题,本研究将从市场监督和中介组织监督两个方面,提出加强和改进职业教育质量监管的举措。对上述职业教育治理的努力方向的论证,正是本研究的意义之所在,也是本研究可能的创新之处。

第二章　职业教育治理的质的规定性

党的十八届三中全会提出“推进国家治理体系和治理能力现代化”的改革目标之后，我国哲学社会科学界掀起了一股“国家治理”研究热潮。在职业教育理论界，学者们围绕着推进职业教育治理体系和治理能力现代化问题展开了热烈的讨论。党的十九届四中全会审议通过《中共中央关于坚持和完善中国特色社会主义制度　推进国家治理体系和治理能力现代化若干重大问题的决定》之后，学者们又从制度的角度对职业教育治理进行了探讨。这些研究成果在一定程度上丰富了职业教育治理理论。然而，到底什么是职业教育治理？政府为什么参与职业教育治理？政府在职业教育治理中的作用和角色是什么？职业教育治理的核心内容是什么？这些问题都还需要在理论上加以系统论证。

一、政府主导职业教育发展的合法性

英国思想家洛克(J. Locke)指出：“政府是人们自愿通过协议联合组成的共同体。共同体的权利属于其中的大多数人，政府就是代替大多数人行使权力的裁判者。”[①]从洛克对“共同体”的论述中可以发现，政府存在的价值就在于能够确保大多数公众利益的实现。既然如此，职业教育事业作为公共事务的重要组成部分，作为实现公共利益的重要途径，就不能不被纳入政

① 洛克.政府论(下篇)[M].叶启芳，瞿菊农，译.北京：商务印书馆，1964：59.

府的责任范围。对此,下面以对政府职能的分析为切入口,明晰政府主导职业教育治理是政府职能的具体体现,进而确定政府主导职业教育治理的合法性。

(一)政府的职业教育职能

从字面上来理解,政府职能就是指政府的职责与任务,即政府在国家和社会生活中所扮演的角色与承担的任务。[①]"从行政与社会的互动关系看,政府职能是一个社会的行政体系在整个社会体系中所扮演的角色和发挥的作用,它反映的是国家行政管理活动的实质和方向,是政府活动的全面概况。"[②]对于政府职能的界定,具有代表性的观点主要有两种。一是两职能说。这种观点认为,政府的主要职能有对内和对外两个方面:政府对内的职能主要是对被统治者进行统治的职能和维护社会秩序、干预经济的职能;政府对外的职能主要体现为保护本国不受其他国家的侵犯。[③] 二是《世界银行发展报告》的三职能说。该报告将政府职能划分为三个方面:一是基本职能(小职能),即提供纯粹的公共产品,如国防、法律与秩序、财产所有权、宏观经济管理、教育、公共医疗卫生和保护穷人(如制定反贫穷计划)等;二是中型职能,包括解决外部效应问题,如提供基础教育、保护环境、提供社会保险以及保护消费者等;三是积极职能,主要包括协调私人活动,通过协调来解决市场问题,通过积极的产业和金融来促进市场的发展,进行社会资产的再分配。[④]

以上对政府职能的界定具有一定的普遍意义。然而,从历史形成来看,政府职能又具有进化的性质,它是在国家的发展过程中逐步演变与完善的,会随着时间的流逝而逐渐改变,变得更具合理性和特殊性。当社会需要某种权威来调节社会活动、维持基本的社会秩序、实现社会价值取向的权威性分配以及提供公共产品和服务时,政府便被赋予或必须承担起某种或某些

① 魏娜,吴爱明.当代中国政府与行政[M].北京:中国人民大学出版社,2012:6.

② 吴爱明,沈荣华,王立平,等.服务型政府职能体系[M].北京:人民出版社,2009:1.

③ 魏娜,吴爱明.当代中国政府与行政[M].北京:中国人民大学出版社,2012:6.

④ 世界银行.变革世界中的政府——1997年世界发展报告[M]蔡秋生,等译.北京:中国财政经济出版社,1997:27.

职能。我国政府的职能既要体现出一般市场经济体制对政府职能的要求，还必须体现社会主义公有制对政府特定职能的要求。近年来，我国政府一再强调转变政府职能并努力追求一种“善治”的目标。这表明我国政府力求重新界定政府职能，探索新的管理方式，以更好地适应当前经济和社会发展的需要。根据我国现阶段的社会发展实际状况和现实需求，可以断定我国政府至少应该担负以下职能。

其一，政治统治职能。这一职能主要是指政府维护政治统治和政治稳定的职能。新中国成立后，我国政府作为代表无产阶级利益的人民政府，对外承担着保护国家的领土完整和不受外来侵略的职能；对内承担着同一切扰乱社会秩序、触犯法律、侵害人民群众利益的犯罪活动和犯罪分子作斗争的职能。与此同时，我国政府还通过制定和实施法律，体现国家的统治意志，维护社会基本生活秩序。

其二，经济管理职能。自新中国成立以来，我国政府一直非常重视对经济的管理，以期实现国家经济的强大。新中国成立初期，我国政府就把管理经济视为自己的重要职责，并建立了直接管理企业和经济组织的政府机构，形成了从上到下的以计划管理为特征的经济管理模式。在一定的历史时期内，这一管理模式对于建立社会主义的经济体系和积累社会财富起到了重要的作用。当前，政府的经济管理职能主要体现为以下几个方面：制定宏观经济政策，保持经济总量平衡，抑制通货膨胀，优化经济结构，实现经济持续快速健康发展；健全宏观调控体系，完善经济、法律手段，改善宏观调控机制；制定行业规划和行业政策，进行行业管理，引导本行业产品结构的调整；维护行业平等竞争秩序，维持正常的经济秩序，在一定范围内干预经济的发展，如界定产权、保护产权、监督合同的执行、限制垄断、保护公平竞争、调节收入和财富的分配等。①

其三，国家和社会事务的管理和服务职能。这一职能主要体现为对科学、文化、教育、卫生、体育、民族事务的管理，对社会福利、社会保障事务的管理与服务。随着社会事务的复杂性程度越来越高，政府需要承担的任务也会越来越重。在我国社会主义市场经济体制建立和发展的过程中，政府

① 魏娜，吴爱明.当代中国政府与行政[M].北京：中国人民大学出版社，2012：8.

将通过对社会事务的管理、协调来促进社会的繁荣和发展。当然,政府对社会事务的管理也需要广泛地依靠社会中介组织和其他社会组织,而不必全部包揽。

其四,监督控制职能。随着社会事务的复杂化以及政府管理难度的增加,政府必须建立一整套有关国家、社会运行和发展的监控机制,这也是现代政府的一项重要职能。政府的监督控制职能主要体现为:对国民经济发展的宏观调控,对国家资产保值、增值的监控,对公共事业服务质量的监控,对国家安全和社会安全的监控,对政府工作人员运用权力的监控等。

其五,资源配置职能。资源配置是政府职能在微观领域的实现方式,其核心就是如何把有限的或稀缺的资源配置到最需要的地方,从而使资源得到最有效的利用。在市场经济体制中,主要是通过市场机制这只"看不见的手"引导生产要素合理流动,实现资源最优配置。但是,市场机制的自发调节作用只有在完全竞争的市场条件下才可以实现资源的最优配置,而在现实生活中,由于存在不完全竞争、信息不充分、垄断、外部效应等因素,必然导致市场失灵,因而完全由市场机制调节的经济很难达到资源配置的"帕累托最优"。① 目前,我国政府的资源配置职能主要体现在提供公共产品或服务,对基础产业、支柱产业以及高新技术产业进行投资,以及立法和行政干预等方面。

其六,市场监管职能。这一职能主要是指在市场经济体制运行过程中政府对多元市场主体行为的监管,包括对市场主体进入或退出的监管。政府在发挥市场监管职能时,主要是运用法律来明确市场主体的产权关系、经营关系和交换关系,明确界定和规范市场主体的权利和义务关系。不仅如此,政府的市场监管职能还在于保证公共利益,使其不至于受到自由市场中非理性和自私行为的危害。

通过上述我国政府担负的六大职能可以看出,政府作为社会公众和公共利益的代表,它在社会发展的各个领域及其运行中都发挥着无可替代的作用。对此,英国社会学家安东尼·吉登斯(Anthony Giddens)曾有过明确的论述。他指出,政府存在的目的是为各种不同利益的实现提供途径,提供

---

① 刘新萍,孙桂芝.市场经济条件下政府经济职能管窥[J].山东经济,2000(1):17-20.

一个对这些利益的竞争性要求进行协调的场所，创设和保护一个开放性的公共领域，提供包括集体安全和各种社会福利在内的多种多样的公共产品，为公共利益而对市场进行规制。[①] 正因如此，政府应该也必须承担起推动和服务于职业教育发展的职能，这是市场机制和其他类型的非政府组织所不能代替的。“在教育的作用不断被人们认识的今天，要求一个国家的政府放弃其教育职能是不可思议的。主要问题在于，国家应如何来行使其教育职能。”[②]从政府职能的角度来看，政府主导职业教育发展是政府职能的具体体现，因为无论从道义上讲，还是从经济发展的角度看，政府主导职业教育发展都是必要的。

在职业教育领域，我国政府的管理职能、服务职能、监督控制职能、资源配置职能以及对市场主体的监管职能等，实际上就已经内含着政府的职业教育职能。同时，职业教育作为社会系统的重要组成部分，它从来就不是一个单纯的教育单位，而是与整个社会发展的各要素直接相关的领域，它本身与社会政治、经济和文化等各方面都存在着密切的联系，正因为如此，政府的职业教育职能并不是单一的，而是多方面的。概言之，我国政府的职业教育职能应该体现在以下几个方面。

其一，政府的职业教育管理职能。职业教育法律法规与政策方针的制定和实施，是政府管理职业教育发展的主要手段。政府制定和实施职业教育法律法规与方针政策的主要特点有两个：一是权威性，这种权威性意味着职业教育政策不同于一般政策建议或政策辩论，它具有很强的约束力和强制性；二是“作为”与“不作为”，即政府“做什么”和“不做什么”。在职业教育领域，这种教育政策包括构建现代职业教育体系、增强办学活力、提高人才培养质量、提供经费保障、赋予职业院校办学自主权，以及各级政府的权责划分等。

其二，政府的职业教育服务职能。教育产品是教育机构或其他组织或个人提供的教育产品或服务。政府作为公共利益的代表，为社会提供公共

① 安东尼·吉登斯.第三条道路——社会民主主义的复兴[M].郑戈，译.北京：北京大学出版社，生活·读书·新知三联书店，2000：51.

② 许明，胡晓莺.当前西方国家教育市场化改革述评[J].教育研究，1998(3)：69-74.

教育产品与公共教育服务是其基本职能之一。在职业教育发展过程中，政府既是整个职业教育事业的管理者，又是部分职业教育的举办者。政府管理职业教育的目的在于将职业教育的公共利益做大，使职业教育与社会各领域的联系更加紧密；政府举办职业教育的目的在于提高职业教育资源使用效率与职业教育质量，让国家、社会、企业和个人共同受益，让每一个人公平地享用职业教育产品或服务。

其三，政府的职业教育监控职能。由于职业教育是与整个社会发展的各要素直接相关的领域，并且它本身也是一个具有独立运转能力的社会子系统，因而政府的职业教育监控职能可以划分为外部监控和内部监控两种。其中，外部监控主要是对参与职业教育运行的相关利益主体行为的监督和管控，包括对企业事业组织、社会团体及其他社会组织和公民个人等社会力量的监督和管控；内部监控主要是对职业教育运行体系的监督和管控，包括对职业教育经费使用、职业教育人才培养质量、职业院校办学自主权等方面的监督和管控。

其四，政府的职业教育资源配置职能。职业教育资源通常指维持、组成、参与并服务于职业教育系统的资源，包括人力、物力、财力和制度力（事权）。与职业教育发生关系的相关利益主体主要是政府、学校、企业、社会组织和个人等，当利益主体对职业教育资源有分享需求时就存在配置的需要与可能。政府对职业教育资源的配置主要是将有限的社会资源配置到职业教育领域，既包括对职业教育人力、物力和财力等的实物性供给，又包括职业教育法律法规、政策或条例等的制度性供给。同时，资源配置还存在效率问题，由于存在着职业教育资源（数量、质量、结构、性质）稀缺的情况，表现为职业院校人数的日益增长与公共资源的匮乏，因而政府在面对人力资本投入与国家整体利益时，就不得不面对资源配置效率与质量的问题，即在职业教育资源稀缺的情况下，政府需要解决如何将职业教育资源有效地配置到社会各领域的问题。

综上所述，政府的职业教育与政府职能是相契合的，简言之，政府的职业教育职能就是政府职能的具体体现。既然如此，那么政府就应该也必须是职业教育发展的主导者，其主导的范围和内容至少应包括对职业教育的整体规划和管理、为职业教育提供财政投入、引导社会力量参与职业教育发展、供给职业教育产品或服务以及对职业教育进行质量监管与评价等方面。

(二)政府是政府与市场关系的主导者

1.政府与市场关系的理论演进

经济学家对政府与市场关系的认识,大多是从政府职能的角度切入,围绕着政府与市场之间的活动边界、适当平衡等问题来展开讨论,在理论上呈现出交织演进的局面。下面从政府与市场关系的理论演进和市场调节作用的发挥需要政府的管制两个方面,对政府是政府与市场关系的主导者这一观点予以论证。

政府与市场的关系以及政府的角色定位和作用,是近代以来理论界争论不休的一个世纪性课题。几乎从市场制度形成之时起,人们的认识就存在着分歧。从19世纪亚当·斯密(Adam Smith)的自由放任主义,到20世纪30年代以后的凯恩斯主义,再到晚近的新保守主义、新自由主义,研究者们见仁见智,难有定论。[①] 概言之,从理论演进的维度来看,我们可将对政府与市场关系的认识大致划分为五个阶段。

第一阶段(15～17世纪):强调政府对市场的积极干预。此一时期,在经济学上被称为重商主义时期,该时期大批中央集权制国家建立起来,原先各自独立,有不同利益、不同法律、不同关税的各个地区,逐渐形成了统一的国家。随着中央集权制国家的建立,商业和商业资本逐渐发展起来,也促进了对外贸易的发展和世界市场的形成。[②] 为了保护市场主体利益和增加国家财富,商业资本家坚决要求加强国家集权的力量,要求政府对市场进行积极干预。然而,正如亚当·斯密所描述的那样,那个时代的政府,特别是英国政府通过监管、垄断以及设立贸易障碍对经济活动进行干预,从而产生了施惠于特定个人或团体、阻碍其他人开展相同经济活动的不合理现象。在重商主义的“商业制度”中,尽管允许个人拥有私人财产,并且存在交易商品和

① 陈剩勇,等.政府改革论:行政体制改革与现代国家制度建设[M].北京:北京大学出版社,2014:34.

② 潘明星,韩丽华.政府经济学[M].北京:中国人民大学出版社,2014:15.

服务的市场,但市场的力量被削弱了。[①]

第二阶段(从1776年亚当·斯密出版《国民财富的性质和原因的研究》至20世纪20年代):充分肯定市场的作用,政府充当“守夜人”和“警察”角色。产业革命的兴起和发展,催生了一部分完全能够依靠自己的力量发展经济的资产阶级,他们要求政府采取不干涉经济事务的政策,并且把“自由放任”视为经济政策的基本原则。亚当·斯密认为,政府对经济活动无须干预,由市场这只“看不见的手”来自动调节就行,政府职能限定为三:一是保护社会安全,使其不受其他独立社会的侵犯;二是设立严正的司法机关,不使社会中任何人受其他人的欺侮和压迫;三是建立并维持某些公共事业及某些公共设施。[②] 亚当·斯密的思想直接或间接地影响了此时期政府对自身经济作用和责任的看法,尤其是他强调政府不能对经济生活内部直接干预、政府的职能应定位为“守夜人”的观点,进一步推动了政府职能的转变。

第三阶段(20世纪20～50年代):强调政府干预市场的必要性。由于资本主义固有矛盾的加深,1929年西方世界爆发大规模经济危机。经济危机向人们表明,自由放任者所说的资本主义经济具有的自律性调节失灵了,因此经济学家不得不寻求新的经济理论和政策。[③] 这一时期的经济活动的理论基础主要是凯恩斯(J. M. Keynes)的政府干预主义。1936年,凯恩斯强调国家的政府要为实现充分就业做出努力,政府有必要对经济进行干预。政府干预主义的产生使调节手段又多了一只“看得见的手”,这只手的干预是全面的干预。[④] 他主张政府要从有限政府转变为强有力政府。二战以后,西方国家普遍采用了政府强干预政策,将公共事业国有化、充分就业和社会福利最大化作为政府追求的目标。[⑤]

第四阶段(20世纪60～80年代):主张政府角色最小化,市场角色最大化。20世纪70年代,西方资本主义经济出现“滞胀”危机,使得凯恩斯主义

① 维托·坦茨.政府与市场:变革中的政府职能[M].王宇,等译.北京:商务印书馆,2014:54.

② 亚当·斯密.国富论[M].孙善春,李春长,译.北京:中国华侨出版社,2010:294-309.

③ 郭小聪.政府经济学[M].北京:中国人民大学出版社,2015:10.

④ 凯恩斯.就业、利息和货币通论[M].徐毓枬,译.南京:译林出版社,2014:321-322.

⑤ 齐桂珍.国内外政府职能转变及其理论研究综述[J].中国特色社会主义研究,2007(5):87-92.

对调节经济显得力不从心，引发了人们对政府职能的重新思考。[①] 于是，主张“自由化”和“私有化”的新自由主义登上了历史舞台。新自由主义的代表人物主要是哈耶克和弗里德曼，哈耶克的新自由主义是最彻底的经济自由主义，它反对一切形式的政府干预，倡导实行竞争性私人货币制度下的自由市场经济。事实上，这种极端的反对政府干预的主张，即使在发达资本主义国家也难以被采纳。[②] 相对来说，弗里德曼的自由主义思想较为缓和，他主张建立这样一种社会：“把政府活动限制在应有的范围内，使政府成为我们的仆人而不是让它变成我们的主人。”[③]总之，新自由主义政策的基调是反对政府干预，主张政府角色最小化，市场角色最大化。

第五阶段(20 世纪 90 年代至今)：强调政府干预市场的有效性和有限性。第二次世界大战后的很长一段时期，全球经济陷入衰退状态，新自由主义理论主张的“自由化”和“私有化”观点已经不适应经济发展的需要，这为主张政府干预经济的新凯恩斯主义提供了契机。新凯恩斯主义以重构凯恩斯微观经济学为出发点，重视政府政策干预的有效性和局限性。[④] 正如斯蒂格利茨(J. E. Stiglitz)所罗列的公共部门(政府)的四大失败：“存在于公共部门的不完全信息和不完整市场；潜在的政府不良寻租行为和不公平；较大的国家行政机构运行成本；公共部门缺乏竞争和缺乏效率。”[⑤]正因为如此，新凯恩斯主义虽然坚持短期内宏观经济政策仍然有效的观点，但却放弃了提出一种长期宏观经济政策理论的努力。[⑥]

综上所述，在政府与市场关系的问题上，西方经济学家始终是围绕着政府是否干预市场经济而展开讨论的。随着时间的演变和研究的深入，人们对市场经济作用的认识经历了一个从肯定到否定、再到否定之否定的过程，即对自由市场经济的肯定——经济危机与市场失灵——政府干预——市场

① 郭小聪.政府经济学[M].北京：中国人民大学出版社，2015：13.

② 胡代光，厉以宁.当代资产阶级经济学主要流派[M].北京：商务印书馆，1982：238-243.

③ 米尔顿・弗里德曼，罗丝・弗里德曼.自由选择[M].张琦，译.北京：机械工业出版社，2013：41.

④ 何国华.凯恩斯主义复兴和宏观经济政策理论的新发展[J].世界经济研究，1999(6)：66-70.

⑤ 约瑟夫・E. 斯蒂格利茨.政府为什么干预经济：政府在市场经济中的角色[M].郑秉文，译.北京：中国物资出版社，1998：42-69.

⑥ 郭小聪.政府经济学[M].北京：中国人民大学出版社，2015：15.

失灵——对市场经济的重新肯定及对政府作用的重新评价。① 相应地，政府职能也大体上经历了“守夜人”政府——积极政府——有限政府和有效政府等阶段。尽管政府与市场均存在缺陷，政府干预带来的问题也不少，但是面对市场失灵，政府终究不能袖手旁观。无论如何，自 20 世纪 30 年代经济大萧条以来，政府始终是政府与市场关系的主导者，政府干预一直是应对市场失灵的主要选项。

2.市场调节作用的发挥需要政府的管控

我国政府与市场的关系经历了由“政府完全统筹和不要市场调节”到“使市场在资源配置中起决定性作用和更好发挥政府作用”的转变。这一转变表明政府在主导着政府与市场的关系，即市场调节作用发挥到什么程度，归根结底是由政府决定的。正如荷兰学者所认为的：“本质上，市场力量就是中央管理机构界定的那些力量，它们与高等教育联系的方式也是由中央管理机关决定的。这是不局限于法国的悖论……‘市场力量’不是一个绝对的术语。它的意义的获得和作用的显著发挥取决于它运用于其中的政治的、思想的、历史的和技术的背景。”②

在经济和社会的任何领域或方面的发展过程中，如果缺少了政府，其后果都是不堪设想的。就职业教育发展而言，市场调节确实在职业教育资源配置过程中发挥着重要的作用，但是职业教育资源是否让市场去调节、哪些领域让市场去调节以及市场调节作用发挥到何等程度，都是由政府主导和决定的。因此可以说，只有充分发挥政府对市场的调控和监管职能，才能有效地发挥市场在社会主义市场经济体制中的应有作用，也才能真正发挥市场调节对职业教育资源配置的独特作用。

一方面，在社会主义市场经济体制下，尽管政府对现代市场经济的管理能力还有待提高，但在市场发育不全、功能欠缺、资源配置能力有限的情况下，社会资源配置仍然需要依靠政府的矫正和弥补。因为市场自身不可避免地存在着自发性、盲目性以及恶性竞争、短期行为、道德缺失等市场失范

---

① 粟勤.我国经济转轨时期“市场失灵”的特征与治理[J].中央财经大学学报，2006(3)：68-71.

② 弗兰斯·F.范富格特.国际高等教育政策比较研究[M].王承绪，等译.杭州：浙江教育出版社，2001：132-165.

行为，如果没有政府的管控，就很容易导致社会经济领域的失调。鉴于市场自身的缺陷及我国现阶段市场力量不成熟的现实，政府要担任起市场监督员、裁判员、教练员的角色，对市场力量的过度作用和违规运作进行抑制和纠正，制定合理的市场运作规则，完善法治，加强监督，以保证经济和社会生活有效、高速和持续地发展。所以，政府应当着力于建立清晰的规则以指引市场主体的行为，避免市场失灵，而不是事后对市场进行修补和纠正。与发达国家相比，我国政府需要承担主导经济发展和引导市场机制的双重责任，政府主导恐怕比世界上任何一个市场经济体都更有重要性和必要性。正如研究者所指出的，在中国，政府是市场的培育者和创建者，市场经济制度的建立是政府不断简政放权的过程。这就决定了中国的市场经济从一开始就是政府主导的。政府的自主性决定了市场发育的效果和程度。①

另一方面，市场虽然是配置资源的极其重要的手段，但并不是所有领域的资源配置活动都可以被纳入市场机制的有效调节范围内，尤其是在涉及人民群众公共利益的领域，市场机制并不能自发调节。例如，在职业教育供给问题上，单纯依靠市场主体自发地形成职业教育供给并不可行，因为市场主体的逐利性使其倾向于发展程度更加成熟和利润更高的领域，从而将职业教育排除在外；同时，市场主体的逐利性也会造成新的不公平，损害职业教育的公益性。事实上，世界上没有一个国家将职业教育完全交由市场主体供给，因为职业教育是关系到国家未来发展的公共事业，必须由政府主导供给并积极引导社会力量参与。

必须明确的是，政府不能替代市场，市场调节在职业教育资源配置中的作用也是不可或缺的。政府主导总是与市场调节相伴而生。与政府主导一样，市场调节也是职业教育资源配置的一种手段，同样发挥着不可替代的作用。从经济学的角度来说，市场是指买卖双方进行商品交易的场所及其交换关系的总和，而市场调节是指在市场的基础上，市场运行主体运用价值规律有意识地对经济和社会生活进行协调与控制。由于市场调节作用的发挥是由政府主导和决定的，因而市场调节职业教育，就是指市场运行主体（企

---

① 陈剩勇，陈晓玲.产业规划、政府干预与经济增长——2009年“十大产业振兴规划”研究[J].公共管理与政策评论，2014，3(3)：6-24.

业、行业组织、社会团体和个人等)在政府的引导和规制下,运用市场机制对职业教育资源进行协调与控制的行为,其目的同样在于促进职业教育资源的合理配置,提高职业教育资源的利用效率,进而提高职业教育的办学质量。对此,本研究的观点是:职业教育可以在一定程度上与市场相结合,可以利用市场机制提高其资源配置的效率,但不能简单地将职业教育推给市场,而是需要政府转变传统的管理方式,将可以由市场调节的部分交给市场。在政府越来越讲求财政效率的今天,对职业教育资源的控制和管理越来越需要市场力量的调节。当下政府推出的鼓励企业、行业组织举办职业教育,推进校企合作制度化,以及吸收企业参加教育质量评估等措施,无不是政府力图运用市场机制对职业教育资源进行的符合经济理性的配置。

总之,在职业教育领域,政府调控与市场调节作为职业教育资源配置的两种最主要方式,虽然它们的运行机制有所不同,但是其目的或目标却是相同的,即都是优化职业教育资源配置,促进职业教育质量的提高,进而满足社会经济发展的需要和个体内在发展的需要。既然政府是政府与市场关系的主导者,市场调节作用在职业教育发展中能够发挥到什么程度,归根结底还是由政府决定的,那么政府就必然也必须是职业教育治理的主导者。

(三)职业教育的产品属性及其可赋予性

职业教育的产品属性是职业教育治理问题的逻辑起点,它决定着政府与市场在职业教育发展中由谁对其负责的问题。我国职业教育产品属性的确定不仅要以公共产品理论为基础,而且要考虑到我国的政治制度、经济制度和历史文化影响的现状。

1.公共产品理论及其解释力

公共产品理论的形成与发展,最早可以追溯到古典经济学家大卫·休谟(David Hume)和亚当·斯密的思想。在西方财政思想史上,多位诺贝尔经济学奖获得者的研究成果都涉及公共产品理论,如萨缪尔森(P. A. Samuelson)、阿罗(K. J. Arrow)、斯蒂格利茨(J. E. Stiglitz)和奥斯特罗姆(E. Ostrom)等。公共产品理论的真正发展是从新古典综合派的萨缪尔森开始的。在他之后,经济学家们大多从公共产品的定义出发,对社会提供什么样的公共产品、为谁提供公共产品以及如何提供公共产品等一系列问题进行了深入研究，使得公共产品理论继续向更深层次和更细致的方向发展，进一步拓展了公共产品理论的研究范围。概言之，公共产品理论的主要发展历程可分为三个阶段。

第一阶段：公共产品理论的雏形。1739 年，英国哲学家大卫·休谟在《人性论》中提出了著名的“公共悲剧”概念。他指出：“两位邻人可能就在一块平地上排水达成协议，但在 1000 人之间却难以达成协议，因为每个人都企图坐享其成……因此，某些多人利益的事情，只能通过集体行动或由政府参与来完成。”[①]他虽然没有明确提出公共产品的概念，也没有论述公共产品供给问题，但是他论证了政府与社会的起源，并以草地排水问题为例说明政府具备克服人性的弱点、提供桥梁等公共产品的能力。遗憾的是，这一时期的古典经济学家只回答了“政府应该做什么”，却没有回答“政府怎么做”，因此，这一时期的公共产品供给问题缺乏经济学的理论基础，而“政府应该做什么”完全出于一种社会责任。

第二阶段：公共产品理论的形成。公共产品理论的正式形成是在萨缪尔森区分公共产品和私人产品并提出公共产品的经典定义之后。萨缪尔森最早界定了“公共产品”(Public Goods)的定义和特征，即“纯粹的公共产品是指这样的产品或服务，任何一个人消费该产品或服务不会减少其他任何人对这种产品或服务的消费”，公共产品有两个显著特征，即“非竞争性(Non-Rivalry in Consumption)与非排他性(Non-Excludability)”。[②] 其一，消费的非竞争性。对于私人产品来说，如果某人消费了这一产品，其他人就无法再消费。但是，对于公共产品来说，它一旦被提供，许多人就可以同时享用，消费人数的增加并不引起成本的增加，即增加其他消费者的边际成本

---

① 大卫·休谟.人性论[M].关文运，译.北京：商务印书馆，2016:577-579.

② SAMUELSONA P A. Diagrammatic Exposition of A Theory of Public Expenditure[J]. The Review of Economics and Statistics, 1955, 37 (4): 350-356.

萨缪尔森在 1954 年发表的《公共支出的纯理论》一文中，假定经济中存在两种商品：私人消费商品(Private Consumption Goods)和集体消费商品(Collective Consumption Goods)。1955 年，萨缪尔森又发表了《公共支出理论的图解》一文，将集体消费商品改为“共同消费商品”(Public Consumption Goods)这一术语，并且最终省略了“消费”(Consumption)一词，成为现代经济学所指称的“公共产品”(Public Goods)。

为零。其二，受益的非排他性。对于私人产品来说，产权一旦确定，也就决定了所有者对产品的所有权，即购买者支付了价格就取得了该产品的所有权，便可以独享产品给他带来的效用或收益，从而排斥他人消费，这就是排他性(Exclusivity)。但是，对于公共产品来说，无法排除他人从公共产品中获得利益或者经由技术处置而达到排他性，其原因是成本太高从而导致经济上不可行。

萨缪尔森还对社会产品的最优化供给均衡问题做了比较分析："公共产品不能同私人产品一样可以通过竞争性的市场定价机制找到供给均衡点，当公共产品市场配置资源的价格机制缺失时，政府及其职能部门就变成主要配置者。""公共产品最优供给的一般均衡条件是消费者对私人产品和公共产品的边际替代率之和等于私人产品和公共产品生产的边际转换率。"①总之，萨缪尔森从理论上严格区分了公共产品与私人产品，分析了两类社会产品的最优化供给均衡问题，不仅为公共产品理论的发展开启了新的篇章，标志着公共产品理论的正式形成，而且为该理论向更深层次和更为精准的方向发展奠定了基础。但是，就经典定义而言，萨缪尔森所指的公共产品是一种较为极端的情况，可以称为"纯公共产品"。如果将纯私人产品和纯公共产品作为两极的话，社会产品大多是从这一极到另一极逐渐过渡的一系列产品，或者说是非纯公共产品。更准确地说，萨缪尔森关于社会产品属性的极端假设更多地指向理论状态。事实上，在现实生活中，除了国防、外交等极少数的具有典型的非竞争性和非排他性特征的公共产品之外，绝大多数社会产品都属于具有有限的竞争性和排他性的准公共产品。

第三阶段：公共产品理论的深化。在萨缪尔森提出公共产品理论之后，许多研究者对公共产品的概念和特征进行了论证，进一步推动了该理论的发展。比如，马斯格雷夫(R. A. Musgrave)在萨缪尔森的"公共产品"概念的基础上进一步研究了公共产品问题，提出了"有益品"②(Merit Goods)的概念。阿特金森和斯蒂格利茨认为，私人产品和公共产品中间存在第三种类

---

① SAMUELSON P A. The Pure Theory of Public Expenditure[J]. Review of Economics and Statistics, 1954, 36(4): 387-389.

② 理查德·A. 马斯格雷夫，佩吉·B. 马斯格雷夫.财政理论与实践(第5版)[M].邓子基，邓力平，译.北京：中国财政经济出版社，2003：88.

型，称为非纯公共产品(Impure Public Goods)或称为准公共产品。[①] 美国多中心治理理论的创始人埃莉诺·奥斯特罗姆(Elinor Ostrom)以排他性和共同使用为标准，提出"物品分为私益物品、收费物品、公共池塘资源与公益物品四大类"。[②] 美国公共经济学家布坎南(J. M. Buchanan)从提供主体(政府)的角度认为，任何由集团或社会团体决定，为了任何原因，通过集体组织提供的物品或劳务都被定义为公共的。这一广泛的范畴既包括萨缪尔森及其他人所说的"纯集体的"物品，也包括了其他物品和劳务，其公共性程度从0到100%不等。[③] 马莫罗(E. Marmolo)否定了公共产品与私人产品的区分。他认为："消费者从宪政角度(Constitutional Level)对产品的供给方式进行决策时，公共产品对应政府供给，私人产品则对应市场供给。产品的供给方式也就同时决定了产品的'公共性'。'公共'和'私人'只是不同的供给方式，而与产品的性质无关。"[④]

从上述西方经济学家的研究中可以发现，公共产品理论的研究内容十分丰富，它是一个不断深化、依次推进的过程。概言之，公共产品理论的研究内容可以分为四点。一是公共产品的内涵及其范围，主要包括公共产品的定义、性质、分类以及范围等，其目的是讨论和确定政府职能、政府边界划分、政府失灵、市场失灵以及外部性等问题。二是公共产品的供给机制问题，即回答政府提供多少公共产品、提供给谁、政府如何融资、生产与定价问题。三是公共产品的运行机制，即讨论政府如何更好地提供公共产品、如何保证公共产品供给公平以及如何才能实现公共产品的效率和公平等问题。四是公共产品的需求与评价机制，即讨论公共产品法治建设、公共监督制度以及激励机制等问题，目的是保证公共产品供给的稳定性、有效性和可持续性。

公共产品理论既为明确政府和市场在社会资源配置上的职责提供了理

---

① 安东尼·B. 阿特金森，约瑟夫·E. 斯蒂格里茨.公共经济学[M].蔡江南，许斌，邹华明，译.上海：上海三联书店，上海人民出版社，1994：619-625.

② 埃莉诺·奥斯特罗姆.公共事物的治理之道——集体行动制度的演进[M].余逊达，陈旭东，译.上海：上海三联书店，2000：78-103.

③ 詹姆斯·M. 布坎南.民主过程中的财政[M].唐寿宁，译.上海：上海三联书店，1992：13.

④ MARMOLO E. A Constitutional Theory of Public Goods[J]. Journal of Economic Behavior & Organization, 1999, 38(1): 27-42.

论依据,也为政府的政策制定和市场经济主体承担相关责任提供了规范化标准。公共产品提供的重要问题是政府提供的公共产品的最优规模是多少,即公共产品的供给量和供给价格税收成本应确定在何种水平上才能满足消费者的需求并使消费者效用最大化。由于社会极为需要各种形式的公共产品,在社会个体普遍存在“搭便车”心理的情况下,必然会出现市场无法提供或不愿提供的境遇,因此,公共产品需要由政府提供,即政府应该将工作重点放在那些市场无力承担、承担不好的公共产品上。但是,政府不是万能的。由于政治、经济、文化等诸多因素的影响,政府在提供公共产品时也会出现错位、越位与缺位等“政府失灵”情况,造成资源的更大浪费。就职业教育的资源配置而言,单纯由政府提供或市场提供都不能达到资源配置的最优化,应该也必须发挥政府的管理作用与市场的调节作用。

概言之,公共产品理论对职业教育实践的指导意义主要体现为三点。一是运用公共产品理论确定职业教育的产品属性。二是依据公共产品理论明确政府、市场在职业教育资源配置上承担的责任边界。在我国社会主义市场经济体制背景下,明晰政府和市场在职业教育发展过程中发挥的作用和承担的角色,准确定位政府和市场在职业教育资源配置中的关系至关重要。三是根据公共产品理论的运行机制、需求机制和评价机制,提高职业教育产品或服务供给的效率。

2.职业教育产品属性的争论

确定职业教育的产品属性,就是要判断和确认职业教育是公共产品、私人产品还是介于二者之间的准公共产品。国内外学者对职业教育产品属性的界定几乎都是建立在公共产品理论基础之上的。然而,国内外职业教育理论界对此问题的认识尚充满分歧或争议。综览国内外学者关于职业教育产品属性的认识,可以概括为以下三种不同的观点。

一是“纯公共产品”说。这种观点认为,职业教育是一种公益性和普惠性事业,它能够增进国家和社会的公共利益,应该作为一种“公共福利”为所有人所受用。例如,劳凯声认为:“教育作为公益性事业,决定了教育是非营利性事业,学校是非营利性组织,它所提供的产品或服务是一种典型的公共产品。"①美国学者巴罗(R. Barlow)在讨论美国地方学校财政效率的论文中也论证了教育是纯公共产品这一观点。②

二是"准公共产品"说。这一观点认为,职业教育具有有限竞争和有限排他的属性,职业教育既不是免费的公共产品,也不是纯粹的由个人支出的私人产品,而是兼具公共性与私人性的准公共产品。例如,孙霄兵和孟庆瑜认为:"职业教育虽然基本具有公共产品性质,但是也具有一定的排他性,因此属于准公共产品。"③布坎南等西方经济学家也大多认为:"教育在技术上是可以实现排他的,教育具有'拥挤的公共产品'特性。根据正统定义,纯公共物品或服务是指相关群体的全体成员可同等获得的那些物品或服务。这个定义具有高度的限定性,现代公共物品理论因此而遭受批评不足为奇。严格说来,没有哪种物品或服务在真正的描述性意义上符合这种极端定义。"④

三是"私人产品"说。这一观点从个人收益的角度出发,主张职业教育的个人收益大于社会收益,其教育成本应该完全由个体承担。如匡绪辉认为:"职业教育属于私人产品,财政投入应逐步直至完全退出,按市场化要求由社会投资办学,应由个人承担教育成本。"⑤伦敦经济学院的巴尔(N. Barr)也论证了教育不是公共产品,教育(包括职业教育)不可能在消费上具有完全的可分性,教育主要是一种私人产品,其依据是教育的消费可以给消费者带来诸多收益,可以引发形式多样化的外部收益,包括生产收益和文化收益等。⑥ 与此观点相似,阿特金森和斯蒂格里茨也坚持教育是"公共供应的私人产品"⑦。

综上所述,国内外研究者对职业教育的产品属性的理论界定涵盖了社

---

① 劳凯声.社会转型与教育的重新定位[J].教育研究,2002(2):3-7+30.

② BARLOW R. Efficiency Aspects of Local School Finance[J]. Journal of Political Economy, 1970, 78(5): 1028-1040.

③ 孙宵兵,孟庆瑜.教育的公正与利益——中外教育经济政策研究[M].上海:华东师范大学出版社,2005:190.

④ 詹姆斯·M. 布坎南.公共物品的需求与供给[M].马珺,译.上海:上海人民出版社,2009:47.

⑤ 匡绪辉.公共财政下教育财政投入模式选择[J].江汉论坛,2002(12):13-15.

⑥ BARR N. The Economics of the Welfare State[M]. London: Oxford University Press, 1998: 328.

⑦ 安东尼·B. 阿特金森,约瑟夫·E. 斯蒂格里茨.公共经济学[M].蔡江南,许斌,邹华明,译.上海:上海三联书店,上海人民出版社,1994:647.

会产品的所有类型。究其观点存在分歧的原因在于,研究者在判断职业教育的产品属性时所使用的标准有所不同。概言之,标准主要有三种:一是以职业教育产品的外部性为判断标准,二是以职业教育产品或服务的提供方式为判断标准,三是以产品的非竞争性和非排他性为判断标准。由于判断标准各不相同,自然就形成了判断当前职业教育的产品属性时的理论困境。事实上,职业教育作为社会有机体的一个组成部分,它的发展必然受到各个国家不同时期的政治制度、经济体制和历史文化传统等因素的影响。对职业教育产品属性的判断,不但要以公共产品理论为基础,而且要以职业教育发展的社会背景为依据。正如美国经济学家巴泽尔(Y. Barzel)所言:"并不存在僵硬的私人产品和公共产品的分界线,或者固定不变的产权形态。影响产品属性变化的因素主要有技术进步、社会需要的发展变化、公众对产品外部性评价的变化、政府对供给收益与成本的权衡等。"[①]

3.对职业教育产品属性之可赋予性的论证

职业教育的产品属性到底是什么?我们认为,对此问题的解答,有赖于从哲学的高度对职业教育产生与存在之根据的分析。从哲学的高度来审视,职业教育作为一种产品或服务,在本质上,它是人类经济活动乃至全部生存发展活动的重要内容之一,具有人类生存发展论本质。具体一点说,从表面上来看,职业教育是人类生存发展的重要条件。但是,从实际生成的角度来看,它又是由人类的生存发展活动所"建构"起来的,是人类生存发展活动的产物。

职业教育的人类生存发展论本质主要体现在以下两个方面。

其一,职业教育具有生成的属人性。职业教育是伴随着人类的生存发展活动而逐步生成的,没有人类的生存发展活动,就没有教育,也就没有职业教育。因此,从根本上来说,不是没有职业教育就没有人类的生存发展,而是没有人类的生存发展,就没有职业教育的生成。易言之,从根本上来说,不是职业教育构成了人类生存发展的条件,而是人类的生存发展构成了职业教育之所以为职业教育的条件。职业教育不是外在于人类的经济活动、生存发展活动的东西,而是人类的经济活动、生存发展活动本身包含的要素。

---

① 巴泽尔.产权的经济分析[M].费方域,段毅才,译.上海:上海人民出版社,1997:23.

其二,职业教育有其主体和历史的具体性。像其他类型的教育一样,职业教育总是不同群体的职业教育,因而具有不同的具体群体特征。我们说人类建构了职业教育,意味着职业教育的主体是人类。这是在最一般的意义上谈论职业教育的属人性的特征。事实上,在任何社会历史阶段,人类都是以不同的共同体而存在的,每一个共同体都有自己的职业教育建构历史。正是因为人类从来都不是作为一个整体而存在的,而是以相对分离的众多共同体而存在的,所以,每一个历史阶段不同的国家和民族,以及每一个国家和民族在不同历史阶段所建构的职业教育都有其特殊之处,甚至是大不相同的。不仅如此,每个国家和民族作为职业教育建构的主体,对于自己历史建构起来的职业教育,还都有其不可剥夺的支配权甚至是垄断权。

综合上述两个职业教育的人类生存发展论本质特征,可以得出这样一个结论:职业教育不仅是人类基于自身生存发展的需要而建构起来的,而且还是不同的共同体基于自身的需要而历史地建构起来的。由此决定了,每一个国家或民族对于职业教育的建构以及对于自己建构的职业教育资源的使用,都可以赋予其符合历史条件和现实的合理需要的属性。赋予自己建构的职业教育资源以使用上的合目的属性,体现的就是职业教育产品属性的可赋予性。

所谓"职业教育产品属性的可赋予性",是指各个国家可以在特定历史条件下,由政府及其职能部门根据社会政治、经济和文化发展的需要,赋予职业教育相应的产品属性。在不同的历史时期,不同国家的政府及其职能部门为了自身发展的需要,往往都会赋予社会产品不同的产品属性。事实上,社会资源的产品属性大多是政府及其职能部门赋予的结果。例如,科斯(R. H. Coase)对英国灯塔系统演变的分析表明:"17 世纪的灯塔主要由私人提供,是典型的私人产品,之后才转由政府经营,成为公共产品。"①美国经济学家弗雷德·麦克切斯尼(Fred S. McChesney)认为:"技术的进步,使得美国的一些社会产品或服务由私人属性转变成了公共属性。"②职业教育产

① COASE R H. The Lighthouse in Economics[J]. Journal of Law & Economics, 1974, 17(2): 357-376.

② McCHESNEY F S. Government Prohibitions on Volunteer Fire Fighting in Nineteenth-Century America: A Property Rights Perspective[J]. Journal of Legal Studies, 1986, 15(1): 69-92.

品作为社会产品的重要类型之一，其产品属性也理应具有可赋予性。

从职业教育的发展历程来看，它在产生之初是典型的私人产品，“学徒制”形态的职业教育体现的就是纯粹的交易关系，即学徒以出卖劳动力的方式来交换师傅的知识和技能。工业革命之后，学校形态的职业教育大规模发展，各国政府出于政治需要和经济价值的考量，都对职业教育进行完全的成本补偿，该时期的职业教育成为具有明显的“非竞争性”和“非排他性”特征的公共产品。而现代大多数国家的职业教育则是按照成本分担的原则，政府、企业、社会团体和个体等各方之间合理分担成本，使之成为具有“竞争性”和“非排他性”的准公共产品。由此可见，职业教育的产品属性很大程度上是政府及其职能部门赋予的结果。而政府及其职能部门赋予职业教育产品属性的主要依据，则是对供给的收益及其成本的权衡以及对外部性、公益性、社会公平、社会需求、技术进步等因素的考量。

4.对我国职业教育准公共产品属性的确定

确定我国职业教育的产品属性，一方面要以公共产品理论为依据，将非竞争性和非排他性作为判断标准；另一方面，还必须结合我国的政治制度、经济发展和历史文化传统影响的现状，把职业教育改革和发展的现实需要作为重要的判断根据。

职业教育是人类生产活动的一种特殊方式。从广义上讲，任何培养人的社会生存能力和职业技术能力的教育都可以称为职业教育；而狭义的职业教育主要是指现代学校职业教育，即通过职业学校对学生进行的一种有目的、有计划、有组织的教育活动，帮助学生获得一定的职业知识、技能和态度，以便为学生将来从事某种职业做准备。① 在此，作为产品属性分析对象的职业教育，是指教育机构提供的职业教育产品或服务，其基本特性可以概括为以下四个方面。

其一，职业教育产品始终具有消费的竞争性。职业教育产品资源的有限性，使得社会对职业教育产品的消费总量等于所有个人消费额之和。换句话说，在我国当前职业教育资源既定的情况下，受教育者的增加必然引起边际成本的增加，因此，受教育者对职业教育的消费始终具有竞争性。

---

① 刘春生，徐长发.职业教育学[M].北京：教育科学出版社，2002：28.

其二，职业教育产品具有非排他性。职业教育在整体概念上具有可分割性，即职业教育按层次可分为初等、中等和高等，也能够通过各级各类教育机构来实施。然而，职业教育对于受教育者而言却具有消费效用的不可分割性和产权的共享性。职业教育只能整体提供给受教育者，不能分割提供。也就是说，职业教育产品只能在保持完整性的前提下，由众多的受教育者所共享。由此可见，职业教育产品具有非排他性。需要明确的是，受教育者消费效用的不可分割性和产权的共享性是内含于职业教育产品之中的，是指在职业教育活动过程中产生的不可分割性和产权的共享性，而通过考试或收费等措施将部分人排除在外的情况，则不属于职业教育的消费效用和产权的排他性。

其三，职业教育产品具有外部性。外部性（Externalities，或称溢出效应）指的是企业或个人向市场之外的其他人所强加的成本或效益。① 外部性分为正外部性和负外部性两种形式。当一个厂商将有毒的废水排放到溪流之中时，鱼和植物会被杀死，溪流的景观价值也会降低。如果该厂商并不需要就其对溪流的损害向人们进行补偿，那么它就是一种负的或有害的外部性。当有人接种了一种新的流感疫苗时，那些并没有接种新疫苗的人也将因那些已接种的人而获益，因为他们能够感染流感病毒的概率减少了。这就是一种正的或者说有益的外部性。就职业教育而言，它把受教育者培养成为具备良好的职业技能和职业素养的合格劳动者，这不仅能使受教育者个人受益，而且能够使全体社会成员都因此而直接或间接受益，因而具有正外部性。但是，职业教育的正外部性并不是无限扩大的，由于消费效用的扩散性（随着职业教育产品数量的增多，其对受教育者的总效用虽然相应增加，但是边际效用会递减），其内部性不为零（职业教育成本增加或效用减少）。

其四，职业教育产品的公益性。《国家中长期教育改革和发展规划纲要（2010～2020 年）》（简称《教育规划纲要》）强调："坚持教育的公益性和普惠性，保障公民依法享有接受良好教育的机会。"这是国家在政策层面强化职业教育公益性质的战略部署，为职业教育的公益性质奠定了坚实的政策基

① 保罗·萨缪尔森，威廉·诺德豪斯.经济学[M].萧琛，主译.北京：商务印书馆，2013:33.

础。职业教育的公益性是一种社会价值取向,主要强调职业教育作为一项非营利的教育性事业在促进国家和社会的公共利益上的作用。通过发展职业教育,可以增强国家的核心竞争力,增加企业的经济效益和促进社会的和谐稳定,并且能够使受教育者顺利实现就业,从而过上更好的生活。总之,发展职业教育可以使国家、社会、企业和个人四类主体共同受益。

在职业教育产品的上述四个特征中,公益性同外部性都是影响职业教育发展的社会因素,是基于人的需求并为满足这种需求而设计的特征,并不能作为判断职业教育产品属性的理论标准。究其原因主要有二,第一,国家不断增加对职业教育的资金投入,提高职业教育的社会地位,强化职业教育的公益性质,这是在特定历史条件下的制度安排,其主要目的在于促进公民素质的提高和社会的和谐稳定,但是公益性并不能作为判断职业教育产品属性的标准。例如,我国民办职业教育也具有公益性,但就民办职业教育的经费来源来说,政府并不是主要投入者,而是需要民办职业院校自筹经费,以非财政性经费为主。第二,职业教育具有正外部性,需要政府提供。不过,这是政府提供职业教育的充分条件,而不是充要条件。政府提供的产品并不一定是公共产品,如在政府为贫弱群体提供粮食救济这一行为中,粮食就是典型的私人产品。

"非竞争性"和"非排他性"是从公共产品中总结出的本质特征,只有以这两个本质特征为判断标准,才能从理论上准确地判定职业教育的产品属性。本研究以此为判据得出的结论如下:职业教育产品消费的竞争性、不完全的强制性和导向性,以及受教育者个体消费不等于集体消费的性质,决定了职业教育不具有纯公共产品属性;职业教育产品的非排他性、外部性和公益性,以及内部性不为零等特征,决定了职业教育不具有私人产品属性;而职业教育消费的竞争性和受益的非排他性,则决定了职业教育具有介于纯公共产品和私人产品之间的准公共产品属性。

我们以职业教育消费的竞争性和受益的非排他性两个特征为判断标准,得出"职业教育是准公共产品"的结论。但是,职业教育消费的竞争性还存在一个程度高低的问题。布坎南在论证该问题时指出:"公共产品是一个外延广阔的范畴,不但可以包括萨缪尔森定义的纯公共产品,也可以包括公共性程度从0到100%的其他一些商品或服务。”[①]布坎南将私人产品和公共产品看作两极，当处于两极之间的准公共产品越靠近0时，其公共性程度就越低；越靠近100%时，其公共性程度就越高。可以肯定地说，社会产品公共性程度的高低是与各个国家特定时期的制度安排直接相关的。

我国实行的是社会主义政治制度，强调每一个公民平等、自由的发展。由此决定了职业教育作为一种教育类型，承担着维护社会和谐稳定、推动经济发展以及促进个体自身发展等方面的责任。然而，在社会主义市场经济体制背景下，社会和个体对于职业教育的现实需求之间还存在着一定的不一致性或矛盾之处；我国传统文化中的“学而优则仕”“重文轻技”等思想观念仍然广泛地影响着人们的思想和行为，长期以来存在的民众忽视或轻视职业教育的现象，就是传统文化观念负面影响的具体体现。就我国职业教育发展现状而言，职业院校仍然处于并有可能长期处于生源紧缺状态。教育部公布的数据显示，2021年，全国共有高等学校3012所，其中，普通本科学校1238所，本科层次职业学校32所，高职（专科）学校1486所；全国普通、职业本专科共招生1001.32万人，其中，普通本科招生444.60万人，职业本科招生4.14万人，高职（专科）招生552.58万人；全国普通、职业本专科共有在校生3496.13万人，其中，普通本科在校生1893.10万人；职业本科在校生12.93万人，高职（专科）在校生1590.10万人。[②] 由此可见，我国高等职业院校与普通本科院校相比呈现“学校多，学生少”的局面，而中等职业学校呈现“学校少，学生少”的局面。整体而言，我国职业教育内部的竞争性程度并不高，吸引力仍然不足。这是与当前经济社会发展对众多不同层次和规格的合格劳动者的现实需要相悖的。在此境况下，政府及其职能部门就应该赋予职业教育符合时代发展要求和现实的合理需要的产品属性。政府及其职能部门赋予职业教育产品属性的理性选择，应该是助推职业教育的公共性程度，将职业教育的准公共产品属性定位在公共性程度较高的位置。这为政府大力发展职业教育并在职业教育治理过程中承担主导责任提供了理论依据。

---

① 詹姆斯·M.布坎南.民主财政论——财政制度和个人选择[M].穆怀朋，译.北京：商务印书馆，1993：20.

② 中华人民共和国教育部.2021年全国教育事业统计主要结果[EB/OL].（2022-3-1）[2022-5-10].http://www.moe.gov.cn/jyb_xwfb/gzdt_gzdt/s5987/202203/t20220301_603262.html.

(四)职业教育发展的现实需要

职业教育的最早形态是“学徒制”,即徒弟在师傅指导下通过现场学习来习得知识或技能的传艺活动。“学徒制”形态的职业教育体现的是纯粹的私人之间的交易关系,它并不是由政府主导发展的。随着机器大工业的到来,原来的家庭式手工作坊已不能适应生产发展的需要,而且“学徒制”的人才培养方式也越来越难以满足社会发展对大量人才的需求,同时工厂和雇主为了实现自身利益的最大化,对员工的技能和素质提出了更高的要求,并开始对员工进行技术技能的培训,进而催生了现代语境中的学校职业教育。由“学徒制”向学校职业教育的演变推动了政府责任的调整。随着各国政府及其职能的不断完善以及职业教育的社会经济功能的日益凸显,职业教育逐渐被政府视为公共性程度较高的准公共产品或公共产品。正因如此,政府作为社会公众和公共利益的代表,有必要在职业教育发展中承担主导责任。对于当下我国职业教育而言,政府需要承担更多的责任,以满足社会发展和个体发展的需要。

其一,实现职业教育公益性的必然要求。《中华人民共和国教育法》(简称《教育法》)和《中华人民共和国职业教育法》(简称《职业教育法》)均特别强调包括职业教育在内的一切教育类型的公益属性。然而,在社会主义市场经济不断发展的背景下,职业教育不得不直接面对市场,从而自然形成政府、市场和职业教育三者之间既相互联系又相互制约的关系,而这一关系又必然引发社会公众对职业教育公益性能否坚守的普遍担忧。为此,需要有一个职业教育发展主体在宏观上统筹管理职业教育发展,及时修订与完善符合时代发展需要的法律法规,以及增加经费投入等。而所有这一切,只有政府才能做到,因为只有政府才能拥有强大的资源配置能力,进而充分肯定职业教育的公益性质。

其二,促进职业教育公平和提升职业教育效率的重要保障。改革开放以来,我国的社会主义市场经济体制改革虽然取得了显著的成就,但是完善的市场秩序和市场规则尚未建立,政府不仅面临着规范和培育市场主体的任务,而且还要在市场经济行为中承担起维护公平和正义的责任。由于市场存在不可避免的盲目性，职业教育效率的提升仅仅依靠市场是难以自发实现的，这同样需要政府的积极干预。“在社会主义市场经济条件下，政府的责任在于给强者以‘发展权’，给弱者以‘生存权’，以有效地防止‘弱肉强食，适者生存’的纯生物式的市场竞争。”①因此可以说，政府在职业教育发展中发挥主导作用，是促进职业教育公平和提高职业教育效率的重要保证。不仅如此，政府主导职业教育发展还有利于促进社会公平。职业教育作为一种人力资本投资行为，受到每个家庭预算的限制。对于贫困家庭的学生来说，其因经济条件的限制而无法接受高水平的教育，这其实是一种社会不公平。政府作为社会公众和公共利益的代表，能够打破这种不公平，以保证社会公众平等地接受职业教育。对此，史蒂文斯(J. B. Stevens)就曾指出：“教育是一个缓慢的过程，未来收入的不确定性和现在成本的不确定性都可能抑制有效的投资水平。在这种情况下，为了获得有效的产量，公共部门(政府)需要通过助学金和贷款鼓励教育。”②我国政府通过助学金、助学贷款以及增加财政性经费等方式资助职业院校学生，促进职业教育发展，其重要原因之一就是促进教育公平，使每一个受教育者不因为贫困而失去接受职业教育的机会。

其三，弥补职业教育资本市场不完善的现实需要。政府作为公共利益的代表，在社会利益再分配过程中应努力增加社会成员接受职业教育的机会。“公共供应(教育)的理由与分配目标有关。分配理由很可能是教育公共供应的基本依据，这或许是因为教育降低了财富的不均等，或许因为至少接受最低水平的教育本身便是一种目标。”③因此，政府通过教育投资，使更多的人接受职业教育，这是帮助贫困阶层摆脱贫困的一个持久和有效的举措，也是促进社会再分配的一个重要调节手段。与此同时，随着我国高等教育大众化时代的到来，政府对职业教育的财政性经费投入压力也越来越大。在这种境遇下，寻求政府财政资源以外的经费渠道来解决职业教育经费短

---

① 桑玉成.政府角色：关于市场经济条件下政府作为与不作为的探讨[M].上海：上海社会科学院出版社，2000：100.

② 乔·B. 史蒂文斯.集体选择经济学[M].杨晓维，等译.上海：上海三联书店，1999：56.

③ 安东尼·B. 阿特金森，约瑟夫·E. 斯蒂格里茨.公共经济学[M].蔡江南，许斌，邹华明，译.上海：上海三联书店，上海人民出版社，1994：623.

缺问题就变得十分必要。而其根本途径就是政府发挥主导优势，引导和支持企业、行业组织和非营利组织等社会力量积极投入职业教育。

其四，推动高等教育后大众化的必然需要。早在2015年，我国高等职业教育规模就已经占据了高等教育总规模的“半壁江山”。[①] 我国高等教育经过近十几年的快速发展，目前也已经进入一个较为稳定的发展期——后大众化阶段（Post-Massification）。高等教育后大众化，主要是指高等教育进入急剧扩展后的平台期，开始进行以持续发展为主题的大学理念的检讨，对高等教育规模、结果、开放度、开放对象和开放条件的检讨，对高等教育面临政府财政紧缩而带来的办学经费来源、使用合理性的检讨。[②] 简单来说，高等教育后大众化阶段可以理解为高等教育大众化的“后期”阶段或高等教育普及化的“初期”阶段。在已占据“半壁江山”的背景下，高等职业教育必将成为高等教育走向后大众化的重要力量。这必然要求政府提供更多的高等职业教育机会、提高办学质量、加强质量监管和赋予充分的办学自主权。与此同时，我国目前的高等教育结构中，学术型、理论型高校偏多，应用型、实践型高校偏少，日益难以满足后大众化时代民众对多元化教育的需要。这同样要求政府发挥主导作用，继续“引导普通本科高等学校向应用技术类型高等学校转型”，进而解决我国职业教育面临的一系列问题。

综上所述，可以得出如下结论：就政府职能而言，主导职业教育发展是政府职能的具体体现；从政府与市场的关系来看，政府是政府与市场关系的主导者，市场调节作用的发挥需要政府的调控和监管；从职业教育产品属性的要求来说，我国职业教育的产品属性应定位为公共性程度较高的准公共产品，这为政府发挥主导作用提供了理论依据；从我国职业教育发展的现实需要来看，职业教育的改革与发展同样需要政府承担主导责任。总之，我国政府应该也必须是职业教育发展的主导者，应该在职业教育发展中承担主导责任。

---

① 2015年全国教育事业发展统计公报[EB/OL].(2016-7-6)[2021-5-7].http://www.moe.gov.cn/srcsite/A03/s180/moe_633/201607/t20160706_270976.html.

② 杨移贻.后大众化阶段高等教育的审视[J].深圳大学学报(人文社会科学版),2009,26(5):144-148.

二、职业教育治理的本质

(一)“一主多元”的职业教育治理

“从20世纪70年代开始，伴随着经济全球化浪潮和后现代社会哲学的出场，治理(Governance)这一历史范畴的内涵、功能和特征等都发生了深刻的变化，具有了崭新的规定，作为一种阐释现代社会政治秩序与结构变化，分析现代政治、行政权力构架，阐述公共政策体系的分析框架和思想体系，与传统的统治(Governing)和政府控制(Government)思想和观念相区别，甚至对立起来。”[①]由此可见，现代意义上的“治理”不同于传统的“统治”，也不同于“行政”(Administration)或“管理”(Management)。尽管如此，要对“治理”进行准确的概念界定仍然比较困难。有学者认为:“治理意味着一系列来自政府但又不限于政府的社会公共机构和行为者。它对传统的国家和政府权威提出挑战，认为政府并不是国家唯一的权力中心。各种公共的和私人的机构，只要其行使的权力得到了公众的认可，就都可能成为在各个不同层面上的权力中心。”[②]中国学者俞可平也对“治理”和“统治”进行了阐述:“治理指在一个既定的范围内运用权威维持秩序，满足公众的需要。治理的目的是在各种不同的制度关系中运用权力去引导、控制和规范公民的各种活动，以最大限度地增进公共利益。”[③]“治理”与“统治”的主要区别就在于统治的权威主体是单一的，是政府或其他国家公共权力;治理的权威主体是多元的，除了政府之外，还包括企业组织、社会组织和居民自治组织等。[④] 在众多“治理”的概念中，联合国全球治理委员会所下的定义受到普遍认可，即治理是个人和公共或私人机构管理其共同事物的诸多方式的总合。它既包括有权迫使人们服从的正式制度和规则，也包括人民和机构同意的或以为符

---

① 孙柏瑛.当代地方治理——面向21世纪的挑战[M].北京:中国人民大学出版社,2004:18-19.

② STOKER. G. Governance as Theory: Five Propositions[J]. International Social Science Journal, 1998, 50(155): 17-28.

③ 俞可平.全球治理引论[J].马克思主义与现实,2002(1):20-32.

④ 俞可平.论国家治理现代化[M].北京:社会科学文献出版社,2014:2.

合其利益的各种非正式的制度安排。治理的特征在于治理不是一整套规则,也不是一种活动,而是一个过程;治理过程的基础不是控制,而是协调;治理既涉及公共部门,也包括私人部门;治理不是一种正式的制度,而是持续的互动。[①] 由此可见,现代意义上的"治理"是一种民主治理,强调参与性与多中心性,它意味着政府不再是公共事务的唯一主体,非政府组织甚至包括私人机构在内的一系列公共事务主体正在以多元共治的模式承担着管理责任,内含着民主、参与、协商、分权、责任、人权、平等、合作等诸多价值,并成为政府职能变革的重要价值取向。

笔者认为,治理是针对公共领域改革中的政府失灵与市场失灵的一种理论和实践上的回应,是政府与社会公民对公共生活合作管理,用以维护社会公共秩序、满足公众需要以及促使公共利益最大化的社会化管理过程。治理的本意是服务,其特征主要体现为两个方面。其一,管理结构的改进与变革,即由传统的、单一的政府管理主体转向政府部门、市场主体与非营利组织等多元主体共同治理,发挥全社会多元主体参与管理的巨大优势。这意味着治理主体之间不再是"管制"模式下的二元对立关系,而是一种"主体间性"关系。其二,治理模式的多样化,这是由治理主体的多元化演化出的特征,即在政府部门、市场主体和非营利组织等多元主体的合作中形成"治理网络"(Government Networks),并通过协商、协议的方式提供公共产品或服务,进而生成相对有效的、针对具体问题的治理模式。

就我国职业教育治理而言,治理主体和治理模式的多元化必然导致治理机制的复合化,形成由政府、市场主体和职业院校三大方面共同构成的具有合作互补关系的复合化的职业教育治理机制。这种从"多元化""准市场化"的角度对职业教育治理问题的探讨,在理论上深化了传统的政府"家长式"的一元治理研究,为我国职业教育的改革与发展提供了重要的理论支撑;同时,这种复合化的治理机制也要求政府的治理方式必须从微观转向宏观、从直接转向间接,并且要求政府树立依法治教、服务职业院校的观念,这也是构成社会主义市场经济体制下政府职业教育发展责任的重要内容。

然而,我国部分研究者对职业教育治理中"多元共治"的崇拜和对政府

① 俞可平.治理与善治[M].北京:社会科学文献出版社,2000:46.

“一元治理”的彻底抛弃，似乎使他们失去了停下来思考的耐心，从而将“多元共治”的职业教育治理模式视为“包治百病”的灵药，以“多元共治”的逻辑轻而易举地推导出“职业教育善治”的结论，即“多元共治”模式能够使得职业教育利益相关者的利益最大化和治理效率最大化。更值得商榷的是，有些研究者甚至将企业、行业协会或非营利组织等非政府力量的参与视为职业教育治理的“一剂良方”，过分夸大企业、行业协会和非营利组织的治理能力，低估了政府干预的意义。

政府主导是就政府职能的强弱，而非政府机构的大小而言的。政府主导是指政府在有限的领域里发挥更加有效的作用，而不是包揽许多社会事务，将权力触及社会生活的各个角落并将权力凌驾于社会之上。在经历了计划经济体制转向社会主义市场经济体制的历史巨变之后，我国政府的角色由全能政府逐渐转变为有限政府、有效政府，社会经济逐渐由贫穷落后转向繁荣富强并走向现代化之路。值得注意的是，有许多研究者在对计划经济的严格规划、强制指令或统包统揽等相对集权式的管理方式彻底抛弃的同时，似乎对“主导”一词也产生了戒备心理，甚至将“政府主导”视为“政府包揽”。这种“一朝被蛇咬，十年怕井绳”的心态和将政府主导理解为全能政府的观点，显然是错误的。同时，政府主导在一定程度上可以理解为政府干预，但后者要比前者的含义更为宽泛。政府干预主要是指政府对经济和社会生活总体的调节与控制，是政府通过制定相关法律法规、政策文件，通过宏观调控、公共服务、社会管理等手段，对经济和社会生活进行调节、管理、监督和支持的过程。由于政府是强有力的社会组织，其行政行为具有以约束性和强制性为特点的权威性，因此政府主导可视为一种强有力的政府干预方式。笔者认为，所谓“政府主导”，就是指政府在社会事务或领域的运行中处于主导性地位，发挥着主要的方向引导性作用。在我国，政府主导职业教育治理包含三层含义：一是政府在职业教育治理中的地位是主要的而非次要的；二是政府主导地位的实现方式是引导，这种引导包括强制性引导和非强制性引导；三是职业教育的发展方向符合政府的规定。很明显，政府主导职业教育治理并不是建立一个凌驾于职业教育之上的权力机关或行政机关，而是强调政府对职业教育改革与发展的引领和引导作用。我们强调政府在职业教育治理中的主导责任，并不意味着追求政府规模的扩大，也不意味着要增加额外的政府支出，或由政府直接提供更多的职业教育产品或服务，而是强调政府在职业教育改革和发展中要扮演好“掌舵者”“服务者”的角色，发挥制度安排者、引导者、合作者和管理者的作用，将职业教育改革与发展置于市场机制、社会参与和政府自身变革的基础之上。

职业教育的“多元共治”模式对于变革长期居于主导地位的政府“一元治理”模式来说，似乎具有一种不言而喻的说服力。尤其是当“多元共治”抛出多元化、多元主体等具有时代变革气息的观点时，政府的主导者角色似乎失去了话语权。但是，在职业教育改革进入深水区时，这种只要分权不要集权、只要分化不要整合的观点，以及对政府“一元治理”的彻底抛弃和“因噎废食”式的思维逻辑，不仅曲解了我国职业教育治理的“多元共治”本质，而且也无助于推进我国职业教育治理体系和职业教育治理能力现代化。这不是一剂“良药”，而是一种“悖论”。

为什么“多元共治”是未来职业教育治理的可行性模式，却又是一种“悖论”？其深刻的原因就在于，研究者忽略了多元主体的“治理能力”这一关键要素。笔者认为，在探讨职业教育治理的“多元共治”模式时，必须将治理能力纳入分析范畴，否则，得出的结论便不能有效地指导职业教育改革实践。所谓“治理能力”，主要是指治理主体借助制度、机制、政策、技术等因素，与其他主体保持互动合作、协调进步、务实高效的一种本领。治理能力不是某种单一的特性，而是具有复杂结构的多种特征的总和，是包括决策能力、执行能力、调控能力和协同能力等要素的综合改造能力。治理能力是内涵于治理主体的绝对概念，治理水平是治理主体之间的相对概念，治理责任是多方利益博弈和各主体分配权利、义务的过程。这三者之间呈正相关关系，即某一主体的治理能力越强，则治理水平越高，其承担的治理责任也就越重。同时，依据边际效用递减的规律，治理能力强则多分担责任，治理能力弱则少分担责任。因此，当某一主体的治理能力较强时，其自然就比其他主体的治理水平要高，其治理责任也相应越重。毫无疑问，在职业教育治理过程中，在各个治理主体的治理能力、治理水平和治理责任存有巨大差异的前提下，研究者以“多元共治”取代政府“一元治理”，进而推导出“职业教育善治”

的观点，显然没有注意到这种差异，遮蔽了各主体的治理能力，因而是一种既缺乏充分的理论根据又缺乏实际的可操作性的悖论。

如前所述，政府作为社会公众和公共利益的代表，有责任在职业教育治理过程中发挥主导者的作用，这是市场机制和其他类型的非政府组织不能代替的。就职业教育治理而言，市场调节确实在职业教育资源配置过程中发挥着重要作用，但是，职业教育资源是否需要市场调节、哪些领域需要市场调节以及市场调节作用发挥到何等程度，都是由政府主导和决定的。因此可以说，只有遵循政府主导的职业教育治理逻辑，实施政府主导的"多元共治"模式，才能真正实现职业教育治理体系和治理能力现代化的目标。

总之，以"治理"替代"管理"或"统治"意味着政府职能和思维方式的重大变化。"公共行政一直是关于治理的科学，而不是管理的科学。人们认为传统公共行政是层级节制的、效率低下的、缺乏想象力的，而治理是具有创造力和回应力的。"[①]在职业教育改革与发展过程中，政府只有以治理理论为指导，在担负主导责任的同时，充分利用各种社会力量形成"多元共治"的局面，才能真正解决职业教育资源供给低效、职业教育质量监管缺位等一系列问题。正如皮埃尔·卡蓝默(Pierre Calame)所言："多元共治成为当今政治生活的制度中轴，成为人们思想和行动自由的保证，成为维护社会性、调和共同利益的标准方式；多中心治理已经成为承认文化和传统的多样性和丰富性，同时使其参与整个社会的基本政治空间。"[②]循着这一思路，在我国政府推进国家治理体系和治理能力现代化的背景下，职业教育治理及其治理模式应改变传统的政府作为职业教育垄断者的单主体治理模式，逐渐转向新型的政府、市场主体和职业院校三维框架下的多主体治理模式。只有如此，职业教育才能真正获得健康和可持续的发展。易言之，职业教育治理就是在政府主导下，政府与其他职业教育相关利益主体的多元协调共振，以共同解决职业教育所面临的问题和不足，从而提高职业院校的办学质量，增强职业教育的吸引力的系统性过程。

---

① 乔治·弗雷德里克森.公共行政的精神[M].张成福，刘霞，张璋，等译.北京：中国人民大学出版社，2003：83.

② 皮埃尔·卡蓝默.破碎的民主——试论治理的革命[M].高凌瀚，译.北京：生活·读书·新知三联书店，2005：9.

(二)“有限政府”下的职业教育治理

有限政府理论主要是对全能政府的一种理论回应,其核心观点是:政府职能是有限的,政府不要承担市场主体能够承担的功能,在市场经济活动中,只有在市场主体不能、不愿承担或承担不好的领域,才需要政府来承担责任。政府知识的有限性和信息的不完备性,使得政府只能作为一个“有限理性人”,在有限的领域里有效地干预社会经济生活的运行。正如哈耶克所强调的,政府可以建立保障竞争性市场正常运转的法律框架、实行强制义务教育、保持经济稳定、管理外交关系和国防。[①] 有限政府理论强调政府应该是“掌舵式政府”,应逐渐淡化“划桨”功能。

有限政府理念不仅强调政府的必要性,而且强调政府的有限性。从托马斯·霍布斯(Thomas Hobbes)的“利维坦”的比喻中可以看到强有力的国家和政府对于维持整个社会秩序、避免“战争状态”的必要性:如果没有了政府这一制度安排,人类社会可能面临政治秩序混乱、市场机制失灵和公共事业衰败等一系列风险。人类社会的反复替代表明,政府对高质量的公共生活来说是“必要的”,它可以在政治上保证公民享有平等的自由权利,保证社会政治生活的基本秩序;在经济上保障市场公平竞争,科学实施宏观调控,公平分配社会资源,合理调整产业结构,有效保护生态环境,大力促进经济发展。[②] 不仅如此,政府还可以在社会文化、教育及其他公共事业上保证全民族的文化教育水准不断提高和社会保障体系健全稳固。

有限政府理念要求政府的职能限制在公共领域,进一步明确了政府管理行为的边界。市场的自由交易行为,基本上可以实现私人领域和私人产品的有效配置,但是由于存在外部效应等,市场对于公共领域的调节往往会失败,这就为政府的存在提供了活动的空间。正如研究者所指出的:“有限政府的主要作用必须是保护我们的自由以免受到来自大门外的敌人以及我们同胞们的侵犯,保护法律和秩序,保证私人契约的履行,扶植市场经济。”[③]

---

① 哈耶克.自由宪章[M].杨玉生,冯兴元,陈茅,等译.北京:中国社会科学出版社,1999:231.

② 燕继荣.从“行政主导”到“有限政府”——中国政府改革的方向与路径[J].学海,2011(3):85-96.

③ 毛寿龙,李梅,等.西方政府的治道变革[M].北京:中国人民大学出版社,1998:28.

有限政府是自由主义在政府问题上的基本主张,绝对的自由主义者更是主张建立一个“小政府”,“小政府”只提供一种公共产品,使公民免于强权、偷盗、欺诈的侵害以及督促契约行为的履行。[①] 不论是古典自由主义还是新自由主义,其理论至少有一个共同点:政府必须保护个人的基本权利和经济自由,在任何情况下都不能侵越这些权利。[②]

有限政府理念要求政府职能必须具有有效性。政府的有效性主要是指政府作为公共权力的代表者,能够有效地履行人民赋予的责任和义务。这意味着政府必须改变管理模式,将全能政府转变为有限且有效的政府。政府在推进职业教育治理体系和治理能力现代化的过程中,始终面临着一个“两难”问题,即为了助推职业教育治理体系和治理能力现代化的实现,需要强有力的政府行动,因此,弱政府不好;但如果政府太强而又没有受到有效的约束,就很容易产生各种损害职业教育利益相关者权益的行为,甚至出现凌驾于职业教育之上的权威式管理现象。因此,只有建构一个有效政府,既防止政府权力压制其他职业教育利益相关者,又保证政府能够对职业教育资源进行有效的调节,这样才能真正实现职业教育治理体系和治理能力现代化的目标。有效政府作为政府的一种价值取向,是政府理论演进和政府改革进行的必然结果。“有限政府与有效政府并不对立,相反,有限政府是有效政府的前提,而有效政府则是实施有限政府的保障。要使国家和政府有所作为的最好办法,就是对国家和政府的权力和能力加以必要的限制。”[③] 这意味着有限政府是使其“有所不为”,而有效政府是使其“为其所能为”,二者共同规制了政府的权力边界。我们从政府的历史演变过程中可以发现,政府的权力必须限定在一定的范围内,因为若不限制权力,必然导致对权力的滥用。因此可以断言,一个合理的政府理所当然地只能是有限政府和有效政府,因为若无有限度的责任,要么导致责任缺失,要么导致滥施责任。正如研究者所指出的那样:“政府行为并不是消除自由市场经济的万能丹药,政府的干预有可能不仅不会纠正市场的缺陷,恰恰相反,很可能还会导

---

① HOWARD M. Public Sector Economics: For Developing Countries[M]. Barbados: University of the West Indies Press , 2010: 24.

② 郭小聪.政府经济学[M].北京:中国人民大学出版社,2015:10.

③ 燕继荣.从“行政主导”到“有限政府”——中国政府改革的方向与路径[J].学海,2011(3):85-96.

致新的政府失败，因此在采取任何政府行为之前都必须要慎重考虑，要充分衡量政府的行为成本和行为收益。"①

根据有限政府理论，政府在职业教育治理中的主导作用必须是"有限管理"，其主导责任必须存有一定的限度。之所以如此断言，其根据主要有两点：一是政府未必时时、事事都能做到理性自觉，即政府在职业教育治理过程中未必时时处处都能意识到自身的缺陷，在任何情况下都保持服务者的心态；二是政府受客观条件的限制，主要是指政府限于一定时期的社会经济发展水平，受外部条件的制约，如一定时期政府的财政收入水平制约着政府职能的发挥。由于前文已对"政府受客观条件的限制"的相关内容做出论述，这里仅就政府的理性自觉加以讨论。

政府在职业教育治理中的理性自觉，就是指政府必须明确自身在职业教育治理过程中的责任限度，必须意识到自身职能的有限性。那么，政府在职业教育治理过程中的责任限度应体现在哪些方面？对于此问题，可以从政府的目标追求和活动内容两方面予以回答。

其一，政府发展职业教育的目标追求应限于"公益"。"公益"即公共利益，指有关社会公众的福祉和利益，强调的是人们所共享的利益。政府作为社会中的一个特殊组织或机构，被人们视为公众机构的代表或为公众谋求福利的机构，其服务公众和追求公益的价值取向是毋庸置疑的，正如美国政策学家詹姆斯·安德森(James E. Anderson)所指出的："政府的任务是服务和增进公共利益。"②然而，如同其他社会组织或机构具有追求自身利益的动机一样，政府在制定和执行公共政策时，也会表现出"自利性"的一面，即政府也是追求自身利益的"理性经济人"。但是，政府在管理过程中应避免"自利性"，应超越私益而以公益为价值追求，因为"社会主义国家的一切权力应该真正属于人民，政府只是受人民之托管理社会公共事务的组织机构，其行为只能是维护人民的共同利益。超越于人民之上或追求存在于人民之外的特殊利益或部分人的利益，就有可能走向人民的对立面"。③ 因此，政府在主

---

① HYMAN D N. The Economics of Governmental Activity[M]. New York: Holt, Rinehart and Winson, Inc, 1973: 20.

② 詹姆斯·E. 安德森.公共决策[M].唐亮，译.北京：华夏出版社，1990:20.

③ 祁型雨.超越利益之争——教育政策的价值研究[M].北京：高等教育出版社，2003:41.

导职业教育治理过程中必须限于“公益”的目的，只有以公益性的标准致力于发展或服务职业教育，才能真正实现职业教育的公益性，才能更好地履行在职业教育治理过程中的主导责任。

其二，政府在职业教育治理过程中的活动内容应限于“该为又能为”和“不能为则不为”事项。“该为又能为”主要是指政府应基于自身能力的理性分析，思考如何才能使政府办学的类型、层次、数量、结构有利于职业教育质量的提高以及政府办学效益与办学水平的提升，进而促使职业教育利益最大化。政府在职业教育治理过程中的“该为又能为”事项，就是后文职业教育治理的核心内容将论及的政府应该承担的八种责任。“不能为则不为”，主要是指政府自我设定办学活动的具体边界，对“不能为”的事项做出“不为”的选择，这是有限型政府、责任型政府和服务型政府的理性选择。政府在职业教育治理过程中的“不能为则不为”事项，可以概括为三种。一是其他职业教育办学主体能做和做得好的事项，政府不该加以限制。比如，在职业教育供给问题上，政府应允许私人部门参与职业教育供给，以公私合作的方式来提高职业教育供给效率。二是职业院校内部事务，政府不该完全管制。例如，在职业院校办学自主权问题上，政府应逐渐赋予职业院校更多的办学自主权，并建立备案制和核准制，从宏观上监管与调控。三是非公益事项，政府应予以禁止。政府管理和举办职业教育，是以公益为追求而非以政府部门利益为追求，不能为部分个体的利益而牺牲大多数人的利益。譬如，办学的城市倾向、发达地区倾向、优势群体倾向以及违规办学和非法办学等行为，均是政府作为职业教育主导者予以监管和禁止的事项。

总之，受所掌握的职业教育权力与所具备的能力的限制，政府对职业教育的干预并不是全能的，而是有一定的边界限制的。如果超出了这个边界，不仅政府的干预难以得到人们的普遍认可，并且这种干预还可能超出政府的能力而难以实现。正如行政学的创始人威尔逊(T. W. Wilson)所指出的：“行政学研究的目标在于了解：首先，政府能够适当地和成功地进行什么工作。其次，政府怎样才能以尽可能高的效率及在费用或能源方面用尽可能少的成本完成这些适当的工作。”[①]

① 彭和平，竹立家，等.国外公共行政理论精选[M].北京：中共中央党校出版社，1997：1.

三、职业教育治理的核心内容

转型期的中国从不缺少新理念、新模式和新范式,也从不缺少尝试的勇气和热情。“多元共治”在职业教育治理过程中的趋势已不可逆转,重要的是这种治理模式必须置于政府主导之下,并使之形成以政府为中心的多元主体的协调共振局面。政府主导的职业教育“多元共治”模式是一项根植于职业教育实践的有机的制度契合和治理模式,其成功运行不仅需要政策法规的支持和相关法律的保障,而且需要政府发挥精细的管理、监督和引领作用。为此,政府就不得不准确定位其在职业教育治理过程中的主导责任。

第一,建立完整的职业教育法律法规体系。利益是主客体之间的一种关系,表现为客观规律作用于主体而产生的不同需要和满足这种需要的措施,是人们行为的内在动力。而在人类所有的行为规则中,法最关注人们之间不同利益的协调问题,所以法在缓和矛盾、化解矛盾和促进和谐方面,发挥着最基本的、不可替代的作用,它是社会生活中稳定的、和谐的因素。① 更有学者一针见血地指出:从本质上来说,法的背后是利益。② 立法就是对不同利益主体的利益表达和整合过程,因而建立完整的法律法规体系是协调和化解不同利益主体之间的矛盾、创新社会管理和真正实现共同利益的重要基础。作为我国教育法体系重要组成部分的职业教育法律法规体系,是伴随着职业教育发展的现实需要,在国家管理和发展职业教育的过程中逐步发展起来的制度性规定。从世界范围来看,不论是哪个国家,在现代学校职业教育的生成与发展过程中,或者说在职业教育权国家化的历史进程中,政府建立完整的职业教育法律法规体系,都是其管理和发展职业教育的主要手段。政府制定和完善职业教育法律法规的本质是为了使职业教育符合国家和人民的利益,保障职业教育的法律地位,完善职业教育管理,以及规定职业教育利益相关者的权利、义务和利益等全面性重大问题。就这一意

① 孙国华.论法的和谐价值[J].法学家,2008(5):18-19.

② 覃福晓,金小鹏,童庆平,等.立法过程中的利益表达与整合机制研究[M].北京:中国民主法制出版社,2011:32.

义而言，我国政府最基本的职业教育责任之一就是，在广泛征求职业教育利益相关者意见的基础上，提供既能保障职业教育有序运行，又能在此基础上保证职业教育公平与效率的完整的职业教育法律法规体系。具体而言，政府应及时制定、修订和完善符合时代发展要求的职业教育相关的法律法规，如完善我国《职业教育法》中关于校企合作、企业资金投入以及企业权利和义务等法律条例；同时，制定与《职业教育法》配套的单项法，如《国家职业技术资格法》《校企合作促进法》《职业培训促进法》和《职业技术强化法》等。上述法律法规要明确规定职业教育的培养目标、专业设置、学制、办学条件、经费来源、教师资格与进修、学生质量评价以及监管责任等具体操作要求。一言以蔽之，只有做到有法可依、有法必依、执法必严、违法必究，才能真正达到依法治教和依法促教的目的。

第二，建立合理的职业教育管理体制与机制。职业教育管理体制主要是指中央政府与地方政府之间、各级地方政府之间，以及地方政府与职业院校、社会力量之间的职责划分关系。例如，我国职业教育发展过程中出现的“条块现象”就是管理体制的鲜明划分特征，“条”是由各级政府主办的职业教育，“块”是各行业主办的职业教育。而职业教育管理机制主要是指职业教育运行过程中的行为规范、办事程序和运作机制。比如，教学管理、考试制度等行为规范，职业院校招生、课程与教学、实践实训等办事程序，质量监督机制、质量评价机制等运作机制。既然如此，那么由职业教育管理体制和职业教育管理机制共同构成的，用来规范、控制、协调和反馈各行为主体的职业教育活动的一系列规则的总和，就是职业教育管理制度。建立合理的职业教育管理体制与机制就是对职业教育资源进行分配和调整，对职业教育的管理责任、管理方式进行明确和确定，其根本目的是协调政府、企业、行业组织、非营利组织以及个人等利益相关者的利益，以谋求多方共赢和公共利益的最大化。

制度作为一种办事规程或行动准则，其归属于政府提供的公共产品。新制度经济学理论认为：“人是理性的，理性的人追求利益最大化，而制度源于人们对利益最大化的需求。制度安排具有减少行为的不确定性、降低风险或节约交易成本等功能，当已有的制度不能满足主体所期望的最大潜在利润(即已有制度的外部利润)时,主体便会通过制度变迁或制度创新,使主体所期望获得的现存制度安排之外的潜在利润得以实现,这一过程就是新制度经济学所指的现有制度的外部利润内部化过程。"[①]事实上,建立由职业教育管理体制与机制共同构成的职业教育管理制度,就是要思考职业教育由谁来办、由谁来管、怎么办和怎么管等一系列问题。因此,政府作为规则制定和实现制度安排最经常、最关键的主体之一,作为职业教育治理的主导者,其对职业教育发展的重要责任之一就是建立合理的职业教育管理体制与机制。

第三,提供充足的职业教育经费。如前所述,职业教育具有明显的公益性。正因如此,世界各国政府普遍将发展职业教育视为提高个人生活质量、实现国民经济可持续发展和增强国家竞争力的一种国家战略选择。实现职业教育公益性的重要前提条件之一就是为其提供充足的经费保障。因而,作为职业教育治理的主导者,政府在职业教育的财政投入上就负有不可推卸的责任。

美国学者布鲁斯·约翰斯通(D. Bruce Johnstone)曾强调:"包括私立大学在内的所有大学都具有公共性,大学的公共性要求政府的积极干预。"[②]因此,我国政府在保证私立职业院校公益性的前提下,应进一步增加私立职业院校的财政性投入。目前,我国政府在职业教育经费投入问题上仍有很大的提升空间,仍需要进一步增加财政性职业教育经费的投入总量,进一步加大专项资金、专项转移支付以及学生助学金和贷款等资金的投入力度。政府还应该积极探寻职业教育经费投入的市场化改革之道,以化解加快职业教育发展与职业教育经费短缺之间的矛盾。必须明确的是,我们主张职业教育经费投入的市场化改革之道,并不是要否定政府在职业教育经费投入上的主导责任。

第四,引导社会力量参与职业教育办学。当今世界,从最发达国家到最不发达国家,大多在积极推进公共服务的市场化改革。作为社会公共服务

---

① 祝爱武,胡建华.责任与限度:高等教育办学主体研究[J].高等教育研究,2015:36(11):23.

② 朱新梅.政府干预与大学公共性的实现:中国大学的公共性研究[M].北京:教育科学出版社,2007:14.

领域之一的职业教育，也应该积极吸纳市场力量，探索职业教育市场化供给之路。有学者指出："发展中国家的公共服务市场化改革主要源于三种情况，一是受到西方发达国家公共服务市场化改革的示范作用影响而进行的主动性改革；二是为配合经济体制市场化改革的进程而进行的适应性改革；三是由于外国援助机构附带条件的驱使而进行的被动性改革。"①根据这一分类，我国公共服务的市场化改革主要属于前两种情况。就职业教育的市场化改革而言，由于职业教育是与社会经济发展联系最紧密的教育类型，从产生之初它就与企业、行业和社会组织等市场力量存有一种天然的"脐带关系"，所以，与其说是政府对职业教育进行市场化改革，引导市场力量参与职业教育办学，不如说是政府助推职业教育回归到"本真状态"。需要进一步明确的是，政府对职业教育进行市场化改革和引导社会力量参与职业教育办学，并不是单纯地将职业教育推向市场，而是引入市场竞争机制、供求机制和风险机制，以提高职业教育的效率和质量。其基本手段就是运用公私部门合作伙伴关系提高职业教育供给质量，引入社会资本共同承担所需资金负担，以及引导企业参与职业教育人才培养等。正是以上条件决定了我国政府必须将引导社会力量参与职业教育办学纳入自己的责任范围。具体而言，政府引导社会力量参与职业教育办学，主要是指引导企业、社会团体及其他社会组织和个人等社会力量积极投入职业教育，引导企业积极开展校企合作或政企校合作，以及引导社会力量参与职业教育质量监督等。在这一过程中，政府必须给予税收政策或资金支持，并提供法律法规保障，因为若没有政府的参与和管理，社会力量参与职业教育办学将难以持续，也难以切实有效。

第五，供给优质的职业教育产品或服务。政府作为社会公共利益的代表和维护者，理应也必须为促进社会的进步和发展、满足人民群众日益增长的物质和文化需求服务。职业教育是促进经济社会发展和个体发展的重要教育形式之一，是社会公共产品或公共服务的重要组成部分。因此，推动职业教育有效治理，供给优质的职业教育产品或服务，是政府的职责所在。易言之，政府作为公共利益的代表，它的职业教育发展责任之一就是为社会供

① 黄恒学，孔雪琳.国外公共服务市场化改革研究[J].天津行政学院学报，2015，17(1)：97-103.

给优质的职业教育产品或服务。政府的职业教育供给有广义和狭义两种理解。从广义上看,可以将政府的职业教育供给概括为四种形态:一是实物供给,如政府举办职业院校、提供实训设备等;二是资金供给,如政府的财政性职业教育经费投入,包括各级政府的直接经费投入、转移支付和专项支付等;三是服务供给,如政府提供信息服务、指导性计划和协调政企校合作等;四是制度供给,如职业教育法律法规和政策等。狭义的职业教育供给则是指实物供给,即政府供给优质的职业教育产品或服务。

需要特别指出的是,随着我国2015年正式启动"互联网+"和大数据战略,提供信息服务必将成为推进我国当前职业教育领域深化改革和创新的战略选择。面对以"互联网+"和大数据为支撑的信息时代,政府需要思考如何利用信息服务推动职业教育事业的发展,如何为职业教育提供全面、准确和及时的信息。职业教育发展信息服务主要是指政府及其职能部门通过制定法律法规、颁布政策,为职业院校提供全面、公正、及时的服务信息,并使这些信息符合国家有关法律法规和政策规定。一方面,政府职能部门通过建立信息平台、信息库与职业教育利益相关者分享信息,既能提供职业院校招生、学校管理、专业建设、学生就业以及劳动力市场需求信息等信息服务,又能防止由于信息不对称而造成的资源浪费。另一方面,政府及其职能部门为职业教育发展提供信息服务,能够有效引导各级各类职业院校制定战略计划,促进职业教育信息化的改革与发展,增加劳动力市场的透明度,帮助求学者更加理性地选择职业教育,以及促进职业教育规模和结构更为合理。当前,我国政府的信息化平台体系建设已具备了良好的基础,现代信息技术应用在服务各级各类职业教育上已初见成效。例如,教育部职业教育与成人教育司、教育部职业技术教育中心研究所以及各省市职业教育研究中心等机构,正在努力探求职业教育发展中的热点、难点问题及其解决方案,为毕业生在供求信息、就业信息、质量信息、收益信息、职业教育的专业信息以及劳动力市场需求信息等方面提供了良好的信息服务。所有这一切都为政府进一步完善职业教育发展信息服务奠定了良好的基础。

第六,赋予职业院校广泛的办学自主权。美国管理学家哈林顿·埃默森(Harrington Emerson)认为,只有"适当的人在适当的时间、适当的地点以适当的方式去做适当的事”[①]时，才会产生效率。威廉·阿瑟·刘易斯(William Arthur Lewis)则提醒我们：一个软弱的、腐败的或不明智的国家控制可能导致最大的破坏，因而不能以抽象的方式考察政府应该履行的职责是什么，政府的失败可能是由于他们做得太少，也可能是由于他们做得太多。[②] 据此，我们需要进一步思考的是，政府该如何作为，才能调动职业院校的积极性，提高职业院校的办学质量和效率。解决这一问题的根本途径之一就是赋予职业院校广泛的办学自主权。因此，赋予职业院校办学自主权，是我国政府应担负的一项重要的职业教育发展责任。职业院校办学自主权的内涵颇为丰富，其内容主要包括专业和课程设置权、招生自主权、学费标准设定权、经费使用权、校长任免权、教师聘任权、人事管理权和收入分配权等方面。从整体上讲，在我国，职业院校与政府关系的调整是在政府的主导下进行的，职业院校对办学自主权的追求是在政府“让渡”或“授予”一部分权力的思维模式里出现的。由此不难看出，在职业教育管理体制改革的背后，暗含的是政府的强势主导力量，或者说，政府对职业院校办学自主权的介入和控制是直接的、强有力的。这与西方国家政府对职业院校办学自主权的“审慎干预和控制”的模式截然不同。从这一意义上来说，我国职业院校办学自主权的落实和扩大，在很大程度上取决于政府对职业院校的放权程度。

第七，培育有效的教育中介组织。马克思主义哲学认为中介是客观事物转化和发展的中间环节，也是对立面双方融合和统一的环节。[③] 这里的对立面双方，指的是矛盾的对立双方，中介是协调矛盾双方的环节。从系统论的角度分析，所谓“中介”，是指两个或多个系统或者系统的构成要素间的中间媒介。人处在社会系统中，人对社会系统中物能和信息的流动实施控制，其在本质上属于管理的范畴。同时，在人们对社会领域中的事务实施管理时，必须强调彼此之间的密切合作和交流，因此，为满足此要求，一种旨在沟通和协调社会不同领域或管理机构之间关系的中间型组织便应运而生。[④]

---

① 周志忍.行政效率研究的三个发展趋势[J].中国行政管理，2000(1)：37-40.

② 曾俊.公共秩序的制度安排——国家与社会关系的框架及其运用[M].上海：学林出版社，2005：182.

③ 张澎军.德育哲学引论[M].北京：人民出版社，2002：347.

④ 葛新斌.教育中介组织的合理建构与职能运作探析[J].清华大学教育研究，2011，32(6)：99-103.

正因为如此,1994,《国务院关于〈中国教育改革和发展纲要〉的实施意见》明确提出,为保证政府职能的转变,使重大决策经过科学的研究和论证,要建立健全社会中介组织,包括教育咨询决策研究机构、高等学校设置和学位评议与咨询机构、教育评估机构、教育考试机构、资格证书机构等,发挥社会各界参与教育决策和管理的作用。由此可见,推进政府职能转变和促进教育管理体制改革的重要产物之一,就是有效的教育中介组织。尽管教育中介组织已成为世界各国社会参与教育管理的主要形式,但在我国教育管理的实践中,教育中介组织还不够成熟和完善,远没有达到发达国家的发展水平。这既限制了政府职能的转变和发挥,又限制了教育中介组织的发展和管理效能的提高。① 随着职业教育改革与发展的不断深化,以及职业教育与政府、市场关系的日益复杂,迫切需要一种客观、公正和权威的教育中介组织来发挥"缓冲剂""减压阀"和"服务器"等独特作用。② 具体来说,这一独特作用就是通过发挥教育中介组织的协调管理、决策咨询、信息服务和监督评价等作用,促进政府职能转变的落实,保障职业院校依法自主办学的权利,提升职业院校的办学质量,并且促使职业教育真正成为提高劳动者素质、推动经济社会发展和促进就业的重要途径。因此,在深化职业教育改革的关键时期,我国政府应积极推进教育中介组织的建设与发展,将培育有效的教育中介组织纳入自身的责任范围。

第八,实施对职业教育的质量监管。从理论上来说,虽然政府不必是唯一的职业教育办学主体或供给主体,但是政府的某些传统责任和职能是不能放弃的,因为政府转交的是服务项目的提供,而不是服务责任的转交。③ 我们主张职业教育办学主体的多元化,并不是否定政府的主导作用,而是在坚持政府主导地位的前提下,由政府引领多元主体共同致力于职业教育质量的提高。事实上,从"一元主导"到"多元并举"的过程就是政府职能不断向社会和市场开放的过程,它赋予政府职能新的内涵,即从"划桨"向"掌舵"

---

① 周光礼.论中国政府与教育中介组织的互动关系:一个法学的视角[J].北京大学教育评论,2006(3):140-154+192.

② 范履冰,曾龙.论教育中介组织的角色和作用[J].国家教育行政学院学报,2011(8):15-19.

③ 戴维·奥斯本,特德·盖布勒.改革政府:企业家精神如何改革着公营部门[M].周敦仁,等译.上海:上海译文出版社,2006:24.

转变。其中,"掌舵"职能是对政府的职业教育监督责任的形象比喻,也是政府的职业教育责任的具体体现。政府对职业教育质量监管的目的是提高职业教育办学质量和增强职业教育的吸引力,避免各种非政府力量在职业教育治理过程中出现非公共性倾向。从我国职业教育发展的现实需求来看,政府的职业教育质量监管责任应包括以下内容:制定和完善职业院校质量标准,加强职业教育督导和质量评估,确保职业教育质量的提高,对参与职业教育办学的市场主体进行监管,维护广大师生的教育权益,加强教育行政部门自我监管体系建设,健全组织法治和程序规则,以及建立健全决策权、执行权、监督权既相互制约又相互协调的权力结构和运行机制等。

总之,我国政府在主导职业教育治理过程中应该承担以上八种责任。如果缺少了政府主导及其应该履行的具体责任,那么职业教育"多元共治"模式是很难成功的,此外"多元治理"的目的也很难达到。

第三章　职业教育治理的制度逻辑意蕴

制度有其鲜明的治理指向,具备治理的功能。制度是治理的基本工具,制度存设的工具性价值在于能够增强国家应对现实风险挑战和处理公共事务的能力。不断发展和完善国家制度体系,则是为了通过促进制度的现代化去引领治理能力现代化,以实现国家有效治理的目标。对于职业教育治理而言,制度的重要性同样如此。有效的职业教育治理受到制度及其他多种因素的影响,但从根本上来看,它受制于职业教育治理表象背后的制度逻辑。本章笔者尝试从职业教育治理的制度逻辑的内涵出发,分析"职业教育之治"与"职业教育之制"的逻辑互洽性,明确"职业教育之治"源自"职业教育之制"的逻辑理路。在此基础上,梳理我国职业教育治理的制度逻辑演变脉络,并指出职业教育治理的制度逻辑运行机理,以期对职业教育治理的制度逻辑有一个更为系统的认识。

一、制度逻辑:融通职业教育"治"与"制"的深层逻辑

党的十九届四中全会审议通过的《中共中央关于坚持和完善中国特色社会主义制度　推进国家治理体系和治理能力现代化若干重大问题的决定》中出现频率最高也是最为重要的两个核心关键词是"制度"和"治理"。何以要将这两个关键词放在如此重要的位置?这两个关键词是什么关系?这两个关键词将如何发展?这些是事关国家治理体系和治理能力现代化能

否成功实现的根本性问题,也是摆正国家治理体系和治理能力现代化进程中各种复杂关系的根本依据。对于职业教育治理而言,其问题与重要性同样如此。从一定意义上讲,把握了这两个关键词——"制度"与"治理"的关系逻辑,就把握了我国职业教育治理现代化的理论逻辑和实践逻辑,就能够顺利实现我国职业教育治理现代化的目标,进而为职业教育事业的可持续发展奠定坚实的基础。

现代意义上的"治理"强调的是多元主体的参与性,它同时内含着有序性和规范性,而这种有序性和规范性又在很大程度上依赖于制度来提供。正是在此意义上,联合国全球治理委员会提出,治理是个人和公共或私人机构管理其共同事物的诸多方式的总合。它既包括有权迫使人们服从的正式制度和规则,也包括人民和机构同意的或以为符合其利益的各种非正式的制度安排。①

制度(Institution)是人类社会特有的一种重要现象,人们对制度的关注角度和关注问题的差异,导致对制度的理解莫衷一是。但是,在不同制度研究取向中,制度作为社会生活中形成的具有约束作用的一套规则和规范体系,"告诉人能够、应该、必须做什么,或是相反,这大概是所有对制度的判断中最没有争论的一个判断,这其实说出了制度作为一个规范范畴的本质"②。这里的规范不同于规制。奖惩规制从来不是制度的本质,规制只是对制度所蕴含的价值理念的实践化,从而实现对个体行为的引导与约束,最终还是要将制度的价值理念"植入"民众的观念体系实现"价值增值",以满足各类公共组织的合法性需求。因此于制度而言,其内在本质无疑是"规范"(Norms)。制度在陌生人之间建立起一种可预期的秩序。制度也存在激励性和引导性的特点。制度规定着人的行动方式和选择理念,激励人们遵守正确的行为规范,引导人员和组织做出正确的行为和活动选择。

作为根本上受到社会物质生产方式制约的人类知识经验总结,制度自被创设出来并动态持续演进,就是为了发挥其规范、引导和指导各类生产生活实践的作用。正如学者所指出的,制度是作为一种社会生产方式的反映

① 俞可平.治理与善治[M].北京:社会科学文献出版社,2000:46.

② 辛鸣.哲学视野中的制度本质[J].中共中央党校学报,2004(3):25-31.

形式而存在的，它事实上构成了社会关系的规范体系，对社会结构中的各种社会关系也形成了一定的规范化制约。[①] 如同国家的生成过程一样，制度是为保障人们的社会交往和生产生活安定有序而产生的一种强制性力量，因此可以说，制度形成的过程就是国家形成的过程。这一观点在恩格斯的经典论证中有所体现："在社会发展的某个很早的阶段，产生了这样一种需要：把每天重复着的产品生产、分配和交换用一个共同规则约束起来，借以使个人服从生产和交换的共同条件。这个规则首先表现为习惯，不久便成了法律。随着法律的产生，就必然产生出以维护法律为职责的机关——公共权力，即国家。"[②]也正是在这个意义上，国家或者政府，就是人和制度的组合体。基于此，制度也就构成了国家治理工作和活动展开的前提依据，国家治理事实上就是制度治理的实践运行和实施展开。因此，从制度对于社会发展的根本性、全局性和长远性角度来说，社会各领域的治理事实上是一种制度治理，强调的是要使制度在整个社会运转过程中发挥基础性作用，从而促使整个社会的发展真正达到有序化、规范化。

职业教育治理同样需要制度发挥基础性作用。从职业教育制度本身来看，它的价值和作用就在于能够为职业教育治理体系和治理能力现代化提供根本制度保障，为职业教育治理提供一定的价值规范和具体的行为操作模式，规范和引领职业教育治理方式，并促使职业教育实现其所蕴含的教育性、职业性和技术技能性。

一方面，职业教育制度是基于职业教育自身发展需要建构的，并在历史的形成过程中逐步得到检验和完善。这些由人们建构的职业教育制度，在最大限度上保障、协调着各治理主体的利益，因而人们更愿意相信用制度的正义善态能量去提升治理的水平和能力，而不是盲目崇拜某个人或者某个团体的权威。另一方面，职业教育制度意味着一整套规范体系，它对职业教育治理主体的强制性引导和诱致性引导，促使职业教育治理朝着规范、有序的方向良性运行和协调发展。在这一过程中，具有创新实践性的制度能够

① 黄建军.中国国家治理体系和治理能力现代化的制度逻辑[J].马克思主义研究，2020(8)：43-51＋155-156.

② 马克思恩格斯选集(第3卷)[M].北京：人民出版社，2012：260.

为职业教育治理提供依据，促使治理主体在制度框架下形成责任分担意识与创新治理思维。

有效的职业教育治理是促进职业教育满足社会经济发展需要和个体内在发展需要的关键，这虽然受到制度及其他多种因素的影响，但从根本上来看，它受制于职业教育治理表象背后的制度逻辑。换句话说，职业教育治理的成败取决于职业教育治理的制度逻辑及其治理的有效性如何。接下来，笔者从制度逻辑的内涵出发，对这一观点予以论证。

制度逻辑（Institutional Logics）是制度理论的一个重要概念。罗伯特·阿尔弗德（Robert R. Alford）和罗杰·费尔南德（Roger Friedland）认为，制度逻辑是指某一领域中稳定的制度安排和相应的行动机制，不同的制度逻辑强调不同的评价基础，强调不同行动取向的优先性。① 在此基础上，桑顿（Thornton P. H.）又进一步阐释制度逻辑的内涵，认为制度逻辑是一系列首要的原则，规定了行为者如何解释组织现实、什么构成了合适的行为以及如何保持这种行为。② 随着制度逻辑研究的深入，一些新制度理论学者开始把注意力转移到由制度逻辑而衍生出来的制度多元性上来，因为“要想理解个体和组织行为，就必须基于他们所处的制度情境来进行分析”③。从现有制度逻辑的研究成果来看，研究者大多认同这样的观点：在某个场域中存在着多重制度逻辑，这些制度逻辑之间存在着持续竞争的关系，并且多元制度逻辑是可以长期共存的。④ 不仅如此，制度逻辑理论认为，制度具有历史权变性，在不同时间历史权变性时段内，不同的制度逻辑对于组织和个体行为产

---

① ALFORD R R, FRIEDLAND R. Powers of Theory: Capitalism, the State, and Democracy [M]. Cambridge: Cambridge University Press, 1985: 109-116.

② THORNTON P H. Markets from Culture: Institutional Logics and Organizational Decisions in Higher Education Publishing[M]. Stanford: Stanford University Press, 2004: 59-83.

③ DUNN M B, JONES C. Institutional Logics and Institutional Pluralism: The Contestation of Care and Science Logics in Medical Education, 1967-2005[J]. Administrative Science Quarterly, 2010, 55(1): 114-149. THORNTON P H, OCASIO W. Institutional Logics[M].//Greenwood R, et al. The Sage Handbook of Organizational Institutionalism. London: Sage, 2008: 99-129.

④ DUNN M B, JONES C. Institutional Logics and Institutional Pluralism: The Contestation of Care and Science Logical in Medical Education, 1967-2005[J]. Administrative Science Quarterly, 2010, 55(1): 114-119. PURDY J M, GRAY B. Conflicting Logics, Mechanisms of Diffusion, and Multilevel Dynamics in Emerging Institutional Fields[J]. Academy of Management Journal, 2009, 52(2): 355-380.

生影响的重要性是不断变化的。[①] 从制度逻辑以及由其衍生而来的多元制度共存的角度来看，主体行为受多种制度逻辑的制约和影响，并且主体对相互竞争的多元制度逻辑的选择性响应会导致其行为的多样化。

那么，究竟何为职业教育治理的制度逻辑？基于以上分析，笔者认为，职业教育治理的制度逻辑是协调职业教育治理主体权责利关系的一整套制度安排，是指导和形塑职业教育治理主体的认知和行为的基本规制。它不仅能够解释当前职业教育治理主体的思维方式和选择偏好，将不同阶段的职业教育治理行为归因于其所遵循的制度逻辑的影响，而且能够指导职业教育行为主体研判什么是有效的治理，如何才能提升治理能力和推进治理现代化。因此，我们可以这样认为，职业教育治理的制度逻辑是融通制度与治理的纽带，制度逻辑塑造着职业教育治理行为，坚持什么样的制度逻辑则产生什么样的职业教育治理行为。

作为一整套制度安排和基本规制，职业教育治理的制度逻辑蕴含着以下三个基本特性。

其一，政府的主导性。职业教育治理在本质上是政府主导的多元主体协调共振的过程。因为无论是从政府的政策制定、管理服务、资源配置和市场监管等基本职能来说，还是从职业教育治理的现实需求而言，我们都不能否认政府主导职业教育治理的事实。不仅如此，我们从制度的角度来解读职业教育治理时也更为确切地证明了政府的主导性，因为制度作为一种办事规程或行动准则，其产品属性是政府提供的公共产品。因此，职业教育治理的制度逻辑的第一要义就是政府的主导性。

其二，制度的基础性。制度是职业教育治理的制度逻辑运行的基础。新制度经济学认为，制度包含正式制度和非正式制度。基于此，职业教育的正式制度主要是以法律法规、政策文件、章程等为载体，规范职业教育各主体行为、办学质量与运行准则；非正式制度主要是一些不成文的、没有强制执行的社会行为准则或习惯。职业教育正式制度和非正式制度共同规范着职业教育治理行为。那些行为准则或习惯的背后是以信誉、名誉或声誉为

① 周雪光，艾云.多重逻辑下的制度变迁：一个分析框架[J].中国社会科学，2010(4)：132-150+223.

支撑并以一定的惩罚为后盾的。例如，职业院校在历史发展过程中所追求的独特的工匠精神、精益求精的技术态度以及校企合作办学理念等，都以非正式制度的方式在职业教育改革与发展中发挥着不可替代的作用。如果把职业教育治理看作系统性的活动过程的话，那么制度在这一过程中则发挥着基础性作用，因为在现代职业教育治理活动中，各项治理活动都围绕着制度规范来展开，制度存设的工具性价值则进一步强化了职业教育治理能力。

其三，制度逻辑的复杂性。制度逻辑的多元性描述了多种制度逻辑长期共存并相互竞争与互动这一多重制度逻辑现象，主要探究多重逻辑演化的规律及其对于组织和个人行为的影响。[①] 我国职业教育是由政府、学校、行业和企业等组织密切联系、频繁互动而构成的利益共同体，这四个行为主体又受到各自所处位置的制度制约和利益驱使，形成了各自的制度逻辑。因此可以说，职业教育治理置身于政府逻辑、市场逻辑、企业逻辑、职业院校逻辑等多重制度逻辑结构之中，这些制度逻辑同时又塑造和诱发职业教育治理主体的行为方式，从而形成多样化的治理方式。

以上职业教育治理的制度逻辑所具备的三个基本特性，内在规定着职业教育治理的实践过程，促使职业教育治理向着更加科学有效的方向发展。总体来看，制度在职业教育治理中发挥基础性作用，既是新时代职业教育治理的现实诉求，也是实现职业教育治理体系和治理能力现代化最为直观的诠释，它构成了职业教育治理体系和治理能力现代化整体意义上的制度逻辑。一言以蔽之，制度逻辑是融通“职业教育之治”与“职业教育之制”的深层逻辑，制度治理则是职业教育治理的核心，是职业教育领域中其他问题围绕的中轴和得以解决的关键。

二、职业教育治理的制度逻辑演变脉络

我国职业教育的真正发展始于改革开放初期，因而本书拟以 1978 年我

① 杜运周，尤树洋.制度逻辑与制度多元性研究前沿探析与未来研究展望[J].外国经济与管理，2013，35(12)：2-10＋30.

国实行改革开放政策为研究起点，以我国职业教育发展中的两大“关键节点”[①]为分界点进行阶段分析，以期更清晰地呈现我国职业教育治理的制度逻辑演变脉络。需要说明的是，这种“关键节点”的划分是以我国职业教育在特定历史时期的发展势态及其所承载的主要发展任务为主要依据的，后一阶段是对前一阶段的调适和完善，具有时代性、继承性和发展性。

（一）实现量的增长阶段（1978～1998年）

改革开放政策开启了我国以经济建设为中心的社会主义现代化建设征程。社会主义现代化的经济发展不仅有赖于新设备、新技术、新工艺的引进和使用，更需要一大批掌握知识和技能的劳动者。这一社会背景催生、孕育了我国高职院校的早期发展。在这一时期，政府快速响应社会经济建设的需求，通过颁布法律法规和规章制度的形式引导各地积极兴办高职院校。例如，1980年，我国第一所高职院校——南京金陵职业大学获批成立，之后天津、广东、河南和福建等省市相继建立职业大学。1986年，全国第一次职业教育工作会议提出：“高等职业学校、一部分广播电视大学、高等专科学校，都应划入高等职业教育。”又如，1994年，《国务院关于〈中国教育改革和发展纲要〉的实施意见》第一次直接提出要通过“三教统筹”的途径发展高职，即统筹高等专科学校、职业大学和成人高校来发展高等职业教育。这不但拓宽了高职院校的发展途径，为高职院校的规模发展奠定了基础，也为后续“三改一补”[②]推动高职发展提供了政策思路。如果说这些政府举措在调整高职院校基本格局上取得了阶段性成果的话，那么1996年《中华人民共和国职业教育法》和1998年《中华人民共和国高等教育法》的颁布则在法律上确定了高职院校的地位。这两部法律不仅肯定了高职院校在我国教育结

---

① 关键节点，即制度变迁中的转折时期、重大决策和制度设计的关键时期，或者重要的冲突爆发点、能动选择点和结构分歧点，关键节点因其转折性和关键性对制度发展轨迹影响重大。我国职业教育发展中的两大“关键节点”一是1999年高校扩招，二是2010年《国家中长期教育改革和发展规划纲要（2010～2020年）》颁布。

② “三改一补”方针，即要通过调整部分高等专科学校、现有职业大学和独立设置成人高等学校的人才培养目标，改革其办学模式和人才培养模式，来积极推动高职发展；当仍不能满足经济社会发展需要时，少数办学条件好、办学质量高的重点中专可在经过审批后举办高等职业教育班或改制，以这种办学方式作为补充。

构中的独特价值，而且从法律层面对高职院校的发展做了指导性说明。

在这一阶段，职业教育的市场因素极其有限。这主要是因为此时期我国尚处于改革开放初期，经济体制的运行仍处于以计划经济为主、市场调节为辅的经济体制调整与改革期，国家（政府）与市场（企业）的关系正处于由统一体向二元分离转变的过渡阶段。在这一背景下，职业教育与市场力量合作的主要方式是“学校办工厂，工厂办学校”“校办工厂，以厂养校”，并在实践中总结出“依托专业办产业，办好产业促专业”的发展经验。但不可否认的是，这种方式是职业教育在特定社会环境下的生存之道，学校和工厂之间是一种“寄生关系”，而不是真正的合作关系。

（二）内涵式发展阶段（1999～2009 年）

经济全球化的迅速发展为我国高职教育带来了机遇和挑战。特别是我国 2001 年加入世界贸易组织之后，其经济结构调整和增长方式的转变进一步加强了社会对技术技能型人才的刚性需要。境内外环境的现实需要，促使主要院校必须及时扩大规模、提高教学质量，培养一大批技术技能型人才和高素质劳动者。正因为如此，国务院提出了系列重大决策，拉开了高等教育扩招的序幕。1999 年，国务院颁布《关于深化教育改革全面推进素质教育的决定》，明确指出：“高等职业教育是高等教育的重要组成部分。要大力发展高等职业教育，培养一大批具有必要的理论知识和较强实践能力，生产、建设、管理、服务第一线和农村急需的专门人才。”2005 年，《国务院关于大力发展职业教育的决定》提出开始实施职业教育示范性院校建设计划，决定要重点建设 100 所示范性高职院校，并以此来提升我国高职院校的整体办学水平和人才培养质量。据统计，截至 2008 年 7 月，2000 多个实训基地建设已投入建设 1080 多个；100 所国家示范性高等职业技术学院已基本完成项目建设。[①] 2009 年，全国独立设置的高职院校达 1215 所，招生人数为 313.4 万人，在校生数为 964.8 万人。[②] 这些数据表明，从量的角度而言，我国高职

① 改革开放 30 年中国教育改革与发展课题组.教育大国的崛起（1978-2008）[M].北京：教育科学出版社，2008：251.

② 2009 年全国教育事业发展统计公报[EB/OL].（2010-8-3）[2021-5-10].http://www.gov.cn/gzdt/2010-08/03/content_1670245.htm.

院校的办学规模迅速扩张,招生数量和在校生数量都显著增加。但从质的角度来说,这一时期高职院校的人才培养模式、双师型教师队伍、毕业生就业质量等方面仍存在诸多问题。这迫使政府在注重高职院校规模扩张的同时,必须将视线聚焦于内涵发展上。为此,教育部在 2004 年印发了《关于以就业为导向深化高等职业教育改革的若干意见》,并鲜明地指出:"高等职业教育应以服务为宗旨,以就业为导向,走产学研结合的发展道路……要扭转目前一些高等职业院校在高等职业教育中过多强调学科性的倾向,扭转一些学校盲目攀高升格的倾向。"[①]这对于明确高职院校的办学方向和发展重点具有重要的指导价值。从规模扩张到内涵发展也成为此时期高职院校改革与发展的主要任务。

随着社会主义市场经济体制的不断完善,市场在社会资源配置中的作用、范围与边界影响不断扩大,企业的社会责任意识也逐步增强。2006 年,正式实施的《中华人民共和国公司法》明确提出,企业应树立现代经营理念,切实承担起社会责任。2008 年,国务院国资委颁布的《关于中央企业履行社会责任的指导意见》进一步明确了中央企业社会责任的内容边界。这一系列的政策举措对我国企业承担社会责任,更好地参与高职院校实践提出了制度性要求。与此同时,从这一阶段政府颁布的法律法规中可以清楚地看出,为了适应发展社会主义市场经济体制的需要,以及满足职业院校办学自主权的诉求,政府逐步改变了与职业院校的附属关系,并积极引导市场力量参与职业院校发展。例如,2005 年《国务院关于大力发展职业教育的决定》和 2006 年《教育部关于职业院校试行工学结合、半工半读的意见》都对校企合作、工学结合做了指导性说明,以此推进人才培养模式的根本性转变。正是在这一背景下,我国职业院校着手探寻内涵式发展之路,一改"校办工厂、以厂养校"的做法,并积极探索集团化办学、订单式培养、双师型教师队伍建设、实践实训基地建设、联合办学等具体形式的校企合作、工学结合的办学模式。

---

① 教育部关于以就业为导向,深化高等职业教育改革的若干意见[EB/OL].(2004-4-6)[2021-6-10].http://www.moe.gov.cn/s78/A07/zcs_left/moe_737/gzjy_qt/tnull_9969.html.

(三)深化发展阶段(2010年至今)

进入新世纪的第一个十年,我国颁布了教育纲领性文件《国家中长期教育改革和发展规划纲要(2010～2020年)》,明确提出要大力发展职业教育、调动行业企业的积极性以及增强职业教育吸引力等具体要求,为我国高职院校发展再上新台阶奠定了重要基础。2011年,教育部颁布的《关于推进高等职业教育改革创新 引领职业教育科学发展的若干意见》再一次强化了高职院校的社会责任,并提出了更高的要求。这同时也预示着高职院校不再是被动的推动式的发展,而是开始谋划战略规划,由被动转向主动,进而引领职业教育科学持续地向前发展。2014年,国务院出台的《关于加快发展现代职业教育的决定》提出:"统筹发挥好政府和市场的作用,加快现代职业教育体系建设,深化产教融合、校企合作,培养数以亿计的高素质劳动者和技术技能人才。"①同年,教育部等六部门印发的《现代职业教育体系建设规划(2014～2020年)》则进一步明确了现代职业教育体系的建设目标、基本框架和重点任务等。2019年,国务院颁布的《国家职业教育改革实施方案》开宗明义地指出:"职业教育与普通教育是两种不同教育类型,具有同等重要地位。"②这是国家政策首次明确职业教育的类型定位,从本质属性的角度对职业教育做了科学定位。职业教育类型定位的确立,对于摆正职业教育的地位、发挥职业教育服务社会和个体发展的能力、助推职业教育制度体系建设以及推进职业教育治理体系和治理能力现代化都具有重要的战略发展意义。上述举措不仅彰显了我国政府大力发展职业教育的决心,同时也显示了我国政府在促进职业教育市场化改革方面坚持不懈的努力。

在政府的引导下,我国职业院校积极探索与市场力量的合作之道,这体现在校企合作方式的创新和合作机制的完善等方面。譬如,高职院校积极探索和总结现代学徒制、企业新型学徒制的经验。据有关报道,截至2019年第三批试点单位遴选工作完成,我国有包括高职、中职、企业和行业组织

---

① 国务院关于加快发展现代职业教育的决定[EB/OL].(2014-6-22)[2021-3-10].http://www.gov.cn/zhengce/content/2014-06/22/content_8901.htm.

② 国务院关于印发国家职业教育改革实施方案的通知[EB/OL].(2019-4-4)[2021-3-12].http://www.moe.gov.cn/jyb_xxgk/moe_1777/moe_1778/201904/t20190404_376701.html.

在内的562个单位被遴选为现代学徒制试点单位，其中第一批试点单位的124家通过验收，第二批试点单位的232家通过验收。[①] 与此同时，各省市高职院校主动寻求与企业合作，积极探索混合所有制办学。例如，2016年，山东省率先启动职业院校混合所有制改革试点工作，建立全国职业教育混合所有制办学研究联盟，并首批遴选出山东海事职业学院混合所有制办学实践项目等9个试点项目。[②]

综上所述，我国职业教育40余年的发展离不开制度的引领和规范，而职业教育在不同阶段的发展情况也证明，我国职业教育治理遵从的是政府驱动逻辑，即政府及其职能部门通过法律法规、规章制度、财政拨款来决定高职院校的办学模式和办学方向。在实现量的增长阶段，我国整体国民经济发展较为薄弱，尚处于社会经济建设的起步阶段，急需一大批掌握知识和技能的劳动者。为此，政府及其职能部门借助可以调动的力量，通过各种方式来“统筹式”地扩大高职院校办学规模。可以说，在这一阶段中政府的逻辑要求是要将高职院校这块“蛋糕”做大，使之产生规模效应，并实现量的增长。而这一阶段政府的基本导向则是借助一切力量，扩大职业院校规模，满足经济发展对技术技能劳动者的需要。随着高校扩招政策的实施，我国高职院校也迎来了新的机遇。但是，高职院校在规模扩张的同时，也出现了偏离其既定轨道的“升本”态势。对此，我国政府及时颁布政策予以规范，促使高职院校的发展目标定位于技术技能型人才的培养上，扭转一些高职院校盲目攀高升格的倾向，其基本导向则是注重提升职业教育培养质量，明确职业教育以服务为宗旨、以就业为导向，走产学研结合的发展道路。经过量的增长阶段和内涵式发展阶段，职业教育培养质量有了很大的提升，但是仍不能满足经济迅速发展的需要和个体个性发展的需要。因而，深化发展阶段对职业教育有了更高的要求和期待，政府赋予职业教育更高的责任和使命。

① 关于公布现代学徒制第二批试点验收结果和第三批试点检查情况的通知[EB/OL].(2019-10-29)[2021-3-12].http://www.moe.gov.cn/s78/A07/A07_gggs/A07_sjhj/201910/t20191029_405885.html.

② 全国职业教育混合所有制办学研究联盟[EB/OL].(2014-5-6)[2021-3-12].https://nramve.sdm.net.cn/lmdt/xwdt.htm.

三、职业教育治理的制度逻辑运行机理

既然制度逻辑是职业教育治理的深层逻辑，那么如何使制度逻辑有效运行，特别是使制度优势转化为治理效能，仍是需要进一步探讨的重要问题。对此，我们应首先建构一种分析框架，以明确职业教育治理的制度逻辑运行机理，从而提升职业教育治理效能。从已有研究成果来看，研究者大多习惯于运用制度经济学中的“需求—供给”分析框架对制度要素予以分析，即从理论上对制度产生、制度变迁、制度选择和制度创新等问题进行分析，以获取制度对组织发展或个人发展的影响及其解释力。那么，这种分析框架是否能用于职业教育治理的制度逻辑分析中呢？答案是否定的。其根本原因就在于，职业教育治理的制度逻辑是在既有的正式制度和非正式制度基础上的一整套稳定的制度安排，它能够解释当前职业教育治理主体的思维方式和选择偏好，但却不能从需求与供给的角度对职业教育治理进行制度生成、制度变迁或制度选择的分析。当然，这并不否定职业教育治理的制度逻辑的生长性，因为制度是职业教育治理的制度逻辑运行的基础，制度的生长性或生成性决定了制度逻辑是一种螺旋式上升的过程。

本书认为，对于职业教育治理的制度逻辑的分析，既要强调制度的基础性和重要性，又要看到作为行动者的治理主体的作用和价值。制度首先是人们基于自身需要建构的，并且随着社会的进化而不断强化，进而形成了规范、约束和引导人们生产生活的一种规则或行为习惯。然而，人们对制度的需要又是一个不断提升的过程，特别是对职业教育这一快速发展而又极具地域特色的教育类型来说，其治理的制度逻辑应该首要关注制度认知，即制度认知是职业教育治理的制度逻辑的起点。在此基础上，我们需要进一步思考职业教育治理的制度构成，即职业教育制度包含的结构、内容，以及结构和内容之间是一种什么样的关系。随之而来的问题包括，制度与职业教育治理主体是如何互动的，制度怎样才能有效运转，怎样才能实现治理效能。这不仅有赖于制度的质量，而且有赖于制度的有效执行。最后，需要思考制度合法性的基础，即制度如何保障职业教育治理主体运行，如何保障职

业教育治理效能的提升，这里我们称之为制度权威。因此，从系统论的角度而言，职业教育治理的制度逻辑可视为由制度认知、制度构成、制度执行、制度权威四个环节构成的螺旋式上升的逻辑体系。

其一，职业教育治理的制度认知。从职业教育治理的现实来看，我国职业院校负责人、职业教育理论研究者已普遍认识到制度的重要性，往往产生一种制度缺位导致的职业教育治理混乱的思路。按照这种思路，他们往往倾向于将职业教育治理成效不彰的原因归为制度的缺位，并尝试建构一个无所不包的职业教育制度体系，将职业教育治理的方方面面纳入其中，以此来促进我国职业教育事业的发展。诚然，我国职业教育国家基本制度建设仍是未竟的事业，尚处于体系不健全状态，在资源协调管理、师资队伍建设、现代学徒制建设、职业资格认定、课程内容开发和教材建设等关键问题上仍缺少国家层面制度体系的整体设计。正如研究者所述："国家基本制度不健全是当前职业教育发展中诸多问题的根源。"[①]但是，我们也应该清醒地认识到："制度是在长期的历史过程中形成的，并不是短时间内主观建构的。"[②]这种建构一种无所不包的职业教育制度体系以求得职业教育治理成效的做法是失之偏颇的。

现实经验表明，任何制度都不可能在建立之初就尽善尽美，制度建构也不可能毕其功于一役。作为社会实践产物的职业教育制度，唯有在实践运作过程中不断日臻完善，才能逐步走向成熟定型，为职业教育治理能力提供持续性的支撑。发达国家职业教育发展的经验告诉我们，制度建设是一个实践—认识—实践的过程。例如，德国"双元制"自 1948 年德国教育委员会颁布的《对历史和现今的职业培训和职业学校教育的鉴定》和 1969 年德国政府颁布的《职业教育法》而逐渐发展起来[③]；英国的职业资格框架制度自 20 世纪 80 年代开始在全国实行，并随着 1986 年 NVQs 证书（国家职业资格

① 徐国庆.职业教育实现现代化的关键是完善国家基本制度[J].华东师范大学学报(教育科学版)，2021,39(2):1-14.

② 李立国.大学治理的制度逻辑：融通"大学之制"与"大学之治"[J].华东师范大学学报(教育科学版)，2021,39(3):1-13.

③ 徐国庆.职业教育实现现代化的关键是完善国家基本制度[J].华东师范大学学报(教育科学版)，2021,39(2):1-14.

证书)的推行逐步完善起来;美国的职业教育教学制度在20世纪80年代的《职业训练合作法》(Job Training Partnership Act,JTPA)、90年代的STW(School-to-Work)以及21世纪初的STC(School-to-Career)等一系列法案颁布与实施后逐渐成熟起来。不仅如此,从生成与发展的角度来看,职业教育制度并非通过顶层设计一次性形成,它是职业教育实践过程中内生演化与自主探索的结果。或者说,"职业教育之治"的互洽逻辑事实上不是建立在"制"的内涵固定不变的前提下,而是根据职业教育治理主体在"求治"的需要之下,对"制"不断丰富的具体实践形态过程。从这个意义上讲,我国2019年颁布的《国家职业教育改革实施方案》已经具备了明确的构建职业教育国家制度的意识,该方案所提出的完善国家职业教育制度体系、健全国家职业教育制度框架、构建职业教育国家标准[①]等要求,应当归属于国家制度体系建设的范畴。同时,在职业教育领域开展的诸如产教融合制度、双师型教师制度、混合所有制制度、1+X证书制度等,也是制度体系建构过程中的有益探索。因此,我们应该对制度、制度建构有一个清晰的认知,那就是制度需要在一个较长的历史时期经过无数次的试错才得以建立起来,需要在治理实践中不断丰富、发展、完善。那种由于理性的张扬而自觉的制度设计和制度安排,并试图设计一种"完善的职业教育制度体系"的观点是失之偏颇的。因为每一项职业教育制度都必然包含着可以改进的空间,甚至在其适应性降低到极小的情况下,还需要对之加以重建。

其二,职业教育治理的制度构成。从制度的演进过程来看,制度是人们有目的行为的预期或未预期的结果。面对社会发展的不确定性,人们为了达到一定程度的标准化、增强可预见性,可能会通过集体选择设计或修正制度,使其发挥提高经济社会运作效率的作用。从这一角度来看,制度是精心设计而来的。与此同时,制度也可能在未经筹划或自发的过程中演化,以未经设计的方式产生和延续,成为有意行为的无意结果。正如美国经济学家托斯丹·凡勃伦(Thorstein B. Veblen)所指出的,制度变迁的过程既包括制

---

① 国务院关于印发国家职业教育改革实施方案的通知[EB/OL].(2019-2-13)[2022-3-10].http://www.gov.cn/zhengce/content/2019-02/13/content_5365341.htm.

度的自发过程,也包括制度的设计过程。[①] 制度变迁过程中的精心设计和自发演化的分类,从理论上来讲就是外生性制度和内生性制度,并且这两种制度的形成过程构成了制度演变的两种主要方式。不论内生性制度还是外生性制度,都在其发展过程中受到一个国家的历史、政治、文化观念、社会因素和组织结构等诸多因素的影响。对于职业教育治理来说,它着力于高素质技术技能型人才的培养,既需要密切关注产业经济的发展需要和经济结构的变革,又受到特定历史文化的浸染,因而其在制度构成上需要外生性制度和内生性制度同时发力,如此才能满足国民经济发展的需要和个体内在发展的需要。

青木昌彦指出,一些制度往往是另一些相关制度的制度环境,当这些制度发生变迁时则改变了其他制度的环境参数,会引起其他制度创生或创新。[②] 也就是说,在大量的职业教育外生性制度创生的同时,会有许多内生性制度伴生出来。在我国职业教育改革过程中,受到政府力量驱使发生的大规模的制度调整和创建,自然会引起一系列内生性制度的自我创生和变迁。尽管近年来各级各类职业院校进行的职业教育"学分银行"制度、职业教育技能大赛制度、职业教育质量评价和督导评估制度等也是制度,但相对于现代学徒制、"双师型"教师制度、"1+X"证书制度、职教高考制度等外生性制度而言,人们并不将其称为"制度"。尽管政府及其职能部门在职业教育制度设计过程中也考虑到它们存在的社会意义,但尚未上升到制度层面予以关注。也正因为如此,这些内生性制度所发挥的效力仍然较低,在资源配置中的作用还很弱。导致这一问题的重要原因之一就在于我国职业教育发展过程中缺少内生性的制度环境,其更深层的原因则是职业教育办学自主权不足所导致的内生性制度缺失。解决这一问题的关键在于弱化政府的行政权力作用,变"管理"为"治理",为我国职业教育治理营造创新的制度环境,培育和激发职业教育治理的内生性制度能力,促使内生性制度的制度化。

---

① 马尔科姆·卢瑟福.经济学中的制度——老制度主义和新制度主义[M].陈建波,郁仲莉,译.北京:中国社会科学出版社,1999:118.

② 青木昌彦.比较制度分析[M].周黎安,译.上海:上海远东出版社,2016:14-16.

其三，职业教育治理的制度执行。在职业教育治理的制度逻辑中，制度执行处于关键性的地位，只有将制度真正运转起来并落实在具体的工作之中，才能使制度在职业教育治理中发挥基础性作用，才能使制度优势转化为治理效能。正如研究者所指出的，判断一种制度的优劣不是根据这种制度是否符合大多数国家所实践和认同的制度形态，而是该制度在该国能否产生绩效以及绩效之大小①，即制度能否产生治理效能以及治理效能如何。这也决定了职业教育治理能力的核心意蕴在于，职业教育治理主体在实现治理目标的过程中所展现的制度执行能力。

职业教育治理的制度逻辑不是就制度谈制度、就制度谈治理，而是在制度认知、制度构成过程中注重治理主体的作用，看到制度执行过程中治理主体的执行力。制度是在一定的社会环境中运行的，这种环境始终作为一种潜在的力量纠缠和羁绊着制度的运行方式和运行绩效，而在制度运行环境之中，一个社会长期形成的文化则占据着重要的地位，它在某种程度上构成制度运行的基因。② 制度执行力需要强化执行主体个人的意识和能力，更需要制度来保障这种制度执行力。这就意味着，职业教育治理的制度逻辑要靠制度来保障制度的执行。虽然自新中国成立以来，我们一直强调和塑造制度的强制性、规范性和引导性，但是深入文化根基的人治传统、权力理念并没有消散，它们使得制度执行大打折扣。因此，若使制度真正在职业教育治理中运转起来，使制度执行真正促进治理效能的提升，我们既要在职业教育治理过程中发挥制度的强制执行力量，又要培育一种尊重制度、服从制度和维护制度的文化氛围，从而促使职业教育治理理路由权力本位向权利本位转变，以制度之治凝聚治理共识，由此确立和夯实现代职业教育治理有效性的基点，提升职业教育治理效能。

其四，职业教育治理的制度权威。制度权威是制度合法性的基础，主要强调制度约束行为主体行为的客观合法性，反映制度对行为主体的规范、控制、约束等内在特征。制度权威的形成过程是制度与行为主体交互作用的

---

① 张明军.在新时代的实践中创新民主政治理论[J].政治学研究，2018(2):28-31.

② 黄建军.中国国家治理体系和治理能力现代化的制度逻辑[J].马克思主义研究，2020(8):43-51+155-156.

产物,其生成过程既需要制度的约束作用,又需要行为主体对制度的认同。行为主体既是制度权威的主体,又是制度权威的客体,即作为客体的行为主体受制于制度权威的制约和规范,而作为主体的行为主体又通过各种形式对制度权威施加影响,建立和维护制度权威。因此,从制度的主客体关系来看,制度的有效运行有赖于制度的有效性和人们对制度的自觉认同。对于职业教育治理而言,如果说系统完备的制度体系是职业教育治理体系和治理能力现代化的逻辑起点的话,那么制度权威则是职业教育治理体系和治理能力现代化的必要条件。有制度而不执行,其所维护的权威也会受到损害。从理论上来说,职业教育制度构成与制度执行之间并不是一种线性关系,也就是说,有效的制度构成并不能保证高效的制度执行。究其原因就在于,在制度构成与制度执行之间还存在着一个中间变量,即建立在制度权威基础上的制度认同。只有制度具备了权威性,获得了行为主体的高度认同,那些外在的规范、约束才能内化为行为主体的自觉行动,制度才真正具有强劲的生命力。因此,若要在职业教育治理过程中真正发挥制度的基础性作用,就必须要建构权威性。

制度权威的建构需要将制度由一种刚性规范内化为行为主体的自觉行动,即形成制度认同。认同是个人在与社会的互动过程中形成的对事物承载的价值的认可,是个体或组织社会化的主要成果和重要方式。我们对制度的认同其实是对制度承载的科学性、适应性和完备性等价值的认同。事实上,认同是建构起来的,具有明显的建构性。职业教育制度认同的建构,其主要方式就是培育职业教育治理主体的制度意识,使之自觉产生维护制度权威的意识,认识到在既定的制度环境和制度对象中,不存在任何超越制度之上、游离制度之外的特殊主体,而是都处于制度框架的影响与制约之中。除此之外,应落实和强化职业教育制度惩戒,以制度的强制性、惩戒性来强化职业教育制度的权威性。人们遵守制度并不总是基于自愿基础上的利益考虑,而往往是由于制度的强制性、惩戒性,人们出于对强制力和惩罚的畏惧而产生对制度的服从。强制性、惩戒性是制度的本质属性,也是制度合法性的基础。如果不能充分发挥这些作用,那么制度对职业教育行为主体的引导、规范作用就无从谈起。

综上所述，本章通过对治理与制度的关系、制度逻辑的内涵进行系统分析，得出制度逻辑是融通“职业教育之治”与“职业教育之制”的深层逻辑的结论。同时，从理论和实践来看，我国职业教育治理是在政府主导下的制度治理过程，这一过程的制度逻辑运行机理可以界定为由制度认知、制度构成、制度执行、制度权威四个环节所构成的螺旋式上升的逻辑体系，这构成了职业教育治理体系和治理能力现代化整体意义上的制度逻辑。

第四章　基于制度逻辑的职业教育治理现状

制度逻辑的研究者认为，制度逻辑诱发了具体的、可观察的个体或组织行为，因而通过对微观层次个体或组织行为特征的分析又可以反推出其所遵循的逻辑要求。[①] 那么，在制度逻辑的形塑和引导下，我国职业教育治理取得了哪些成就？又存在哪些问题与不足？存在问题与不足的原因是什么？因此，从“实然”的角度探讨以上问题，具有十分重要的现实意义。

一、职业教育治理存在的主要问题

近年来，我国政府高度重视发展职业教育，切实把职业教育摆在了更加突出的位置上，为职业教育发展营造了良好的政治环境。例如，21 世纪以来，国务院召开了五次全国职业教育工作会议，通过工作会议形式，统筹规划职业教育事业的发展，成为职业教育发展史上的一座座里程碑。政府及其职能部门出台了一系列政策措施推动职业教育改革与发展，据笔者不完全统计，截至 2021 年年底，党中央、国务院和职业教育具体责任部委累计出台职业教育相关文件 300 余件，其中不乏《国家职业教育改革实施方案》《关于推动现代职业教育高质量发展的意见》等全局性、改革性和前瞻性的重磅文件。特别是党的十八大以来，政府始终坚持把职业教育作为社会经济发

① 周雪光，艾云.多重逻辑下的制度变迁：一个分析框架[J].中国社会科学，2010(4)：132-150＋223.

展的一项重要工作,将其摆在了前所未有的突出位置,做出了一系列重大决策部署,将职业教育提升到"高度重视、加快发展"的战略地位。教育部与人力资源和社会保障部注重加大技能人才宣传的力度,努力在社会上营造"崇尚一技之长、不唯学历凭能力"的良好氛围。自 2015 年 5 月首届"职业教育活动周"在北京举行全国启动仪式以来,活动周每年都以主题的形式对外宣传职业教育,为职业教育发展提供了展示的平台。在财政投入上,我国政府不断增加职业教育经费投入,逐步完善职业教育拨款制度。2020 年,中央财政拨付现代职业教育质量提升计划资金 257.11 亿元,比上年增加19.9亿元,增长8.4%,引导地方建立健全职业教育财政支持机制,落实职业教育各项改革部署。"十三五"时期,中央财政累计安排现代职业教育质量提升计划资金 1292.68 亿元,年均增长 9.8%,各省均已建立起中、高职生均拨款制度,高职生均拨款水平均不低于 12000 元,职业教育服务经济社会发展能力和社会吸引力不断增强。[①] 全国中等职业学校生均一般公共预算教育经费年均增长 5.56%,2020 年达到 17446.93 元,比 2015 年增长 31.05%。[②] "双高计划"得到了财政的强力支持:197 所"双高计划"建设单位 2019～2020 年度总预算达 229.6191 亿元,其中中央财政预算为 41.4714 亿元,拉动其他预算资金相当于中央专项的 4.6 倍,撬动效应彰显。全国 31 个省(区、市)共出台 118 项政策支持职业教育高质量发展。在国家"双高计划"推进的同时,有 24 个省(区、市)启动了省级"双高计划",总计投入 714 亿元支持建设 799 所高水平高职学校,投入 301 亿元支持建设 2709 个高水平专业群,形成了国家、省两个层次的双高建设校。在政府的引导和推动下,我国职业教育办学规模不断扩大,截至 2020 年,全国共有职业学校 1.15 万所,开设了 1200 余个专业和 10 余万个专业点,在校生 2857.18 万人;中职招生 600.37 万,占高中阶段教育的 41.70%;高职(专科)招生 483.61 万,占普通本专科的 52.90%。累计培养高等学历继续教育本专科毕业生 5452 万人,开展社区教

---

① 落实职业教育各项改革部署[EB/OL].(2020-7-27)[2022-3-10].http://www.moe.gov.cn/jyb_xwfb/s5147/202007/t20200727_475099.html.

② 2020 年全国教育经费执行情况统计公告发布[EB/OL].(2021-11-30)[2022-3-10].http://www.moe.gov.cn/jyb_xwfb/gzdt_gzdt/s5987/202111/t20211130_583350.html.

育培训约3.2亿人次。[①] 职业教育在国民教育体系中占据了半壁江山的位置，为我国经济社会发展提供了有利的人才和智力支撑。

这些数据表明，我国已建成世界上规模最大的职业教育体系，基本具备了大规模培养高素质劳动者和技能型人才的能力，为我国经济、社会的健康、快速发展做出了重要贡献。总之，在政府的高度重视和强力推动下，我国职业教育治理成效显著。但与此同时，我国职业教育治理也存在一些问题和不足，这些问题和不足在很大程度上制约了职业教育的健康、可持续发展。

笔者运用社会调查法，通过问卷调查和访谈的方式，收集与整理了职业院校负责人和教师对政府履行职业教育发展责任状况的认识情况。问卷调查的样本涉及山东省、天津市、江苏省的部分公立、民办职业院校的负责人和教师。调查内容为自编的调查问卷，调查问卷共 9 个题目，采用结构型和非结构型相结合的方式。发放问卷 400 份，回收 372 份，回收率为 93.0%，有效率为 94.5%。通过对调查数据的收集与整理，得到关于被调查者的一些基本信息(见表 4-1)。从表中可以看出，总的有效样本人数为 372 人，其中，学校性质以公立职业院校为主，占 71.6%；职务以职业院校教师为主，占 91.6%，院校负责人人数较少，占 8.4%；男女性别基本持平；年龄结构主要以中青年为主，工作年限以 6～15 年和 16～25 年为主，占 66.7%。综上所述，这些调查对象具有一定的代表性，调研数据能够比较客观地反映出当前职业院校负责人和教师对我国政府履行职业教育发展责任的认识情况。

表 4-1　有效调查样本的基本构成

	分项目	人数	占比(%)
学校性质	公立职业院校	261	71.6
	民办职业院校	111	28.4
性别	男	196	52.7
	女	176	47.3

① 全国共有职业学校 1.15 万所，在校生 2857.18 万人[EB/OL].(2020-12-9)[2022-3-10].http://www.moe.gov.cn/fbh/live/2020/52735/mtbd/202012/t20201209_504262.html.

续表

	分项目	人数	占比(%)
职务	负责人	31	8.4
	教师	341	91.6
年龄	20～29 岁	126	33.9
	30～39 岁	143	38.4
	40～49 岁	88	23.7
	50 岁以上	15	4.0
工作年限	5 年以上	85	22.8
	6～15 年	149	40.5
	16～25 年	99	26.2
	26 年以上	39	10.5
总样本		372	100.0

通过问卷调查和访谈可知,职业院校负责人和教师认为,当前我国职业教育治理的主要成就与不足突出表现在以下方面(见表 4-2):重视职业教育立法但法律法规仍不够健全(91.2%),不断推进职业教育管理体制改革但仍不够深入(92.4%),不断增加财政性经费投入但仍然相对不足(94.7%),积极引导社会力量参与职业教育但力度有待加大(89.8%),努力供给职业教育但供给模式相对单一(84.7%),对职业教育的管理力求到位但又有所越位(92.1%),重视对职业教育的质量监管但监督主体过于单一(89.6%)。

表 4-2 当前我国政府主导职业教育治理的主要成就与不足

分项目	占比(%)
重视职业教育立法但法律法规仍不够健全	92.1
不断推进职业教育管理体制改革但仍不够深入	92.4
不断增加财政性经费投入但仍然相对不足	94.7
积极引导社会力量参与职业教育但力度有待加大	89.8
努力供给职业教育但供给模式相对单一	84.7
对职业教育的管理力求到位但又有所越位	92.1
重视对职业教育的质量监管但监督主体过于单一	89.6

下面对我国职业教育治理所取得的成就与存在的不足进行较为系统的考察和分析。

(一)职业教育法律法规不健全

改革开放以来,我国政府在各个时期制定的有关职业教育的政策和法律法规,为职业教育的健康、稳定、持续发展奠定了良好的政策和法治基础,促进了职业教育的快速发展。1985 年,《中共中央关于教育体制改革的决定》明确提出调整中等教育结构,大力发展职业技术教育,逐步建立起一个从初级到高级、行业配套、结构合理又能与普通教育相互沟通的职业技术教育体系。这一决定指导和引领我国的职业教育为社会主义经济建设培养了大批专业技术人才,也为后续职业教育的大规模发展奠定了良好的政策基础。20 世纪末,在"三改一补"(1994 年)、《中华人民共和国职业教育法》(1996 年)、"三多一改"(1998 年)等政策和法律法规的指导下,我国职业教育规模快速扩张,学校数量和在校生人数急剧增长,职业教育得以在整个国民教育体系中占据非常重要的位置。特别是《中华人民共和国职业教育法》的颁布,为我国职业教育走上法治化、正规化的道路提供了法律保障。进入 21 世纪以来,政府相继颁布了一系列促进职业教育发展的相关政策法规,进一步体现了政府对职业教育的高度重视。例如,《关于大力发展职业教育的决定》(2005 年)、《关于加快发展现代职业教育的决定》(2014 年)以及《高等职业教育创新发展行动计划(2015～2018 年)》(2015 年)等政策和法律法规的颁布,体现了党中央、国务院高度重视职业教育和大力发展职业教育的决心。总之,从我国政府各个时期颁布的政策和法律法规可以看出,政府对发展职业教育的指导思想是一贯的、整体的、统一的,这也为职业教育的持续发展奠定了良好的政策和法治基础。

尽管如此,我们不得不承认,我国的职业教育法律法规仍不够健全和完善。笔者在前期的问卷调查中了解到,地方教育主管部门、职业院校的负责人和教师都已经深刻地认识到,当前我国职业教育治理过程中存在法律法规不够完善的问题,这一比例达到了 92.1%。而在对职业院校负责人的访谈中了解到,他们普遍认为,当前我国政府十分重视职业教育的法律法规建设，特别是近年来职业教育法律法规和政策的颁布与执行，有效地助推了职业教育的健康、有序发展，但他们也敏锐地发现，职业教育法律法规和政策的适用性、可操作性和执行力仍然存在一定的问题，尤其是对职业教育法律法规滞后、校企合作过程中缺少相关法律保障等问题表示担忧。事实上，我国政府真正重视职业教育是在党的十一届三中全会之后的一段时期。在近40年的实践探索中，我国职业教育逐渐暴露出一些问题，而政府正是通过立法来逐步予以应对和解决的。然而，我国职业教育治理过程中所存在的问题不是“蜂拥而至”的，而是随着社会经济的发展和自身发展的需要逐渐暴露出来的，因而我国政府的职业教育立法工作也不是“一蹴而就”的，而是一个逐步完善的过程。这就直接导致了我国职业教育立法的滞后性。

职业教育立法的滞后性，在职业教育实践中则表现为法律法规的不健全。从我国政府主导职业教育治理的角度而言，法律法规不健全是政府工作存在问题与不足的一个重要方面；从我国职业教育改革与发展的角度来看，法律法规不健全是制约职业教育治理成效的重要原因之一。甚至可以说，我国职业教育治理过程中所暴露出的每一个问题，都可以归因于职业教育法律法规不健全。例如，职业教育经费投入相对不足的一个重要原因就是缺少相关的法律法规。虽然《中华人民共和国职业教育法》对于职业教育经费投入、校企合作以及师资条件等方面都做出了相应的规定，但是缺乏具体的可操作性条款。时至今日，我国仍无诸如经费投入与使用、校企合作、职业技术资格以及职业培训等方面的单行法出台。再如，在校企合作方面，现行的法律体系缺乏针对企业参与职业教育的法律约束，仅在《中华人民共和国教育法》和《中华人民共和国职业教育法》的部分条文中提及指导性的规定，这导致校企合作在实施过程中出现了很大的差异性和随意性。政府的法律地位、责任义务规定不明确，使得政府在校企合作办学中的作用难以正常发挥。① 不仅如此，现有的职业教育法律法规主要是从规范和激励职业院校办学的角度制定的，由于缺乏对企业利益的考量与设计，即使存在有利于企业发展的优惠措施，也缺乏可操作性。有学者指出，如果一个集团中的

① 顾明远，石中英.《国家中长期教育改革和发展规划纲要(2010～2020)》解读[M].北京：北京师范大学出版社，2010：135.

个人从利他主义出发而不考虑他们自身的福利,他们在集体中也不大可能去追求某个自私的共同目标或集团目标。[①] 按照这一逻辑,如果缺少长期、稳定、互惠互利的校企合作机制,那么企业必然缺乏参与职业教育办学的动力。

我国职业教育法律法规不健全的另一个表现是,政策性文件及规章制度的完整程度及其所发挥的作用远超过职业教育法律法规。自 1996 年《中华人民共和国职业教育法》颁布和实施以来,国务院及其各部委以该法为核心,陆续出台了一系列的职业教育规范性文件,这在一定意义上保证了我国职业教育的有序发展。事实上,上述政策性文件所涉及内容的针对性、适用性和完整性,以及在职业教育发展中所起的作用,都是我国现行的《中华人民共和国职业教育法》远不能相比的,它们成为真正指导各级各类职业教育办学的规范性依据。但是,对一个法治国家来说,政策性文件及规章制度的强制性较弱,并不具有法律所特有的规范性、强制性和国家意志性。因此,为了保障职业教育的有序发展,我国政府及其职能部门需要尽快建立完善的、具有强制性的法律法规体系,并使之成为规范和指导职业教育具体行为的根本准则和行动指南。

(二)职业教育管理体制改革不深入

威权体制下中央与地方关系模式是,中央拥有最后的决定权和支配权,而下属各级政府只有实施过程中的执行权和授权范围内的治理权。[②] 中央政府拥有行政统辖规划的权力,特别体现在人事安排和资源调配方面:在人事安排上,通过自上而下的人事管理制度和激励制度的统一性和规范性来确保国家的统一性;在资源调配上,中央政府有权集中、动员和调配资源,而随之而来的自上而下的资源再分配又进一步强化了中央权威。[③] 在集权式行政管理体制下,我国教育行政体制逐渐形成了中央统一领导下的分级管理体制,即以中央集权为基本,中央教育行政与地方教育行政相结合的管理

① 曼瑟尔·奥尔森.集体行动的逻辑[M].陈郁,郭宇峰,李崇新,译.上海:上海三联书店,上海人民出版社,1995:2.

② 李立国.国家治理视野下的中央教育行政机构职能分析[J].清华大学教育研究,2014,35(6):11-21.

③ 周雪光.国家治理逻辑与中国官僚体制:一个韦伯理论视角[J].开放时代,2013(3):5-28.

体制。在地方政府主导下,我国职业教育取得了卓越的成绩,基本上形成了权力配置相对合理、权责分配基本相称、统筹协调相对有力的管理效果。这种由教育权力重心下移所带来的中央政府与地方政府、地方政府与职业院校关系的转变,给市场机制和非营利组织介入职业教育提供了广阔的空间,也在很大程度上促进了职业教育运行方式的变革。

但是,在我国职业教育事业快速发展的同时,现行的职业教育管理体制也逐渐暴露出改革不够深入的诸多问题,存在与普通高等教育同样的问题:中央与地方的教育管理权限划分不够清晰,政府间的教育责任分工依然是一种量化的分工模式,即政府间只有权限的区别而没有职能的差异。譬如,当我们深入分析职业教育财政性经费投入问题时,就可以清晰地发现中央政府与地方政府之间存在着相互转嫁责任的问题。在事权、职责逐级下移,财力、权力逐级上收的运行态势之下,政策性放权虽然赋予了中央政府收放自如的自主性,却不可避免地导致了政府间财政博弈的泛滥。[①] 当地方政府出现资金缺口时,会要求中央政府予以补助,而名义上的职业教育地方政府负责制,实际上是由中央政府的补贴来维持的。从这层意义上说,中央政府的职业教育责任相对要大得多,而且在这种“父子”关系下,地方政府往往失去提高职业教育经费投入的积极性。在看到地方政府存在向中央政府转嫁经费投入责任现象的同时,还应注意的是,中央政府也存在着向地方政府转嫁经费投入责任的问题。如改革开放以来实行的职业教育地方政府负责制,实际上是中央政府将经费投入责任直接转移到地方政府身上。虽然这符合我国职业教育发展的方向与要求,但是中央政府并没有对其过渡和转型中的成本与代价制定财政补贴方案,这实质上加重了地方政府的财政责任和监管压力。这种相互转嫁职业教育发展责任现象导致的直接后果就是中央政府与地方政府的责任不清晰,这很不利于职业教育的健康、快速发展。

---

① 何显明.政府转型与现代国家治理体系的建构——60年来政府体制演变的内在逻辑[J].浙江社会科学,2013(6):4-13+156.

(三)职业教育财政性经费投入不足

政府对职业教育的财政性经费投入多少,是衡量职业教育战略地位是否落实的重要标志。近年来,中央和地方财政不断加大对职业教育的资金投入,使得职业院校的办学条件有了较好的改善。一般说来,用“国家财政性职业教育经费”“预算内职业教育经费”“生均预算内事业费”以及“生均预算内公用经费”等指标,可以清晰地反映出近年来政府对职业教育的投入程度。近年来,国家对职业教育的财政性教育经费的投入持续增加。教育部数据显示,2006～2013 年,中央财政职业教育投入从 18.5 亿元增加到 233.3 亿元,年均增长 43.6%。在中央财政的带动下,2006～2013 年全国职业教育经费总投入由 1141 亿元增加到 3450 亿元,年均增长 17.1%。其中,财政性职业教育经费从 525 亿元增加到 2543 亿元,年均增长 25.3%,占职业教育总投入的比例从 46%提高到 74%。[①] 教育部 2020 年《全国教育经费执行情况统计公告》显示,2020 年全国中等职业教育生均一般公共预算教育经费,全国中等职业学校为 17446.93 元,比上年的 17282.42 元增长 0.95%;生均一般公共预算教育事业费支出为 15625.03 元,比上年的 15380.52 元增长 1.59%。[②]

不仅如此,政府对职业教育财政投入的另一个具体表现是专项经费,如示范性高职建设、中等职业教育教师队伍建设、贫困家庭学生资助以及实训基地建设等专项经费的投入。政府实施了示范性职业院校建设计划、中职基础能力建设项目、高职学校提升专业服务产业发展能力项目、实训基地建设计划等重大项目,支持建设了 3000 多个实训基地,完成了专业教师培训近 20 万人次,建设了 200 所国家示范(骨干)高等职业学校、1000 所国家中等职业教育改革发展示范学校。“十三五”以来,教育部会同财政部、国家发改委等部门,又组织实施了现代职业教育质量提升计划、产教融合工程等专项建设,进一步加大投入,改善职业学校办学条件。2019 年,中央财政在经

① 提高高中阶段国家助学金标准,助力贫困学生成长和技能型人才培养[EB/OL].(2015-3-1)[2021-12-10].http://www.moe.gov.cn/jyb_xwfb/s271/201503/t20150301_185974.html.

② 全国教育经费执行情况统计公告[EB/OL].(2021-11-30)[2023-3-10].http://www.moe.gov.cn/srcsite/A05/s3040/202111/t20211130_583343.html.

济下行压力加大、财政收支矛盾突出的情况下，坚持新增教育经费向职业教育倾斜，进一步增加中央本级职业教育支出和对地方职业教育转移支付资金。2019 年，中央财政安排资金 237 亿元，比 2018 年增加约 50 亿元。[①] 上述政府的财政性教育投入举措为我国职业教育的有序、快速发展奠定了良好的基础，使得职业教育在促进社会经济发展和个体内在发展方面发挥了应有的作用。

我国政府对职业教育的财政性经费投入的绝对值逐年增加，在很大程度上满足了职业教育快速发展的需要，其推动作用是毋庸置疑的。然而，判断职业教育经费投入水准的高低不能单纯地在职业教育内部进行纵向比较，还应将职业教育经费投入置于整个国民教育体系中进行横向比较。当以财政性教育经费占 GDP 的比例和职业教育财政经费占教育总经费的比例两个指标来判断职业教育财政经费投入水准的高低时，就可以清晰地发现当前我国职业教育财政性经费投入相对不足的事实。

一方面，我国财政性教育经费投入占 GDP 的比例偏低。2016 年世界银行数据库和经济合作与发展组织（OECD）统计资料表明，2020 年，OECD 主要成员国财政性教育支出占 GDP 的比例维持在 4.3％～6.6％，平均值为 5.45％，这一数值要比同时期我国 4.22％[②]的数值高出很多（见图 4-1）。然而，我国财政性教育经费投入占 GDP 的比例直到 2012 年才首次超出 4％。这是政府落实《中华人民共和国教育法》规定的“三个增长”的具体体现，表明了政府提高教育经费投入的决心。但是，我们也应当清醒地认识到，与同时期的发达国家的财政性教育经费投入相比，维持在 4％左右的比例仍然相对较低。

① 对十三届全国人大二次会议第 3402 号建议的答复[EB/OL].(2019-9-23)[2022-3-10].http://www.moe.gov.cn/jyb_xxgk/xxgk_jyta/jyta_zcs/201909/t20190923_400309.html.

② 2020 年全国国内生产总值为 1015986 亿元，国家财政性教育经费占国内生产总值比例为 4.22％，比上年的 4.04％增加了 0.18 个百分点。

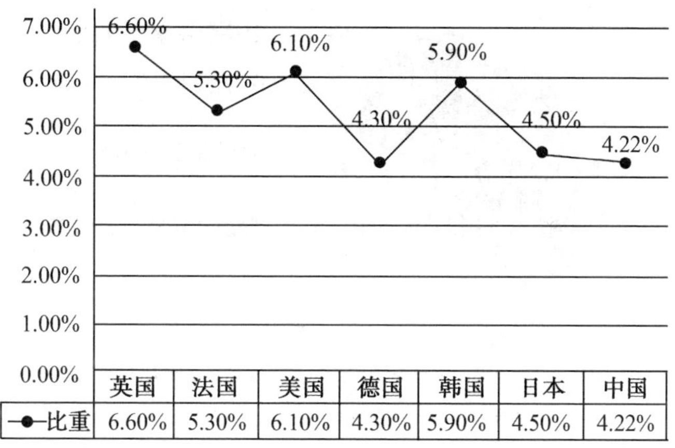

	英国	法国	美国	德国	韩国	日本	中国
—●—比重	6.60%	5.30%	6.10%	4.30%	5.90%	4.50%	4.22%

图 4-1　2020 年 OECD 主要成员国财政性教育经费投入占 GDP 的比重情况

数据来源：OECD 官方网站。

另一方面，我国职业教育财政性经费投入占财政性教育经费总投入的比例偏低。从我国职业教育财政性经费投入的占比来看，中等职业学校和高等职业院校所占比例相对较低。《中国教育经费统计年鉴(2021)》数据显示，2020 年，全国教育经费总投入为 53033.87 亿元，比上年的 50178.12 亿元增长 5.69%。其中，国家财政性教育经费(主要包括一般公共预算安排的教育经费，政府性基金预算安排的教育经费，国有及国有控股企业办学中的企业拨款，校办产业和社会服务收入用于教育的经费等)为 42908.15 亿元。[①] 然而，财政性教育经费在各级各类教育中的分配比例是：中等职业学校占 6.23%，高等职业院校占 3.44%，而普通高中占 9.91%，普通本科院校占 16.03%(见图 4-2)。由此可见，我国职业教育财政性教育经费的分配比例明显低于同时期的普通教育的分配比例。

① 教育部财务司，国家统计局社会科技和文化产业统计司. 中国教育经费统计年鉴(2021)[M]. 北京：中国统计出版社，2022：6.

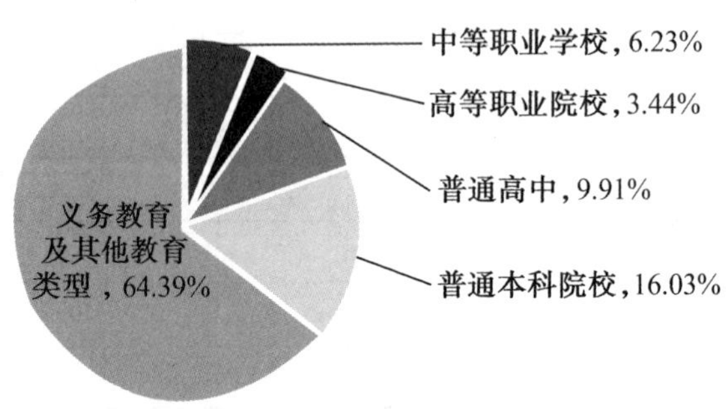

图 4-2　2020 年国家财政性教育经费分配比例情况

数据来源：《中国教育经费统计年鉴(2021)》。

自 2009 年逐步实现对中等职业教育免费入学以来，我国政府逐步加大了对中等职业教育的投入力度，但从财政性教育经费分配比例上看，中等职业教育与普通高中相比还是较低。正如研究者分析得出，国家加大对职业教育的重视，逐年增加经费投入，但与全国总教育经费投入相比，情况仍不容乐观。2000～2017 年，全国教育经费和中职教育经费分别从 3849 亿元和 408 亿元增长到 42562 亿元和 2320 亿元，增幅分别为 1005.8%和 468.6%，而普通高中教育经费增幅高达1956.2%。① 与此同时，普通本科院校的财政性教育经费分配比例是高等职业院校的近 5 倍，这与高等职业院校已占据高等院校总数"半壁江山"的比例严重不匹配。对于民办职业院校而言，财政性教育经费投入支持更是少之又少，呈现"以学(学生)养学(学校)"的状态，与公立职业院校拥有强大的政府公共财政支持相比，还有很大的差距。正如研究者所指出的，我国民办高等教育经费来源可以概括为"两个 80%"现象，即尽管经过 20 多年的发展，仍然有 80%以上的民办高校 80%以上的办学经费靠学费收入，其余不足部分则依赖银行和企业债务。②

通过以上数据分析可知，我国财政性教育经费占 GDP 的比例和职业教育财政经费占教育总经费的比例都是相对偏低的。很明显，这两个指标的水平均与国家经济发展水平以及政府一定时期的政策安排密切相关。换句

① 张文静，冉云芳.21 世纪以来我国中等职业教育经费投入及影响因素分析[J].教育与职业，2021(4)：32-39.

② 曾小军.民办高等教育成本分担的路径依赖分析[J].中国高教研究，2013(4)：60-64.

话说,国家在一定时期的经济发展水平与特定时期的政策安排决定了职业教育财政性经费投入水准。从某种意义上说,政府的财政性教育经费分配比例在一定程度上体现出政府对该教育类型的重视程度,因而就我国职业教育的财政性教育经费占比情况来说,政府还需要进一步重视职业教育的公益属性并继续加大对职业教育的财政性经费投入力度。

(四)引导社会力量参与职业教育的力度不大

社会力量主要是指能够参与、作用于社会发展的基本单元,包括企业事业组织、社会团体和公民个人等。我国政府引导社会力量参与职业教育办学的领域主要集中在资源共享、资源分配和人才培养等方面,其方式主要是政府通过政策来引导社会力量积极参与职业教育改革与发展,并以此推动我国职业教育形成多元主体共同参与的办学格局。[①] 当前,社会力量通过独资、合资、合作等多种形式举办职业教育,在一定程度上激发了职业教育办学活力。社会力量参与职业教育办学使得职业院校不再囿于职业院校之间的合作,而是形成了跨组织、跨部门的联合,打破了不同性质组织的边界,在一定程度上提高了职业教育办学水平与效益。比如,职业教育集团的组建就形成了职业院校、企业、行业以及社会团体等多元主体共同参与的局面,促进了教育链和产业链的有机融合。其中,企业作为最主要的社会力量,在职业院校人才培养过程中投入资本、技术师资、实训岗位、设备、企业文化等要素资源,不但对提高职业院校办学质量、提高学生能力水平起着重要的作用,而且为行业和企业的技术革新、员工素质的提高、企业文化的传承等提供了服务支撑。社会力量参与职业教育办学还表现在企业、行业、社会团体和其他社会力量逐渐参与到职业教育质量评估环节中来,逐步建立起科学、规范的职业教育评价制度。例如,在职业资格认证制度、受教育者技术能力评定、教学标准制定等方面,政府逐渐吸收各类办学主体的共同参与,以此确保人才培养的质量并接受企业等用人单位的检验。

但是,当前政府引导社会力量参与职业教育人才培养和投入职业教育的力度还不够大,主要体现为两个方面:一是尚未形成社会力量参与职业教

① 赵伟.培养目标的新界定和我国职教格局的重塑[J].中国职业技术教育,2014(21):46-51.

育人才培养的长效合作机制，二是社会力量的投入占职业教育总经费的比例太低。《国务院关于加快发展现代职业教育的决定》明确指出，允许以资本、知识、技术、管理等要素参与办学并享有相应权利。《国家职业教育改革实施方案》也明确提出推动企业和社会力量举办高质量职业教育。发挥企业重要办学主体作用，鼓励有条件的企业特别是大企业举办高质量职业教育，各级人民政府可按规定给予适当支持。虽然这些政策性文件对社会力量参与职业教育人才培养提出了指导意见，但是这些指导意见的可操作性较差，缺少配套的政策性文件予以规定和明确。与此同时，目前我国社会力量在投入职业教育方面的积极性并不高。近年来，我国公立高等职业院校的经费来源主要以政府投入和学费为主，社会力量的投入占其总经费的比例徘徊在1%左右；而民办高等职业院校的经费来源主要以学费为主，社会力量的投入占其总经费的比例仅为10%左右。图4-3直观地反映出2020年我国公立高等职业院校和民办高等职业院校的经费来源占比情况。整体而言，在我国职业教育经费来源中，社会力量的投入占据较低比例的事实与职业教育对社会经济发展的贡献率是不相匹配的，而且与我国相关政策提出的投融资主体多元化的要求也是相去甚远的。一言以蔽之，目前我国尚未形成多元主体共同支撑和保障职业教育改革与发展的良好局面。这些问题的解决，还需要政府的法律法规的强制性引导和优惠性政策的非强制性引导。

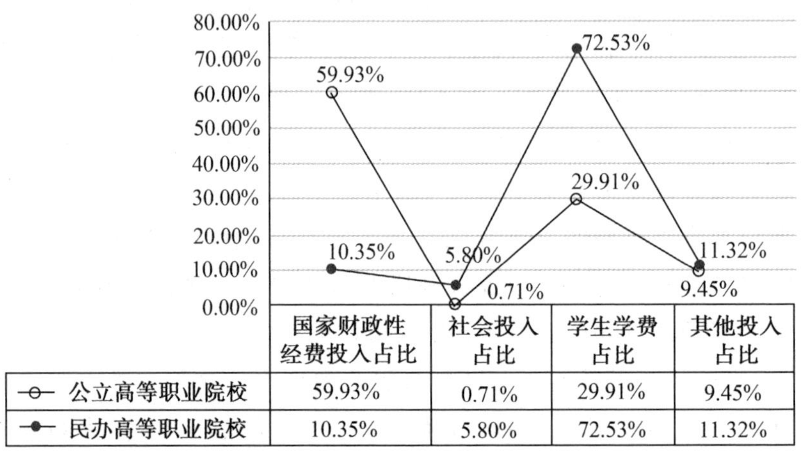

	国家财政性经费投入占比	社会投入占比	学生学费占比	其他投入占比
公立高等职业院校	59.93%	0.71%	29.91%	9.45%
民办高等职业院校	10.35%	5.80%	72.53%	11.32%

图4-3　2020年我国高等职业院校（公立、民办）经费来源占比情况

数据来源：《中国教育经费统计年鉴（2021）》。

(五)职业教育供给模式单一

美国政治经济学家埃莉诺·奥斯特罗姆(Elinor Ostrom)认为,公共产品的供给可以分解为“提供”(Provision)和“生产”(Production)两个概念,这为政府与社会各类组织包括私人部门和非营利组织之间的合作提供了新的视角。[①] 公共产品的“提供”主要是指政府“对服务活动(公共产品)的授权、资助、获得和监督”;公共产品的“生产”主要是指“对活动的执行”,即促使公共产品或服务得以成为存在物的过程。奥斯特罗姆主张将公共产品的生产和提供作为两个环节分开论述,其实质乃是将市场机制和竞争方式引入政府的公共服务供给活动中,将原来由政府承担的部分经济管理职能推向市场,以此提高行政效率和服务质量。借鉴此观点,职业教育供给也可以分为职业教育提供和职业教育生产两个部分。职业教育提供是指在特定的制度安排下,社会成员接受职业教育的过程;职业教育生产是指政府、企业、个人以及其他社会组织通过投资、资源建设、管理、教育教学、考核等活动促使职业教育得以产生的过程。[②] 既然如此,在职业教育提供方式上,就存在政府提供、市场提供、混合提供三种基本方式,这些提供方式与相应的生产方式结合,就构成了丰富的职业教育供给模式(见图 4-4)。

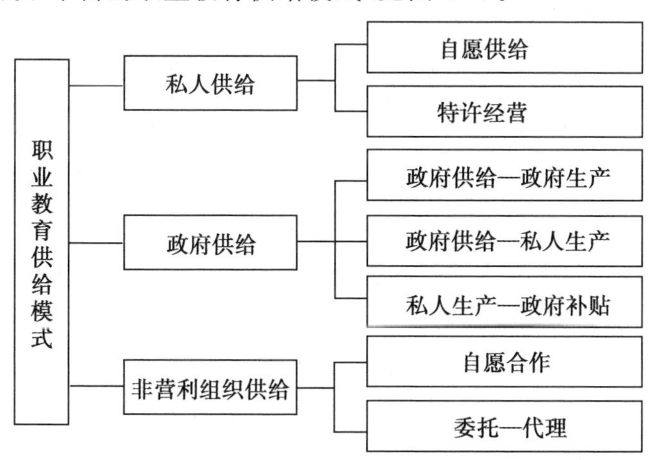

图 4-4　职业教育供给模式的基本框架

① 奥斯特罗姆,帕克斯,惠特克.公共服务的制度建构——都市警察服务的制度结构[M].宋全喜,任睿,译.上海:上海三联书店,2000:16.

② 董仁忠.职业教育供给:在政府与市场之间的选择[J].教育学报,2009,5(5):121-128.

如前所述,我国职业教育的产品属性应定位为公共性程度较高的准公共产品,这为政府供给职业教育提供了充分的理论依据。然而,从政府对职业教育的财政性经费投入和引导社会力量参与职业教育办学的现状来看,我国职业教育实施的模式是一种政府供给占主导地位的供给模式。很明显,这种职业教育供给模式尚不能较好地满足职业教育快速发展的需要,在很大程度上抑制了职业教育的办学活力。从理论上来说,优质的职业教育资源的提供并不仅仅是政府的责任,还需要政府与私人部门、非营利组织的合作。换句话说,在理想层面,政府不但要承担供给职业教育产品的责任,而且要着眼于与社会各类组织包括私人部门和非营利组织之间的合作,并且将这种合作置于政府的监管之下。从实践上来看,以政府供给占主导地位的供给模式难免导致低效能,因为这种供给模式既会给政府自身带来沉重的财政负担,又会限制社会资本的运转,其甚至比在市场制度下成本更高、效率更低。在这种情况下,超越政府供给占主导地位的供给模式就成为亟待解决的重要问题,而寻求多元化的供给途径也理应作为职业教育高效供给的必然选择。

(六)职业教育管理有所越位

政府管理职业教育发展的越位,主要指各级政府在职业教育管理中超出了其本来应承担的权限和职责,即在职业教育发展中本应由职业院校来配置的资源或承担的责任,却由政府在其中发挥了“重要作用”。这一越位行为最为突出的表现当属政府对职业院校办学自主权的管理。我国目前的职业教育管理仍然采取直接行政管理的方法,如职业院校的招生规模、专业设置与调整、教师评聘甚至教学内容等方面的办学自主权,还都存在着以行政命令进行强制管理的现象。本书认为,职业院校办学自主权是职业院校作为独立的办学主体所具有的,以法律权利为依据,面向社会和市场办学,独立自主地从事招生、收费、专业设置和调整、教师评聘、收入分配以及技术技能教学等活动的资格和能力。依法保障和扩大职业院校的办学自主权,是保证职业院校自主管理的必然要求,是建立现代职业教育制度的重要内容,也是增强职业院校办学积极性、提高职业教育质量的必要条件。可以说，职业院校办学自主权是现代职业教育制度建设的动力和利益基础，现代职业教育制度的核心就是在国家宏观调控政策指导下，面向市场依法自主办学、实行科学管理。所以，在某种意义上说，职业院校办学自主权的有无和程度的高低，已成为衡量社会进步和政权开明程度的主要尺度之一。正因如此，自党的十八大以来，党中央、国务院进一步加大了职业院校办学自主权的政策推动与支持力度。例如，2014 年国务院《关于加快发展现代职业教育的决定》再次重申并明确强调，要扩大职业院校在专业设置和调整、人事管理、教师评聘、收入分配等方面的办学自主权，将协调政府与职业教育的关系、赋予职业院校充分的办学自主权视为深化职业教育改革的核心议题之一。

事实上，自改革开放以来，在我国职业教育领域从来没有停止过对办学自主权的讨论。尽管我国的职业教育相关政策和文件对职业院校拥有办学自主权做了明确规定，但扩大和落实职业院校的办学自主权问题依然是学术界讨论的重要议题。在现实办学实践中，职业院校仍难以充分拥有和行使应有的办学自主权。例如，职业院校的课程设置和调整仍要参照教育部专业课程设置进行审批，职业院校仍然无法按照市场需求灵活设置与调整专业课程。由于设置新专业的高要求、高门槛以及需要政府相关部门层层审批，在实际运行中职业院校自主设置专业的可行性并不高。笔者在对职业院校负责人的访谈中了解到，有部分职业院校已经习惯于按照政府部门的行政指令来设置专业和选择办学方向。出现这一现象的原因，极有可能是职业院校长期缺乏专业设置权，以至院校领导者逐渐失去了结合市场需求设置专业的敏锐度。不仅如此，有些职业院校在加强“双师型”教师队伍建设的过程中，受制于现有的人事制度对学历、职称和身份等因素的要求，甚至无法从企业聘请工程师、实验技术人员和管理骨干来担任“双师型”教师。在编制、学历和职称等多重因素的制约下，来自企业的“双师型”教师自然就在职业院校的教学目标设计、培养目标制定以及人才培养质量评价等方面失去了“话语权”，进而导致校企合作的形式化和空心化。

（七）职业教育质量监管主体单一

我国政府强化职业教育质量监管的手段主要是通过其职能部门（教育

部）制定职业教育标准、评估职业院校教育办学质量以及设置专业指导目录等方式来实现的。首先，政府以系统的、有效的职业教育标准保证职业教育的人才培养质量。美国学者斯皮尔（R. Spill）认为，职业教育标准是对个体在工作场所获得成功所需要的知识、技能和能力的掌握水平的描述。[①] 可以说，职业教育教学标准本身就是一种评价手段，是对教学效果所要达到的最低限度的规定和要求。值得肯定的是，虽然我国当前仍处于职业教育标准体系建设的初级阶段，但是教育部颁发的人才培养评估方案、教学大纲（课程标准）的编制，人力资源和社会保障部制定的国家职业资格等级结构及标准，都可以被看作制定职业教育标准体系的重要行动。在这一过程中，政府还承担了对这些标准的执行情况进行监督的责任。其次，政府以质量评估的方式加强职业院校内涵建设，充分发挥政府质量评估的导向作用。质量评估对教育教学具有导向作用，良好的质量评估体系能够促进教师和学生的成长，促进教育教学质量的提高。近年来，教育部在出台的一系列规章制度中都强调了质量评估的重要作用，而且切实在校企合作、工学结合等领域保证了职业教育办学质量。最后，政府通过设置专业指导目录的方式提高职业教育办学质量。例如，教育部颁布的《普通高等学校高等职业教育（专科）专业设置管理办法》（2015 年）、《普通高等学校高等职业教育（专科）专业目录》（2015 年）和《教育部设定高职院校适应社会需求能力评估内容》（2016 年）等一系列政策和文件，也有力地促进了高等职业教育的快速发展和办学水平的不断提高。

总之，我国政府在加强职业教育质量监管方面做了大量卓有成效的工作。但是，我们也应当清醒地认识到，当前我国政府在职业教育标准的制定、职业教育质量的监督和评价等环节中的行政监督与干预比较明显。客观地说，与职业教育质量的政府监管所要达到的丰满理想相比，我国当下的现实却又显得过于骨感。在职业教育利益主体日益多元的现实要求下，如果不能积极吸收企业、中介组织等社会力量参与质量监管和评估，不仅会耗费政府的人力和物力资源，而且也会在很大程度上影响职业教育质量评价

---

① SPILL R. An Introduction to the Use of Skill Standards and Certifications in WIA Programs, 2002[M]. Washington, D. C.: National Skill Standards Board, 2002: 25.

的效果。尽管我国职业教育相关政策法规强调,要注重发挥行业、用人单位作用,积极支持第三方机构开展评估,要鼓励社会力量参与评价,但是在实践中,政府之外的职业教育相关利益主体参与职业教育标准的制定、监督和评价等环节的程度仍然较低,多元化评估机制的建构仍处于起步阶段。正因为缺少职业教育相关利益主体的参与,职业教育监督与评估的模式、内容和方法等都趋同于普通高等教育,未能建立起具有职业教育特色的全国统一的职业教育质量保障标准体系。例如,就当前行业企业参与职业教育质量评估来说,我国还没有建立起基于企业需求的科学合理的质量标准,行业企业参与职业教育质量评价的机制依然没有形成。以上是就我国职业教育的监管方式而言的,而对于职业教育的监管内容来说,又存在两个较为突出的问题:一是目前尚未建立一个完善的国家资格框架。国家资格框架是谋求职普融通、职普等价,促进职业教育层次升级的重要途径,而目前我国职业资格证书名目繁多、职业资格证书与教育学历证书不等值的状况无疑阻碍了这一进程,使得用人单位很难对所需要的职业人才予以评价、认定和合理使用。二是尚未出台任何评估和认证国外教学机构的教育质量、国际化能力的相关指标。这在很大程度上使得中外合作办学面临声誉下滑、品质无保证、发展无序以及缺乏规范等问题。总之,上述政府行政导向的职业教育质量监督方式和不完善的职业教育质量评价体系,已经不能满足和适应职业教育办学主体日益多元化的要求,迫切要求政府吸收其他相关利益主体参与到质量监督与评价中来,并尽快完善职业教育质量评价体系,以此提高职业教育监督和评价的信度和效度。

(八)职业教育项目制的过度推崇

项目制是一种自上而下的资源配置形式,自 20 世纪 90 年代中期分税制以来,项目制度的作用日渐凸显,并溢出财政领域,成为国家治理和贯彻政策任务的一个重要机制。[①] 目前,项目制在教育、医疗、环保和扶贫等领域发挥着重要的管理和协调职能,逐渐由一种资源配置机制演变为具有社会治理体制特征的稳定的制度安排。作为职业教育治理的重要推手的项目

① 周雪光.项目制:一个“控制权”理论视角[J].开放时代,2015(2):82-102+5.

制，在优化职业教育资源配置、强化职业教育质量效益以及促使职业教育满足社会经济发展和个体全面发展的要求等方面发挥着独特的价值和作用。

我国项目制最初是由1994年分税制改革所带来的衍生产品。随着分税制改革的推进和完善，政府之间的财政分配关系逐渐由以税收返还为主转变为以一般转移支付和专项转移支付为主，随之而来的是社会各领域"专项"和"项目"日益增多，并迅速席卷中华大地，逐渐成为一种不可回避的社会治理模式。正如学者所言：从国家到地方、从事业单位到企业组织、从经济行政到科教文卫事业等似乎均难以离开项目的资助。[①]

目前我国项目制的运作主要是中央政府或者上级政府通过发包项目，下级政府打包项目，最基层政府（包括村庄）抓包项目，形成了整个项目制的分级运作机制。[②] 在教育领域，项目制的发包方主要是政府职能部门（教育部、人力资源和社会保障部），打包方主要是各级地方政府职能部门（教育厅、人力资源和社会保障厅），抓包方主要是各级各类学校。整体来看，教育领域的项目制运作模式与社会其他领域并无实质性差别。而正是由于项目制自身所带来的专项资金优势、自上而下的管理方式以及运转的高效率，促使教育领域项目制的流行，并且在"你追我赶"中渗入教育事业的各个环节。

职业教育项目制是政府财政项目制的延伸，主要是为解决职业教育改革与发展中的某些特定问题，在常规职业教育支出之外，政府以专项资金的形式对职业教育资源进行重新配置的一种制度模式，是政府引导职业院校治理而提出的一揽子综合解决方案。易言之，职业教育项目制是政府作为职业教育改革与发展的主导者，以"专项""项目"的形式来引导职业教育治理的一种模式。具体而言，职业教育项目制具备以下四个基本特征。

其一，职业教育项目制是一种资金配置和资源汲取方式。职业教育项目制作为一种资源配置方式，是政府在财政性支出的常规分配渠道和规模之外，以项目或专项为载体，自上而下地直接对接职业院校，并以专款专用的方式有针对性地解决职业院校所面临的现实问题。不仅如此，职业教育

① 渠敬东.项目制：一种新的国家治理体制[J].中国社会科学，2012(5)：113-130+207.

② 折晓叶，陈婴婴.项目制的分级运作机制和治理逻辑——对"项目进村"案例的社会学分析[J].中国社会科学，2011(4)：126-148+223.

项目制在运行过程中往往要求承担单位予以一定比例的配套资金，这对于引导和调控职业院校的发展、激发职业院校主动汲取社会资源的积极性也具有重要的助推作用。

其二，职业教育项目制是以项目为载体的新型契约关系。在职业教育项目制的运行过程中，项目抓包方直接向发包部门（一般为政府职能部门）负责，这与科层制向隶属部门负责有着本质的区别。职业院校在承担某一项目或专项的过程中，其申报、审核、监管、考核、验收、评估和奖罚等一系列程序都直接对接发包部门，因而其运行形式的实质是政府与职业院校之间的一种新型契约关系。

其三，职业教育项目制是一种新型的治理机制。职业教育项目制主要是回应如何实现职业教育治理问题，其整个生命周期以项目为中心，体现国家及政府的某种意图，不仅是将政府与职业院校联合起来的治理模式，而且是一种具备体制精神内涵的治理机制和思维方式。

其四，职业教育项目制不同于项目制职业教育。项目制职业教育是一种人才培养模式，是利用“项目”的形式来传授知识和技能的人才培养方式，而这里的“项目”严格意义上讲就是由专业课程、实践实训和教学方法等共同组成的一种人才培养方案，主要涉及职业教育人才培养问题。这与职业教育项目制在政府主导下，以项目为载体，并用各种类型的“项目”来引导、调节职业教育改革与发展有着本质的区别。

以上职业教育项目制所具备的四个基本特征，内在规定着职业教育项目制的实践向度。职业教育项目制与其他教育类型的项目制有着共性的一面，但与此同时，职业教育项目制又在“历史的建构”过程中具备鲜明的个性特征。

一方面，目前我国职业教育项目制主要集中在宏观发展层面，旨在发挥项目的引导作用。近年来，在大力发展职业教育的背景下，我国职业教育切实把握新的发展机遇，在学校规模、育人理念、校企合作、“双师型”教师和集团化发展等方面有了新的发展和突破。这主要得益于我国政府法律法规的积极引导和财政资金的大力支持。除此之外，我国政府近年来启动的宏观层面的职业教育项目，在规范职业教育发展理念、强化职业院校特色优势、优化职业教育人才培养模式、弥补职业教育资源不足以及增强资源吸附能力等方面发挥着不可替代的重要作用。如近年来国务院、教育部以及各地方政府启动的“国家示范性高等职业院校建设计划”“现代学徒制试点单位”“高职教育创新发展行动计划”等项目，带动一大批职业院校迈向高端层级，大幅度提升了职业院校的特色优势和品牌效应。

另一方面，职业教育项目制聚焦于校企合作、产教融合领域，注重发挥项目的资源吸附作用。项目的吸附作用主要是指以项目为载体，汇聚多元主体，构筑合作平台和建立相应的管理制度，以促成物质资本、人力资本和社会资本的集聚和增进，从而促进整个项目的顺利开展。现代职业教育体系的最核心特征和根本路径就是校企合作、产教融合。因此，政府及其职能部门站在发展战略的高度，将职业教育发展的重心聚焦在校企合作和产教融合领域。具体来说，政府以规范化、标准化和专业化的合作项目为载体，通过项目的吸附作用和动员作用来积极引导相关企业、行业组织和非营利组织参与职业教育办学，并逐渐使之制度化。这对于构建和完善以政府为主导的“一主多元”“多元共治”的职业教育治理模式具有重要的实践价值。

职业教育项目制的优越性在于打破职业院校的传统组织结构，在政府治理和职业院校内部治理两个层面上实现社会力量的广泛参与，将职业教育利益相关者组合，以达到利益最大化的效果。然而，职业教育项目资源是有限的，项目获得者必须在规范化的申请流程和审核程序之下，打败各路竞争对手才能拿到项目。或者说，职业教育项目制本身就内含着项目获得者之间的竞争关系。基于这一逻辑前提，我们接下来尝试探寻职业教育项目制中竞争机制所发挥的作用。

在已有项目制的相关研究中，研究者大多认为项目申报、评审、运行、监督和验收等环节引入了竞争机制，并且在项目制运转过程中具备了竞争、激励等市场元素。甚至有研究者认为，项目制对高等教育的最大贡献可以概括为打破僵化的单位制思维，通过激励、竞争等市场元素来重塑高等教育治理格局。[①] 那么，在职业教育项目制运行过程中，市场元素、竞争机制到底发

① 游玉佩，熊进.单位制与项目制：高等教育资源分配的制度逻辑及反思[J].江苏高教，2017(2)：21-25.

挥了多大作用？市场元素的参与是否等于具备了竞争机制？我们以“现代学徒制试点单位”这一项目为例，尝试回答上述问题。

截至2019年第三批试点单位遴选工作的完成，我国有包括高职、中职、企业和行业组织在内的562个单位被遴选为现代学徒制试点单位，其中第一批试点单位的124家通过验收，第二批试点单位的232家通过验收。[①] 通过分析“现代学徒制试点单位”的运行周期，可以发现：首先，在遴选这些试点单位的过程中，经由省级教育行政部门对省内申请单位进行遴选，之后交由职成司审核并确定名单。其次，在运行过程中，学校、企业和行业组织根据实际情况按拟订的方案共同培养技术技能人才。最后，在验收环节，省级教育行政部门必须通过查资料、看现场等方式对试点单位进行省级验收，形成省级验收报告，之后交由职成司复核，再由职成司根据实际需要组织实地验收。

在这一运行周期中，其遴选环节经由各单位通过竞争获取项目资格，在运行过程中有企业、行业组织的参与，在验收环节形成激励机制。这说明“现代学徒制试点单位”这一项目中的确存在竞争、激励、市场主体等市场元素。但是，深入分析也不难发现，“现代学徒制试点单位”的竞争机制和市场元素并没有发挥应有的调节作用。对于竞争机制而言，在遴选环节，其竞争有着稳定的预期，教育主管部门总是优先选取那些基础条件较好、先期成绩突出、建设经验丰富的对象作为试点单位，以达到以点带面的示范效应。对于市场元素的渗入而言，参与现代学徒制试点的企业、行业组织所占比例较低，仅占试点单位总数的6.7%[②]；同时，企业、行业组织的参与度不足，仍停留在浅层次的合作关系，并没有形成校企一体化育人模式，更不是真正意义上的市场力量融入职业教育发展。正如研究者所指出的那样，虽然我国鼓励、支持企业参与学徒制办学的历史已久，但尚未形成社会各界重视发展、积极参与现代学徒制的良好社会氛围和文化传统，缺乏各主体彼此之间降

① 关于公布现代学徒制第二批试点验收结果和第三批试点检查情况的通知[EB/OL].(2019-10-29)[2022-3-10].http://www.moe.gov.cn/s78/A07/A07_gggs/A07_sjhj/201910/t20191029_405885.html.

② 现代学徒制试点单位[EB/OL].(2019-4-9)[2021-3-12].https://baike.baidu.com/item/%E7%8E%B0%E4%BB%A3%E5%AD%A6%E5%BE%92%E5%88%B6%E8%AF%95%E7%82%B9%E5%8D%95%E4%BD%8D/22228946.

低交易成本和信任的基础，尤其是服务教育的社会责任尚未嵌入行业企业的意识形态和价值观念等。[①] 因此，笔者认为，在职业教育项目制运行过程中，市场元素和竞争机制所发挥的作用是极其有限的，市场元素的渗入也不能等同于具备了竞争机制。

很明显，这种被政府部门规划的竞争是一种非完全竞争，源于先赋结构性因素的差异决定了竞争者所占据的位置。如果一切都有稳定的预期，那么竞争就有名无实了，因为无论在什么地方，竞争具有合理性，都是因为我们不能事先知道决定着竞争行为的那些事实；如果我们事先就知道谁是最优者，再安排竞争便是毫无意义的。[②]

职业教育项目制的非完全竞争行为在很大程度上制约着项目主体的积极性和项目制治理的有效性，而其可能产生的负面作用和影响也是显而易见的。

其一，虚假竞争产生的“马太效应”。一般来说，政府及其职能部门按照项目招标规则，通过项目投标和竞标的方式引导职业院校展开竞争。这种竞争行为在理论上是自由和公平的。但是，我们也应该清醒地认识到，项目分配中的竞争前提是财政集权，竞赛规则完全掌握在主管部门手中。[③] 事实上，不仅现代学徒制试点单位的遴选过程存在非完全竞争行为，其他项目也是如此。比如，在“国家示范性高等职业院校建设计划”的评选上，教育部的文件明确提出评选条件是“领导能力、综合水平、教育教学改革、专业建设、社会服务等方面处于同类院校领先地位”，目的是“发挥示范院校的示范作用，带动高等职业教育加快改革与发展”。[④] 这一“择优”逻辑在发挥“先进带动落后”效应的同时，也将产生强者愈强、弱者愈弱的“马太效应”，并逐渐拉大职业院校间的差距，削弱职业院校之间竞争的现实可能性。正如研究者所认为的：“随着‘马太效应’的持续发酵，示范（骨干）校经过数年集中投入

① 杨公安.我国现代学徒制非正式制度的缺失与完善[J].教育研究，2017，38(8)：91-95.

② 冯兴元.哈耶克的竞争观[J].学海，2014(5)：152-156.

③ 渠敬东.项目制：一种新的国家治理体制[J].中国社会科学，2012(5)：113-130＋207.

④ 教育部、财政部关于进一步推进“国家示范性高等职业院校建设计划”实施工作的通知[EB/OL].(2010-7-26)[2021-3-12].http://old.moe.gov.cn/publicfiles/business/htmlfiles/moe/s3876/201008/xxgk_93891.html.

建设而形成的高职办学范式、发展模板，必然与非示范（骨干）校的现实起点产生严重脱节，导致其难以在非示范（骨干）校中得到应用与推广。”①

其二，竞争的零和博弈。职业院校竞相竞争项目的行为有别于正常的人才培养、科研和社会服务等生产职业教育产品的活动，其竞争行为必然走向零和博弈，并不能够促进社会生产力的进步。这是一种典型的“非生产性寻利活动”(Directly Unproductive Profit-seeking Activities)，即“本质上是一种通过从事直接的非生产性的活动来谋取利润的活动，这种活动虽能获取经济回报但却不能生产增进社会效用的产品和服务，反而造成了经济效用的损失”②。易言之，职业院校之间竞相竞争项目的行为，可以帮助职业院校自身提升知名度，或者提升自身地位，但归根结底仍然是职业院校之间的零和博弈，并没有真正提升我国职业教育整体的办学质量。

其三，资源依赖和行政依赖。职业教育项目制为职业院校发展提供了充足的资源支持，在提升职业院校自身竞争力的同时，也极容易使之产生行政依赖和资源依赖，使得资源投入的应有效益难以发挥。这种依赖不仅会弱化职业院校自主行动的能力和积极性，降低资源的使用效率，而且极易导致职业院校将发展的重心由育人目标向资源目标倾斜，难以集中精力提升办学质量。行政依赖和资源依赖在本质上是竞争垄断的表现。如果职业院校缺少真实的竞争环境和强烈的竞争刺激，那么当其获得项目制的垄断地位时，便将失去持续提高效率的动力。如同研究者在讨论高等教育项目制时所指出的那样：“为了进入‘985’名单，许多大学都进行了残酷的竞争，而一旦进入名单，似乎就进入了保险箱，一切资源获得就顺理成章了。”③

总之，职业教育项目制在资源配置上的高效性以及项目的溢出效应，促使政府部门坚持这样的“项目治教”方式。但我们也应当清醒地认识到，目前我国职业教育项目制近似政府“统包统揽”的资源配置方式，而市场资源配置方式和市场竞争机制只是政府配置的一种补充，并没有发挥应有的调

---

① 肖凤翔，于晨，肖艳婷.国家高职教育项目制治理的生成动因、效用限度及优化策略——以“国家示范性高等职业院校建设计划”为例[J].教育发展研究，2016，36(Z1)：64-70.

② BHAGWATI J N. Directly Unproductive, Profit-seeking (DUP) Activities[J]. The Journal of Political Economy, 1982, 90(5): 988-1002.

③ 王洪才.“双一流”建设的重心在学科[J].重庆高教研究，2016，4(1)：7-11.

节作用。这种运行方式的后果之一就是职业教育项目制将逐渐偏离项目治理的本意,不利于职业教育事业又好又快发展。

二、职业教育治理存在问题的主要原因

美国经济学家道格拉斯·诺斯(D. C. North)在论及政府在市场经济中的作用时提出了著名的"诺斯悖论",即一方面政府的存在对于经济成长极为必要,另一方面它又是人为造成经济衰退的原因。[①] 在诺斯看来,人们本着追求利益最大化的原则选择政府,但是政府的行为却往往偏离了预期方向,反过来成为限制自身利益和社会利益的根源。[②] 根据"诺斯悖论"来分析政府在职业教育治理中的作用就会发现,职业教育治理有赖于政府的管理,需要政府充分发挥主导作用,但同时政府的越位、错位、缺位等问题又可能制约职业教育治理的成效。分析政府在主导职业教育过程中存在问题的原因,可以概括为以下几个主要方面。

(一)政府对职业教育的产品属性定位不清晰

如前所述,当前我国职业教育的产品属性应定位为公共性程度较高的准公共产品,正因为如此,政府应该在职业教育治理过程中发挥主导作用。政府主导职业教育治理的手段既包括制定职业教育政策法规、发展规划、质量标准等强制性规定,又包括优惠性政策的非强制性引导。然而,在我国职业教育发展过程中,理论与实践领域对职业教育产品属性的认识一直模糊不清,对职业教育的公益性、普惠性还没有达成共识。我国职业教育改革和发展中存在的公益性的实现形式单一、供给不足以及职业教育法律法规不健全等问题,都与此密切相关。一方面,在职业教育的理论研究中,不少研究者认为,市场调节职业教育资源能够达到最优配置,发展职业教育应该依靠市场。这种观点导致对政府定位和主体责任定位认识上的偏差,不利于

① 道格拉斯·诺斯.经济史的结构与变迁[M].刘瑞华,译.台北:时报文化出版社企业股份有限公司,1995:8.

② 金久仁,龚怡祖.促进教育公平的政府规约性责任研究[J].江海学刊,2015(3):107-112.

政府主导作用的发挥。另一方面，主张职业教育单纯由政府提供，也会导致职业教育产品或服务的数量相对不足，并且还会由于缺乏竞争而导致职业教育资源的使用效率低下。

不仅如此，政府对职业教育的产品属性定位不清，还导致职业教育财政性投入相对不足。改革开放至今，我国的财政收入每年都保持了较高的增长速度，但是职业教育的发展一直受资金不足的制约。随着我国财政性教育经费的增长，虽然职业教育财政经费投入的比例也得以相应地提高，但是职业教育的财政投入基数小，与同时期的基础教育或高等教育相比，职业教育的财政投入仍相对不足。在国家财政性教育经费占 GDP 的比例本身就偏低的情况下，政府又通过政策安排人为地降低了职业教育财政投入的比例。与其说职业教育经费的增长受制于社会经济发展水平的客观制约，不如说职业教育财政经费投入比例相对较低的结果是政府政策安排所造成的。导致这种状况的主要原因在很大程度上归咎于政府对职业教育产品属性的定位不够明确。

（二）政府推动职业教育政策执行不力

“职业教育政策”是一个专有名词，是公共政策[①]的下位概念，主要是指党和政府在一定历史时期所制定的，包括职业教育法律法规、政策或条例在内的，满足职业教育发展需要以及促进职业教育利益相关者利益最大化的行动依据或准则。职业教育政策的制定是一种重要的政治行为，它从根本上反映了政府对职业教育改革与发展的良好愿望和要求。基于这一认识，本书认为，所谓“职业教育政策执行”，就是指在职业教育政策制定和完善的基础上，各级政府通过特定的组织形式并采取相应的举措实现职业教育政策预期目标的过程。从我国职业教育治理的现状来看，各级政府对职业教育政策执行不力是一个普遍现象。地方政府执行职业教育政策不力，源自中央政府推动职业教育政策执行不力，这是造成我国政府不能充分地履行

① 公共政策（Public Policy）是公共权力机关经由政治过程所选择和制定的为解决公共问题、达成公共目标、实现公共利益的方案，其作用是规范和指导有关机构、团体或个人的行动，其表达形式包括法律法规、行政规定或命令、国家领导人口头或书面的指示、政府规划等。此处引入公共政策这一概念的目的在于说明我国职业教育法律法规、政策或条例等均属于公共政策的范畴。

职业教育治理责任的原因之一。

有论者从国家治理的制度逻辑的角度认为，在我国政府治理过程中，一直受中央管辖权与地方治理权间的紧张和不兼容的困扰：前者趋于权力、资源向上集中，从而削弱了地方政府解决实际问题的能力和这一体制的有效治理能力；而后者又常常表现为各行其是，偏离失控，对权威体制的中央核心产生威胁。[①] 这在一定程度上能够解释我国职业教育政策执行不力的原因，即中央政府自上而下地推行职业教育政策，并希望地方政府能够有效执行，而随着地方政府治理权的增强，其在政策执行过程中往往呈现出各自为政的局面。这种政府间的行政博弈的后果之一，就表现为职业教育政策执行的效力不高。

一方面，从自上而下的职业教育政策执行来看，中央政府推动地方政府执行公共政策的力度不够。“文本形态或政府话语体系下的公共政策转化为现实形态的政策目标的过程并不是一个直线的过程。因为政策目标从中央到地方往往经历政策细化或再规划的过程，而且从政策的制定到政策面向直接对象的最终执行，其间存在着一定的层级距离，这一距离给政策目标在传递过程中出现信息扭曲和偏差提供了机会，导致政策过程在一系列的层级上容易出现差错。”[②]不仅如此，为了避免政策执行的“偏差”，上一级政府通常会启动“运动型治理机制”[③]，即“通过政治动员的运动性方式和渠道来贯彻落实自上而下的政策意图”[④]。另外，“由于中央政府在对地方政府实际情况的把握上存在哈耶克所说的知识问题，中央政府会因有限理性的约束而遭遇决策困境。这一决策困境在职业教育政策执行中就表现为，中央政府制定的职业教育政策过于模糊，可能会影响地方政府的执行效果；而职业教育政策过于细致又会造成机械性，妨碍决策的科学性，从而导致较为冷漠的社会参与”[⑤]。

---

① 周雪光.权威体制与有效治理：当代中国国家治理的制度逻辑[J].开放时代，2011(10)：67-85.

② 贺东航，孔繁斌.公共政策执行的中国经验[J].中国社会科学，2011(5)：61-79+220-221.

③ 这里的“运动型治理机制”实际上是一种政治机制，主要是指自上而下按照政治动员方式制定或更换政策、动员资源、推广实施，因此有着随意性和非常规性的特点，会在一定程度上弱化政策执行的力度。

④ 胡家勇.政府职能转变与政府治理转型[M].广州：广东经济出版社，2015：81.

⑤ 景朝亮，毛寿龙.从政府职能转变的视角反思社区基本公共服务[J].天津行政学院学报，2015，17(1)：3-8.

另一方面，从自下而上的职业教育政策执行来看，地方政府受自身的利益诉求及其财政能力的限制，可能会存在选择性执行的不当行为。由于职业教育的投资周期长、见效慢，不利于地方官员任期内的政绩考核，因此有些官员会把绝大部分由政府直接或间接控制的资金和资源投入到能够刺激经济增长和财税增长的项目上，导致政府在履行自身应承担的职业教育治理责任上不够到位。例如，在落实对职业教育的财政投入比例、制定职业学校生均经费拨款标准和教育附加费用于职业教育的比例、提取企业用于职工教育的培训经费以及对该经费的监督检查、制定“双师型”教师认定标准及其考核标准体系、职业教育与普通教育的沟通衔接等方面，各地方政府的执行力度不一，从而造成职业教育供给模式单一、引导社会力量参与职业教育的力度不够以及职业教育管理越位等问题。

（三）政府主导过程中的政府失灵

在现代市场经济社会中，既存在着“市场失灵”（Market Failure）的现象，同样也会出现“政府失灵”（Government Failure）的问题。如同市场不是万能的一样，政府也不是万能的，在职业教育发展所需的资源提供上，亦是如此。政府在主导职业教育治理过程中所存在的问题与其自身固有的局限有关，经济学家将这种现象称为“政府失灵”。职业教育发展中的政府失灵，主要是指因政府干预职业教育活动不足或过度而引起的资源配置效率低下。公共选择理论认为，政府也是遵循效用最大化原则的“经济人”（Economic Man），政府官员也是遵循自身利益最大化的原则来行使权力的，政府的行为并非永远代表公共利益。对此，布坎南曾鲜明地指出，当个人由市场中买者或卖者转为政治过程中的投票者、纳税人、受益者、政治家或官员时，他们的品性不会发生变化。[①] 敦利威（P. Dunleavy）在分析制度性公共选择问题时也认为，每个官员至少都部分地根据其自我利益行事，某些官员则只受其自我利益的驱使，甚至在以纯官方的身份行事时也是如此。[②] 不仅

---

① 布坎南.宪法经济学[M]//刘军宁，等.市场社会与公共秩序.北京：生活·读书·新知三联书店，1996:341.

② 帕特里克·敦利威.民主、官僚制与公共选择——政治科学中的经济学阐释[M].张庆东，译.北京：中国青年出版社，2004:85.

如此，戈登·图洛克(Gordon Tullock)、威廉·尼斯克南(William Niskanen)和曼瑟尔·奥尔森(Mancur Olson)等人也提出，与私人部门项目相比，政府项目往往是低效率的，因为决策者(政策制定者)会倾向于自身或其集团利益的最大化。[①]

公共选择理论对政府失灵原因的分析，在很大程度上可以解释政府在主导职业教育治理过程中的"失灵"现象。这主要表现在两个方面：其一，政府在主导职业教育治理过程中，可能会追求自身利益最大化、风险最小化的效用。比如，我国职业教育法律法规明确强调要支撑和引导企业参与职业教育发展，但又缺少对企业参与职业教育的奖惩规定，这一做法似乎显示出政府的两难选择。其二，政府在主导职业教育治理过程中存在一定的利益寻租行为。政府对职业院校专业设置的限制、招生批次的决定、民办职业院校的准入审批等干预措施，为部分政府官员的利益寻租行为提供了空间。所谓"利益寻租"，就是通过设租行为来获取某些特许权，以获取垄断利润。寻租不仅造成了社会的极大不平等，而且会大大削弱政府提供公共产品的有效性，使政府在保护产权、提供公平的竞争规则、保护国家利益方面日益涣散和软弱无能。[②] 以上是从政府失灵的角度来剖析政府在主导职业教育治理时存在问题的原因，而现实中存在问题的原因还不仅仅如此，在很大程度上还与教育中介组织失灵有关。

(四)教育中介组织失灵

教育中介组织[③]也称"第三方机构"，属于非营利组织(Non-Profit Organization，NPO)，在西方被称为"缓冲组织"(Buffer Organization)、"中介团体"(Intermediary Body)或"减压阀"。目前，教育中介组织的功能更多的是处理政府和学校之间的关系，在此过程中充当沟通与解决问题的"组

① AFONSO A, SCHUKNECHT L, TANZI V. Public Sector Efficiency: An International Comparison[J]. Public Choice, 2005, 123(3/4): 321-347.

② 王焱.宪政主义与现代国家[M].北京：生活·读书·新知三联书店，2003：38-40.

③ 教育中介组织是介于政府与学校、学校与学校、市场与学校之间的，为教育相关利益主体提供法律咨询、信息服务、职业培训和评估监督等专业服务的组织和机构，具有非政府性、非营利性、自治性、民间性、自愿性和组织性等特征。

带”或“桥梁”。伊尔-卡瓦斯(E. El-Khawas)基于政府与学校间双向作用的视角,认为中介组织是一个正式建立起来的团体,它的建立主要是为了加强政府部门与独立组织的联系,以完成一种特殊的公共目的。[①] 教育中介组织作为政府与职业院校之间的第三方机构,不仅可以承担部分政府的职业教育职能,还可以代表职业院校表达自身诉求,从而提高职业院校的办学质量。对此,伯顿·克拉克(Burton R. Clark)早就论述过:20 世纪高等教育最重要的发明是它的组织形式,即通过中介组织来缓和中央集权控制的主要结构本身。[②]

当前,我国教育中介组织并未发挥应有的监督、信息咨询和评估等服务功能,日渐呈现出“失灵”的态势,这在很大程度上归因于政府责任的缺位。目前,这些教育中介组织普遍存在着承接政府转移服务职能的能力严重不足、组织机构不健全、运作不够规范、服务意识和服务水平有待提高、经费紧张、资源不足以及专业人才缺乏等问题。从严格的意义上说,目前我国尚未形成真正的具有自治权的教育中介组织,上述所谓的教育中介组织实际上是作为国家的“延伸物”或“传送带”在行动。在我国职业教育发展过程中,没有迹象能够证明教育中介组织相对于政府的独立性。比如,以中国职业技术教育协会为代表的职业教育中介组织尚未在职业教育质量监督、政府与职业院校的关系协调、学校与学校的资源共享等方面充分发挥应有的作用。

有论者指出,我国教育中介组织“失灵”的原因主要有三个方面:一是组织主要依靠自愿方式筹资,难以获取稳定的财力支持,使其能力发挥受到限制;二是因在资源方面对外界的依赖而丧失中立立场,成为资源提供者的代言人;三是组织缺乏职业吸引力,导致能提供专业化服务的专业人员不足。[③] 笔者认为,从根本上来说,我国教育中介组织失灵的原因就在于政府对教育

---

① El-KHAWAS E. External Scrutiny, US Style[M]//Tony Becher. Governments and Professional Education. Buckingham: Society for Research into Higher Education and Open University Press. 1994: 8-13.

② 伯顿·R. 克拉克.高等教育系统——学术组织的跨国研究[M].王承绪,徐辉,殷企平,等译.杭州:杭州大学出版社,1994:305.

③ 胡伶.教育社会组织发展及其中的政府行为研究——基于部分区域抽样调查的分析[J].教育发展研究,2010,30(17):7-12.

中介组织缺乏应有的重视、规范和培育。“60年来,我国社会组织始终是作为政府部门的‘附属’或‘下级单位’而获得发展的。”[①]的确,政府部门必须对包括教育中介组织在内的社会组织担负监管责任,但如果将这些社会组织视为自己的“附属物”,那么社会组织就必将剥离其独立性的本质属性,失去其应有的中介功能和“纽带”作用。因此,为防止失灵现象的出现,政府应采取先期培育、后期授权的方式,促进教育中介组织的有序发展。

(五)政府的决策信息不完备

在市场经济体制中,职业教育资源的配置应通过市场信号所反映的供求关系及据此做出的对未来需求的预测,及时调整职业教育资源的分配,使有限资源的利用效率趋向最大化。当政府所得到的信息不完备或提供的信息不充分时,政府就不能有效地做出策略调整,不能充分地利用市场机制调节职业教育资源配置。

一方面,职业教育根据劳动力市场提供的信息,对招生数量、专业设置、层次结构、培养计划以及教学内容等方面不断进行调适,这种信息能够使职业教育的总需求与总供给趋于动态平衡。职业教育发展过程中的这种总需求与总供给相互作用的结果,就是培养出不同专业和规格的毕业生群体,满足用人单位的不同需求。但是,当前我国劳动力市场并不发达,不能有效地提供劳动力供需信息。职业院校培养的劳动者进入劳动力市场的途径主要有两种:一是劳动者以“毛遂自荐”的方式,主动寻找需求单位;二是职业院校通过“订单式”培养方式,把劳动者从职业院校直接转移到需求单位。这两种途径都与真正意义上的劳动力市场运行的要求相距甚远。

另一方面,信息的不完备还表现为信息不完全和不对称。非对称信息可能导致市场无法实现资源的有效配置,甚至市场的消失。[②] 职业教育市场信息主要包括市场需求信息、职业教育供给信息、劳动者质量和规格信息、职业院校办学水平信息等。在职业教育治理过程中,信息不完全和不对称

---

① 朴贞子,柳亦博.共在与共生:论社会治理中政府与社会组织的关系[J].天津行政学院学报,2016,18(4):12-18.

② 张维迎.市场与政府:中国改革的核心博弈[M].西安:西北大学出版社,2014:185.

的情况普遍存在,这在很大程度上妨碍了职业教育资源的配置效率。例如,由于职业教育市场信息的不完全,学生及其家长对职业院校的信息知之甚少,他们很难通过职业院校所反映的信息做出甄别与选择。而学生及其家长收集信息又需要成本,有时甚至是高昂的成本,这也会致使他们因为不完全了解职业院校的信息而放弃职业教育。更有甚者,一些职业院校过分夸大自身的价值,贬低竞争对手,使职业院校之间产生不正当竞争,从而导致职业教育资源使用效率的降低。不仅如此,由于职业教育市场信息的不对称,职业院校所培养的人才并不能与市场需求相吻合,这会致使职业院校做出错误的决策,如盲目扩大学校规模、设置新专业、调整招生数量、重复建设等,从而造成职业教育资源的浪费。

第五章　国外职业教育治理的制度安排

在制度多样性的背景下，我国职业教育治理的制度逻辑与其他国家必然不同，这体现了职业教育制度建设和职业教育治理的多样性。一个国家选择什么样的职业教育治理体系，是由这个国家的历史传承、文化传统、经济社会发展水平决定的。多样性的根源在于制度建设的民族性和文化性。在探讨职业教育治理的制度逻辑问题上，比较研究是一种非常重要的方法。因而本章将运用比较研究的方法，把实行资本主义市场经济体制的美国、德国、韩国、日本作为考察对象，分析这几个拥有不同政治制度、经济体制和文化传统的国家的政府在职业教育治理实践中承担的具体责任与制度治理经验，以期有助于提升我国职业教育治理能力。

一、美、德、韩、日四国职业教育发展概况

美国和德国是典型的市场经济体制国家，实行中央政府和地方政府分权的联邦制，两国职业教育发展的理念、模式和机制一直是其他工业化国家借鉴和模仿的对象。韩国和日本作为中国的邻国，虽然两国的职业教育历史短暂，却在很短的时间内积累了大量的经验。不仅如此，韩国和日本作为亚洲资本主义国家，其市场经济发展模式与西方资本主义国家又存在一定的差异。因此，考察美国、德国、韩国、日本的职业教育发展中政府管理的范围和内容，对于明确我国政府在职业教育治理过程中应该承担的具体责任

应会有所裨益。

美国的中等职业教育主要在综合高中进行，相关职业课程在中学都有体现，学生毕业后可以直接就业或者升入2年制的社区学院继续学习；高等职业教育主要在社区学院和技术学院进行，并以社区学院最为典型，社区学院为毕业生颁发副学士学位，可就业或升入普通4年制大学继续学习。“4年制的大学本科教育和研究生教育主要是技术应用性的教育，只有小部分是学术性教育，因此它们可以与专科性的高等职业教育相衔接，相应地获得本科、硕士和博士的专业学位。”[①]需要指出的是，社区学院主要是政府举办的公立院校，美国社区学院协会(AACC)的数据显示，21世纪初期，全美已有1171所社区学院，其中公立学院992所，私立学院179所[②]，其经费来源主要是联邦政府、州、地方政府、企业投入和学生的学费。OECD官方网站统计数据显示，1998～2008年美国教育投入占GDP的比重在7%～7.5%[③]，充分的财政投入强有力地保证了美国各级各类教育事业的运行。社区学院现已成为美国高等教育的重要组成部分，为农业、工业和服务业培养了大批专业人才，也为美国高等教育大众化和地区经济发展做出了重大贡献。

德国职业教育体系的正式确立源于联邦政府1969年颁布的《职业教育法》(BBIG)，这是联邦政府第一次在全国范围内为职业教育确立广泛而统一的法律基础，也是德国职业教育领域最基本、最权威的法律。德国教育体系相当复杂，而且职业教育在整个教育体系中占据重要的位置，其中，实施中等职业教育的机构主要包括职业专科学校、实科中学、职业提高学校和专科高中等；实施高等职业教育的机构主要是职业学校和高等专科学校。其中，职业学校是偏学术性的高等职业教育机构，学制3年，可授予学士学位；高等专科学校是高等职业教育的主体，近年来逐渐改称应用科学大学(University of Applied Science)，学制4年，可授予学士和硕士学位。欧洲职业培训发展中心2019年统计数据显示，以高等专科学校为代表的高等职业院校占高等教育机构总数近一半的比例。德国职业教育中最具特色的核

① 匡英.比较高等职业教育：发展与变革[M].上海：上海教育出版社，2006：46.

② 厉以贤.美国社区学院[J].中国远程教育，2004(18)：68.

③ 刘红宇，马陆亭.OECD国家高等教育投入的典型模式[J].高等教育研究，2012，33(5)：102-109.

心部分是"双元制"(Dual System)职业教育模式(见表 5-1)。"所谓'双元制',指的是一种私人办的企业作为'一元',与国家办的学校作为另'一元',合作培养技能人才的职业教育制度。"[①]学习者 2/3 的时间以学徒的身份在企业实践实训,1/3 的时间以学生的身份在职业学校学习专业理论和普通文化知识。"双元制"职业教育模式在培养高素质专业技术人才方面发挥着重要的作用,现已成为德国国家竞争力的关键要素。

表 5-1　德国"双元制"职业教育基本情况一览表

	企业/跨企业培训中心	学校职业教育
学习地点	实训车间与工作岗位	教室与实验室
师资力量	企业培训师或师傅	理论教师与实训教师
学习者身份	学徒(与企业签订培训合同)	学生(根据学校教育法律法规)
法律基础	联邦《职业教育法》	(州)学校法
监督管理机构	行业协会	州教育部
经费来源	企业	公共基金
课程标准	培训框架计划	框架教学计划
课程内容	实践技能	理论知识
时间安排	每周 3～4 天	每周 1～2 天
培养目标	生产第一线某一专业范围内的熟练技术工人	

韩国职业教育的真正发展起步于 20 世纪 60 年代,其主要动力源自韩国工业社会发展对不同层次的技术劳动力的大量需求。目前,韩国实行9 年义务教育,学生初中毕业后进行教育分流,一部分进入 3 年制职业高中学习,接受中等职业教育。高等职业教育的实施机构主要有专科层次的专科大学(Junior College)、本科层次的技术学院和开放大学[②],以及研究生层次的研究生院等,其中,专科大学是高等职业教育的主力军。1977 年,韩国政

① 姜大源.德国"双元制"职业教育再解读[J].中国职业技术教育,2013(33):5-14.

② 开放大学也称产业大学,是为失去高等教育机会或者大学退学人员、大学毕业后想继续接受职业技术教育人员,以及继续接受产业社会所需学术及专门知识的技术者提供高等教育机会,培养贡献于国家与社会发展的产业人才的本科院校。高中毕业生通过资格审查而无须入学考试便可入学,整个学习计划需要 4 年而不限制修学时间,其学习方式主要是通过远程学习媒介实行一对一的教育。

府鉴于社会经济发展对劳动者技能要求的提高，重新修订了《教育法》，并且于两年后正式实施。该法将2年制初级大学、招收初中毕业生的5年制实业高等专科学校和3年制职业高等专门学校，统整为招收高中毕业生的2～3年制专科大学，并于1996年起开始授予副学士学位。专科大学的专业课程突出职业性，其培养目标是“教授、研究社会各领域的专业知识和理论，磨炼能力，培养国家社会发展所需要的专业职业人才”[①]，学习者毕业后直接就业或者升入普通大学的3年级、开放大学的3年级继续学习。开放大学的毕业生还可以升入研究生院中的专门研究生院继续学习，而普通大学的学生也可以转入专科大学接受高等职业教育。根据韩国教育和人力资源开发部数据统计：截至2018年，韩国共有专科大学158所，其中国立7所，公立8所，私立143所。“专科大学的机构数量占高等教育机构数量的近40%的比例，学生数占高等教育总人数的55%。”[②]专科大学主要以私立学校为主，作为高等职业教育的实施机构，其已成为高等教育的重要组成部分。依据韩国《高等教育法》的规定，所有大学（国立、公立、私立）都要接受教育和人力资源开发部的指导与监督。整体来看，韩国政府对教育的投资力度是相当大的，教育经费约占GDP的10%，为韩国职业教育的发展提供了充足的经费保障。

日本自明治维新以来，逐步由原来的以农业为主、经济文化落后的国家转变为工业强国，继而跻身于世界经济强国之列。这与日本注重发展教育、强调职业教育对经济发展的重要作用是密不可分的。1962年，日本政府将2年制短期大学和高中结合起来，设立5年制高等专科学校，其类型属于国立高等职业教育院校，招收初中毕业生，学生毕业后可获得准学士学位，主要是培养工业类技术人员。据日本产经新闻网报道：“2015～2016年，22%的高中毕业生进入专门学校就读。日本文部科学省拟将现行的专门学校改为新型高等教育机构，或称为‘专门职业大学’‘专门职业短期大学’。”[③]1964年，日本国会修改的《学校教育法》明确了短期大学的法律地位，短期大学以

① 索丰.韩国大学治理研究[D].长春：东北师范大学，2011.

② 张灵，张继平.世纪之初韩国职业教育发展趋向及启示[J].继续教育研究，2010(6)：92-94.

③ 徐涵.日本专门学校探索职业教育新方向[J].世界教育信息，2016，29(22)：75-76.

私立学校为主(私立占86%),学生以女生为主(女生占90%以上)。[①] 1975年,日本设立专修学校,并于1976年公布了《专修学校设置标准》,开始大规模地创设这种新型学校。1994年,日本文部省重新修订《专修学校设置标准》,并于1995年开始授予专门士学位。[②] 准学士学位和专门士学位的授予为高等职业教育的毕业生赢得了更多的社会肯定,也为毕业生的升学奠定了良好的学位基础。总之,日本学校职业教育领域形成了公私互补、中高职衔接以及普职融通的学校职业教育体系,呈现出功能互补与资源共享的合作态势。

二、美、德、韩、日四国职业教育的制度实践

根据美国、德国、韩国、日本的职业教育发展现状,可以将四国职业教育治理的范围和内容概括为以下方面。

(一)逐步建立完善的职业教育法律法规体系

1862年,美国联邦政府颁布的《莫雷尔法案》成为政府立法支持职业教育的开端,为职业教育的发展奠定了良好的法律基础。该法案规定,按照各州国会议员数量,拨给土地和资金用于成立从事农业和技术教育的学院,即"赠地学院"。这打破了传统大学单一的学术化倾向,创立了新的高等教育类型,并为该时期的工农业发展提供了所需的专业人才。[③] 1917年,《斯密斯—休斯法案》的颁布与实施,促成了在公立中学中开展职业教育的局面,并逐步建立了普通教育与职业教育融合的教育制度。[④] 二战后,美国联邦政府不断修正与规范职业教育法律法规,在经历1963年《职业教育法》、70年代"生计教育运动"、80年代的《职业训练合作法》、90年代STW(School-to-Work,学校到工作过渡)以及21世纪初的STC(School-to-Career,从学校到生涯)等一系列法案、理念的颁布与实施后,逐渐形成了以综合中学为主体

① 匡瑛.比较高等职业教育:发展与变革[M].上海:上海教育出版社,2006:118.

② 梁忠义.战后日本教育研究[M].南昌:江西教育出版社,1993:215.

③ 张维平,马立武.美国教育法研究[M].北京:中国法制出版社,2004:309.

④ 石伟平.比较职业技术教育[M].上海:华东师范大学出版社,2001:127.

的中等职业教育和以社区学院为主体的高等职业教育，二者共同构成了独具美国特色的职业教育体系。

德国联邦政府于 1969 年颁布并实施《职业教育法》，规定了关于职前培训教育、职业继续教育、职业转岗教育的所有重要方面，包括培训合同、培训教师、培训企业、培训职业与培训条例、考试与监督等方面的内容。[①] 该法于 2005 年重新修订，并且纳入了 1981 年的《职业教育促进法》的内容，现已成为德国职业教育界和企业界所遵循的最重要的法律。不仅如此，德国联邦政府还颁布了与《职业教育法》相配套的一系列法律法规，如《劳动促进法》《职业教育条例》和《实训教师资格条例》等。这些法律法规对职业教育的培养目标、专业设置、经费来源以及学生质量评价等方面做了明确而具体的规定和操作要求，为职业教育办学的规范化提供了坚实的法律保障。换句话说，德国政府在宏观上确定职业教育发展的方向，在微观上规范职业教育的具体运营，而企业和学校在法律规则下运转即可，其本质是政府规制下的以企业为中心的职业教育制度。究其有效运转的原因就在于，德国各级政府所制定的职业教育法律法规，是在政府教育部门、经济部门、行业协会、企业代表、各类公共部门和教会等社会各界的共同参与下制定而成的，是在各方利益最大化的基础上形成的资源共享的契约关系，因而相关各方都会自觉遵从法律规则，从而保证了职业教育的健康有序发展。

韩国政府通过立法的方式有所侧重地发展不同类型和层次的职业教育，从而使职业教育的战略目标和任务措施与社会经济发展的需要相契合。20 世纪八九十年代以来，韩国经济进入稳定增长新时期，中低层次的职业教育已不能满足社会经济发展的需要，政府由此决定优先发展高等职业教育，扩大高等职业院校学校数和在校生人数。在此时期，韩国政府先后颁布了《科学技术人力供给计划》(1972～1981 年)、《职业培训法》(1981 年)、《技能鼓励法》(1989 年)等一系列法律法规，以此满足社会经济发展对中高级技术人才的需要。进入 21 世纪以来，韩国政府力图建立完整的职业教育体系，试图通过普职融通和中高职相互衔接的方式促成终身职业教育体系。韩国

① 国家教委职业技术教育中心研究所.历史与现状：德国双元制职业教育[M].北京：经济科学出版社，1998:16.

政府补充了《建立新的职业培训体制的相关法律法规案》(2001年)、《关于产业教育和产业协调促进法》(2003年)、《勤劳者职业能力开发法》(2004年)以及《国家教育政策规划纲要》(2013年)等相关法律政策。这些职业教育法律法规在办学条件、经费投入、教学计划以及各类教育之间的衔接等方面都做了明确说明,为职业教育发展奠定了良好的法律法规基础。

日本的职业教育法律法规通常更具有针对性,与职业教育发展相关的单项法较多,它们有效地规范了办学机构的行为;同时,日本政府根据产业结构和社会经济的变化适时地对职业教育法律法规进行修订,在很大程度上提高了职业教育的办学质量。1893年,时任日本文部大臣的井上毅意识到职业教育对产业革命的巨大推动力,并鲜明地指出:"人民事业上的知识是无形的资本,实业乃是富国的基本条件。"[①]在井上毅的推动下,日本政府先后颁布了《实业补习学校规程》(1893年)、《徒弟学校规程》(1893年)以及《实业教育费国库补助法》(1894年)等法律法规,有力地推动了日本职业学校的迅速普及与发展。随着日本近代产业发展和国民知识水平要求的提高,明治政府以敕令的形式颁布了《实业学校令》(1899年),该法令的颁布标志着日本中等职业教育的制度化和体系化的确立。二战以后,日本政府先后出台了包括《产业教育振兴法》在内的一系列重要的职业教育法律法规。凭借这些法律法规,日本职业教育焕发了新的生机,该法的实施也成为战后日本职业教育真正获得发展的契机。

(二)通过政策提供职业教育发展的资金保障

美国联邦政府于1862年颁布并实施《莫雷尔法案》,该法有效地促进了美国各州建立自己的职业学院,同时也开创了政府财政资助职业教育发展的先例,为后续职业教育的发展奠定了良好的基础。1917年,美国联邦政府颁布的《斯密斯—休斯法案》规定,联邦政府财政拨款资助农、工、商、家政等职业教育的发展,并要求在综合中学里开展中等职业教育。[②] 该法案实施后,联邦政府通过财政资助鼓励各州开展中等职业教育,财政资助的份额也

① 滕大春.外国教育通史[M].济南:山东教育出版社,1992:415.

② 翟海魂.发达国家职业技术教育历史演进[M].上海:上海教育出版社,2008:109-110.

逐年增加，如1917～1918年，拨款资助总数达170万美元；1921～1922年，拨款总数增至420万美元；1932～1933年，拨款总数增加到980万美元。[①]美国联邦政府这种以法促教与财政拨款调节相结合的方式为后续法案的制定奠定了基础，所有法案和理念均涉及对职业教育财政拨款的指导性意见。美国职业教育经费的主要来源是各州和地方政府的财政投入。例如，1976～1977年社区学院的总经费中，州政府承担了40%，高于联邦政府或学生及家长承担的份额。[②] 1997～1998年社区学院经费中，州政府承担39.8%，地方政府承担17.3%，联邦政府承担5.9%。[③] 就美国各级各类职业教育的经费投入而言，其政府财政投入占据了很大的比重，联邦、州和地方政府占职业教育经费的比例整体呈上升趋势，其投入所占比例维持在60%～70%的水平。[④]

德国职业教育的投入主体主要是企业和政府，企业投资的比例大于政府财政投资，而在政府财政投资上，州和地方政府又承担主要责任。联邦政府法律规定了政府投入的事项，如联邦《职业教育法》(2007年)规定，联邦职业教育研究所的组建及管理经费由联邦拨款提供，其拨款数额按预算法规定办理。[⑤]《联邦劳动促进法》规定，德国联邦劳动局可向各种职业教育机构和设施提供资助或津贴，用于建造和扩建各种跨企业、跨行业的职业教学设施。[⑥] 与此同时，联邦政府还设立教育基金对职业教育进行投资，而职业学校则要通过政府的考核评估和监督才能申请国家设立的中央基金。《德意志联邦共和国基本法》(2006年)规定，除本基本法另有规定外，联邦和各州

① GORDON H R D. The History and Growth of Vocational Education in America[M]. Boston: Allyn and Bacon, 1999: 305.

② 邢克超.共性与个性：国际高等教育改革比较研究[M].北京：人民教育出版社，2004：87.

③ 美国国家教育统计中心[EB/OL].(2000-7-26)[2021-3-12].http://nces.ed.gov/ipeds/Home/UseTheData.

④ GOODMAN R. Global Recession and Universities: Funding Strains to Keep Up with Rising Demand[R]. New York: Moody's, 2009: 173-176.

⑤ 姜大源.德国联邦职业教育法译者序[J].中国职业技术教育，2012(10)：71-88.

⑥ The European Centre for the Development of Vocational Training. The Material and Social Standing of Young People During Transition from School to Work in the Federal Republic of Germany[M]. Berlin: Berlin Press, 1990: 78.

应分别负担履行各自任务所需的支出。[①] 由于职业教育属于州一级的国家设施，因而各级各类职业教育的立法权在州这一级(如州学校法)，这也决定了职业教育经费由州和地方政府负责的格局，其财政来源主要是税收、联邦政府的转移支付和专项经费支付等。州政府主要负责职业学校的兴办、教师培训、教师工资以及课程建设等费用，而地方政府主要负责职业学校的实验设备、学校基建、校舍维护以及学习资源建设等费用。近年来，德国政府不断增加教育经费投入，其职业教育占政府财政性经费投入的比例也逐年上升。《2014德国教育报告》显示，2010～2012年，德国教育支出增加了46亿欧元，总支出达2474亿欧元，占国内生产总值的9.3%。2014年，德国联邦政府和各州用于教育的公共预算支出上升20%；2015年，德国联邦政府全面承担助学金项目拨款，并将额度提高了7%，同时提高家庭收入额度上限，惠及11万名大、中学生。2016年6月，德国联邦政府又提出了两项新的高校资助计划——“创新型高校计划”和“青年学者促进计划”，其中“创新型高校计划”项目计划投入5.5亿欧元，在未来10年由德国联邦政府与高校所在的州政府按9∶1的比例共同承担，应用技术大学在经费支持和资助数量方面将占总额的50%以上。[②]

韩国政府十分注重充足的经费投入在职业教育发展中的重要作用，而且在职业教育立法中充分贯彻了这一思想。例如，1969年出台的《科学教育振兴法》，除规定中央和地方政府对职业教育的经费投入外，政府还决定建立“科学教育基金”予以支持；1976年，政府专门制定了《职业培训资金法》，明确规定将企业缴纳的税金促成新的基金以支持职业培训的发展，有效地解决了职业培训的经费问题；1981年，政府颁布《教育税法》，该法律规定了11.8%的教育税，从而增加了教育经费来源，建立了以政府为投资主体的公共教育经费体系，教育支出占政府财政支出的20%以上。[③] 由于韩国私立专科大学在高等教育中占的比重较大，因而与此相应的私立院校所获得的财政额度所占比例较大，例如，1995年私立院校获得的政府财政资助额度就占

① 联邦德国基本法[EB/OL].(2021-7-18)[2021-10-12].https://baike.baidu.com/item/%E5%BE%B7%E5%9B%BD%E5%9F%BA%E6%9C%AC%E6%B3%95/7459043?fr=aladdin.

② 陈阳.当前国际教育发展主要特点和趋势综述[J].世界教育信息，2016,29(24):61-67.

③ 谢作栩.韩国高等教育大众化的发展历程与特征[J].外国教育研究，2002(1):6-9.

到政府对高等教育财政拨款的79.6%。但是,正是由于私立专科大学的基数大,因而每所私立专科大学所获得的政府财政资助的额度并不高,约占私立学校办学总经费的5%,而国立和公立职业院校的政府财政资助比例约为50%。[①] 在企业在职职工培训方面,韩国政府以法律的形式规定了企业投入职工培训的经费比例。[②] 总之,韩国政府对职业教育的经费投入,有效地克服了职业教育经费投入因地区经济差异而产生的非均等化影响,提高了全体国民在教育均等化条件下的受教育程度。

日本的职业教育分为国立、公立和私立三种类型,其经费来源都有相应的法律支撑。例如,1964年日本政府颁布的《国立学校专项会计法》明确规定全国国立教育经费从一般会计中分离出来;公立职业院校由地方政府负担,主要根据地方经济发展的程度而制定相应的投入政策;私立职业院校的收入应包括政府补助、私人捐赠、企业资助以及学校事业收入。[③] 与此同时,日本政府也制定了私立职业教育经费投入的相关法律,如《私立学校法》(1949年颁布,2007年最新修改)和《私立学校振兴助成法》(1975年)都对政府为私立学校提供财政补助做了详细的说明。除此之外,日本的《产业教育振兴法》规定,初等、中等和高等职业教育机构可以向国库申请补助金、设备费等费用,该法实施当年,补助预算6.66亿日元,1952年职业高中的设备完备率为20%~40%,1957年达到60%~80%。[④] 不仅如此,日本政府出台的《科学技术基本法》(1995年)和《产业技术力强化法》(2000年)规定了政府财政支持产学合作的职责、将产学合作的经费列入财政预算以及安排专项资金用于产学合作等,进一步激发了企业界参与产学合作的积极性。

整体而言,美国、德国的职业教育财政投入以各州和地方政府为主,联邦政府主要通过转移支付和专项经费支付为各州提供经费。美国各级政府的财政投入约占职业教育总经费的2/3,德国这一比例约为1/3。韩国、日

① WEIDMAN J C, PARK N. Higher Education in Korea: Tradition and Adaptation[M]. New York: Falmer Press, 2000.

② 高月春.韩国职业教育的经验及其启示[J].国家教育行政学院学报,2007(11):82-85+53.

③ 西井泰彦,鲍威.日本私立高等教育财政补助制度与私立高校财务管理[J].教育发展研究,2008(10):1-7.

④ 顾明远,梁忠义.世界教育大系·职业技术教育[M].长春:吉林教育出版社,2000:133.

本的私立职业教育比例较大,但两国政府正逐渐加大对私立院校的财政投入,以此改善办学条件和提高教学质量,并积极通过各种形式资助私立职业教育的发展。这对于我国政府引导民办职业教育的改革与发展、激发民办职业教育的办学积极性具有重要的借鉴意义。

(三)赋予职业院校广泛的办学自主权

美国、德国实行的是分权化的教育管理系统,赋予各州和地方政府广泛的办学自主权,提倡多模式、多途径的发展方式,不直接参与各州和地方职业教育的管理。所以,两国职业院校的办学自主权主要是地方政府赋予的,而联邦政府只是通过提供拨款的方式来间接地控制和干预州政府的行为,州政府可以拒绝教育经费或者接受联邦政府的指导。这种分级管理、地方负责的制度安排有利于联邦政府整体协调、组织、引导、督导和评估,并与各州和地方政府在职业教育改革事宜上达成共识。

美国在联邦层次成立了联邦职业教育委员会,其职责主要是监督联邦政府支付给各州补助费,开展职业教育的调查研究工作,密切联邦政府与州政府的关系。① 联邦政府通过一系列项目资助的形式控制和引导各州发展社区学院。例如,2012年联邦政府颁发《投资美国的未来——生涯与技术教育变革的蓝图》法案,并提出两项举措:"一是建立专项资金支持各州教育,二是设定一定的匹配条件来加强雇主、产业界和劳动力的合作。"②同时,美国联邦政府建立联邦教育总署,下设全国职业教育咨询委员会,其任务是考察各州职业教育的运行情况,与各州职业教育机构建立分工合作的伙伴关系以及提供改革意见。由于美国各州具有自主办学权,因此各州的职业院校的办学自主权在具体内容上存在差异,但是一般职业院校都具有学科和专业设置权、课程设置权、招生自主权、学费标准设定权、经费使用权、校长任免权、教授聘任权。③

---

① 日本世界教育史研究会.六国技术教育史[M].李永连,赵秀琴,李秀英,译.北京:教育科学出版社,1984:300.

② U.S. Department of Education. Investing in America's Future: A Blueprint for Transforming Career and Technical Education[R]. Washington, D. C.: U.S. Department of Education, 2012: 8.

③ 蒋后强.高等学校自主权研究[D].重庆:西南大学,2006.

德国在联邦层次，由联邦职业教育和科研部、联邦职业教育研究所、联邦劳动和社会秩序部、联邦劳动局等机构负责管理职业教育工作；在州层次，由州教育与文化事务部、州相关经济部门、州教育与文化事务部长联席会等负责职业教育管理。① 德国联邦政府于1998年修订的《高等学校总纲法》确定了高等教育“平等、竞争、效率、开放和自治”的目标。该法的核心内容之一就是加强联邦政府对高等教育的宏观调控能力，扩大大学自主权，改革后的高等专科学校的办学自主权包括学科和专业设置权、课程设置权、招生自主权、学费标准设定权、经费使用权、校长任免权、教授聘任权。②

韩国的法律法规中都有对职业院校办学自主权的说明，以法律的形式保障职业院校的自主发展。例如，《产业教育振兴法》(1963年)、《科学教育法》(1967年)、《科学教育振兴法》(1969年)、《职业训练法》(1969年)等法律法规不仅明确了中央政府和地方政府在职业教育发展中的责任，而且在职业教育的法人地位、办学条件、经费投入和专业设置、教师权益等方面都做了具体的说明。但是，这些法律法规也对职业院校的自主办学权做了限定，要求必须在政府的法律法规允许的范围内展开，并接受政府及其职能部门的指导。

在日本，政府不仅在相关的职业教育法律法规中规定了职业院校的办学自主权，而且在诸多文件和报告中也专门提出了职业院校所拥有的办学自主权。例如，1963年，日本文部省出台了关于改善大学教育的教育咨询报告，该报告提出：“大学的管理运营离开大学自治就无从谈起，而大学自治离开学问研究自由也无法考虑。但是，以学问研究的自由与进步为核心的大学自治不能被视为一成不变的，应该在保持其本质与传统的同时，适应迅速变化的大学内外环境，使其作为一种有效的、富有弹性与活力的制度得到现实的发展。”③在这一思想指导下，日本的职业院校在办学自主权问题上拥有了更多的民主性和自由。概言之，日本职业院校办学自主权的内容包括学科和专业设置权、课程设置权、招生权、学费标准设定权、经费使用权、校长

---

① BMBF. Germany's Vocational Education at a Glance[R]. Berlin: Federal Ministry of Education and Research, 2003.

② 马陆亭.高等学校的分层与管理[M].广州：广东教育出版社，2004:211-215.

③ 蒋后强.高等学校自主权研究[D].重庆：西南大学，2006.

任免权以及由教授会决定聘任教师等方面，但是所有这些办学自主权必须在文部省备案，由文部省认可后才能实行。

（四）引导行业企业参与职业教育质量监督

美国综合中学和社区学院在办学过程中十分注重与企业建立合作关系，也称为“合作教育”。合作教育是把课堂学习与相关领域中生产性的工作经验学习结合起来的一种结构性教育策略，学生工作的领域是与其学业或职业目标相关的。合作教育通过把理论与实践结合起来提供渐进的经验。合作教育是学生、教育机构和雇主间的一种伙伴关系，参与的各方有自己特定的责任。[①] 由于美国联邦政府的重视与支持，企业界和职业院校也充分认识到，只有推进和深化合作教育，双方才能达到“共赢”的效果。对于企业来说，参与合作教育不仅能够享受政府在税收、补贴和专项基金等方面的多项优惠，而且能够培养一支高素质的员工队伍，这对于企业保持竞争力具有重要意义。[②] 对于职业院校来说，参与合作教育不但可以获得资金、技术支持、实践实训场所、实训设备，而且可以掌握最新的劳动力市场信息，以及时更新教学内容。不仅如此，企业在合作教育中还承担了评价与考核的责任。合作教育关系到职业院校和企业双方的利益，因此合作过程所涉及的课题研究、科研成果转化、资金运作以及人才质量标准等事宜都需要校企双方共同参与，并从专业能力、方法能力和社会能力等多方面评价和考核学生的能力水平。

德国企业在国际竞争中获得的优势地位是与“双元制”职业教育培养的高素质技能型人才密切相关的。在《职业教育法》和《职业教育条例》等法律法规的严格规范下，德国形成了全国统一的“双元制”职业教育检查监督和质量评价规则，其评价机构是政府部门、行业协会和职业院校，它们有力地保障了职业教育教学质量。德国行业协会是在州层面组建的，是由行业代表组成的社会机构，并且受州政府及其职能部门的指导和监督。行业协会

---

① 徐平.美国合作教育的基本模式[J].外国教育研究，2003(8)：1-4.

② 胡海清.经济利益、价值恰当与企业参与——我国产学合作培养人才政策的制度分析[D].武汉：华中科技大学，2012.

的主要任务是提供职业教育咨询服务、监督企业参与职业教育运行、沟通企业和职业院校人才培养、协调政企校各方利益、确定企业及其负责人的职业教育资格、组建职业教育考试委员会以及实施职业教育质量评价等。“双元制”职业教育要对学习者进行中期考试和结业考试,行业协会在这两次考试中负责学习者专业能力的考核与评价,并且只有通过中期考试的学习者才有资格进行结业考试,两类考试都是按照全国统一的时间和标准进行的。这种考评分离的考核办法和严格统一的管理机制,有效地保障了德国职业教育的教学质量。

韩国政府注重充分运用行政立法和财政资助的手段推行职业教育政策,在职业教育质量监管方面亦是如此。韩国政府在1963年颁布的《产业教育振兴法》中明确规定,要形成职业教育质量评价由经济界、产业界专家共同参与的机制,并使之制度化。韩国政府于1973年颁布的《国家技术资格法》为职业教育资格鉴定提供了具体指导;1974年又出台了《关于实施〈国家技术资格法〉的细则》,该法案规定韩国的职业高中、初级大学和专科大学等职业院校毕业生有义务参加国家技术资格鉴定考试。[①] 由于该法案强调严格执行技术资格考核标准,因此合格率非常低。正因为如此,对于获得国家技术资格证书的劳动者,政府也给予了较高的经济和社会待遇,如在就业、海外进修、资金、服兵役等方面给予优先照顾,最高档次技术人才也能够获得与高级职称同样的待遇。[②] 1996年,韩国政府在《职业教育和培训促进法》中强调,政府应建立对职业院校进行全面技能评估的方案,并且对职业院校的办学条件、师资力量以及质量效益等方面进行定期或不定期的监督评估。[③] 这一法案进一步促进了韩国学校职业教育和企业职业培训中人才培养质量的提高。总之,韩国政府通过立法强化职业教育的质量监控,以职业资格为标准、以优厚的待遇为导向,将人才培养质量与技术资格鉴定紧密联系,对增强职业教育吸引力、提高人才培养质量起到很大的促进和引导作用。

---

① 谢作栩.韩国高等教育大众化的发展历程与特征[J].外国教育研究,2002(1):6-9.

② 马早明.亚洲“四小龙”职业技术教育研究[M].福州:福建教育出版社,1998:109.

③ 高月春.韩国职业教育的经验及其启示[J].国家教育行政学院学报,2007(11):82-85+53.

日本政府对职业教育的质量监管主要是以立法和搭建平台的方式来展开的，并以此来明确各方的监管责任。一方面，日本政府在法律法规中规定了国家、都道府县、企业雇主以及私人办学主体等单位和个人在职业训练和技能鉴定中的责任，确立了学校职业教育、企业职业教育和公共职业训练等职业教育机构的分工。例如，日本政府在1995年颁布的《科学技术基本法》中赋予了中央和地方政府振兴科技的权利和义务，明确了职业教育和产业界合作的必要性及各方的职责；2000年，日本政府又出台《产业技术力强化法》，明确了中央、地方政府、职业院校和企业等各方在产学合作、产业振兴中的责任。另一方面，日本政府成立了临教审、职业教育改革委员会和经营者团体联盟等合作基础平台，以保证校企之间的沟通与协调。毋庸置疑，日本政府通过立法和搭建合作平台的方式，对职业教育情况进行整理分析，提出教学计划以及建立督导机制等，有效避免了企业界、私人办学主体以及社会公共机构参与职业教育办学的盲目性和投机性，并且这些机构在职业教育质量监督上发挥了重要作用。

（五）引导社会力量投入职业教育

美国社区学院的经费来源中除了各级政府的财政投入之外，还主要包括学费、基金会投入、私人捐赠、企业资助和其他收入等。据有关资料分析，在2004～2005年美国公立社区学院的各项经费来源中，联邦政府拨款约占5%，州政府拨款占60%，当地政府拨款占11%，学费收入占15%，其他收入占9%。联邦、州和地方三级政府的拨款占到了社区学院经费来源的76%。[①] 而同时期在美国私立社区学院的各项经费来源中，各级政府拨款占29.42%，学费收入占29.48%，私人捐赠占11.59%，其他收入占29.23%。[②] 从上述数据可以发现，美国公立社区学院的经费结构以政府投入为主，而私立社区学院的经费结构则以社会投入为主，二者共同构成了美国社区学院经费结构的多渠道、多元主体的特点。但是，根据美国教育部官方网站公布

---

① COHEN A M, BRAWER F B, The American Community College[M]. San Francisco: Jossey-Bass Publishers, 2005, 97-99.

② 靳希斌，刘林，魏真.民办高校发展与策略研究[M].石家庄：河北教育出版社，2010：177.

的数据也可以发现，自 1990 年以来，美国全部高等教育机构来自联邦、州和地方政府的经费占总经费的收入比重逐渐下降，而来自学费、私人捐赠、企业以及非营利组织的投入比重则相应地增加。[①] 这与美国高等教育经费筹措的市场化改革和高等教育私有化的趋势是一致的，同时也意味着社会力量在职业教育发展中发挥越来越重要的作用。美国政府近年来十分注重与企业、非营利组织建立战略合作伙伴关系，特别是在教育领域积极推行政府购买服务。例如，在美国慈善和志愿组织的收入中，有 31%的收入来自政府基金或政府购买服务，而这些收入中有 1/3 来自政府购买的教育服务项目。[②]

在德国的职业教育体系中，从高中阶段起主要采取“双元制”职业教育模式。2012 年，根据德国联邦职业教育研究所、联邦统计局和联邦劳动署的统计，德国第二阶段（即高中阶段）各类学校（包括主体中学、实科中学和完全中学）总的毕业生中，约 65% 的年轻人选择接受“双元制”职业教育（REQ）。根据《职业教育法》的规定，接受“双元制”的学习者 2/3 的时间在企业实践实训，1/3 的时间在职业学校学习专业基础理论和普通文化知识，企业承担约 2/3 的职业教育经费，国家承担剩余约 1/3 的职业教育经费。与此同时，企业作为“双元制”职业教育体系的主要学习地点，必须按照德国联邦《职业教育法》的规定，与接受“双元制”职业教育的青年人签订公法范畴的职业教育合同，并根据《职业教育条例》规定的全国统一的资格标准及相关教学内容，进行基于工作（工作岗位、工作过程）的学习，培养学生的职业能力。[③] 由此可见，企业不仅为职业教育提供训练场所、设备和实训教师，而且承担了大部分职业教育经费，在职业教育办学中发挥了重要作用。在德国政府一系列法律法规的规范下，企业参与职业教育办学，确保了受教育者拥有良好的技能水平，促使职业教育培养的专业技术人才与社会经济发展的需要相匹配，也有效地保障了德国经济的发展。

---

① Clarification Regarding Self-Employment in the Context of “Employment” for VET TEC Training Programs[EB/OL].(2021-5-24)[2021-10-12]. https://www.federalregister.gov/documents/2021/05/24/2021-10693/clarification-regarding-self-employment-in-the-context-of-employment-for-vet-tec-training-programs.

② 丁元竹，丁潇潇.国际视野中的基本公共服务提供模式[J].公共管理与政策评论，2013，2(1)：7-22.

③ 姜大源.德国“双元制”职业教育再解读[J].中国职业技术教育，2013(33)：5-14.

韩国的职业教育分为国立、公立和私立三种类别，其中私立职业教育占据了很大的比重，尤其是私立高等职业院校占据了近90%的比例。[①] 韩国私立职业教育的主要办学主体是企业，企业兴办或资助职业教育主要基于以下考量。一方面，韩国产业升级的推动。随着韩国产业结构由劳动密集型向知识技术密集型转化，知识技术成为产业发展的核心要素，在企业面临更高、更强的技术竞争的情况下，企业对高科技人才的依赖程度越来越高，对在职职工的技能要求也随之提高。另一方面，韩国的国立、公立职业院校培养的人才与企业需要之间的错位。虽然这些国立、公立职业院校也努力使其培养的人才能够与市场需求相契合，但是人才质量和规格与企业的需求之间仍然存在一定的差距。因此，在法律的规制和政策优惠的鼓励下，韩国企业出于自身利益和经济实力的考量，逐渐加强与职业院校之间的合作，并主要以资助、收购和创办的方式参与职业教育的发展，从而逐渐形成了私立职业教育占据较大比重的局面。

日本的职业教育系统中，中等职业教育的实施机构主要是职业高中和综合高中的职业科。职业高中的在校生人数约为高中总人数的20%，而综合高中的在校生人数占高中总人数的2%左右，并且这两类高中以公立办学为主。日本实施高等职业教育的机构主要是高等专门学校、短期大学、专修学校和各种学校四类，其中高等专门学校以公立办学为主，而其他三类则以私人办学为主(见表5-2)。

表5-2　2005～2015年日本高等学校数量(所)

学校类别	年份	总计	国立	公立	私立	私立所占比例
高等专门学校	2005	5418	15	4082	1321	24.3%
	2010	5116	15	3780	1321	25.8%
	2015	4939	15	3604	1320	26.7%
短期大学	2005	488	10	42	436	89.3%
	2010	395	—	26	369	93.4%
	2015	346	—	18	328	94.7%

① 余祖光.透视韩国职业教育与职业培训[J].中国职业技术教育，2003(5)：56-59.

续表

学校类别	年份	总计	国立	公立	私立	私立所占比例
专修学校	2005	3439	13	201	3225	93.7%
	2010	3311	10	203	3098	93.5%
	2015	3199	9	193	2997	93.6%
各种学校	2005	1830	—	16	1814	99.1%
	2010	1466	—	9	1457	99.3%
	2015	1227	—	6	1221	99.5%

资料来源:2005～2015年日本文部科学省学校基本调查年次统计(学校数)。

从表5-2中的数据可以看出,日本的高等专门学校以公立院校为主,其私立办学所占比例维持在25%左右;而短期大学、专修学校和各种学校则绝大部分是私立办学,其比例基本维持在90%以上。日本高等职业教育以私立为主的办学特点使其拥有很大的灵活性,能够及时调动民间教育资源,充分发挥市场的调节作用以及自觉适应经济社会的发展需要。

(六)积极协调政企校密切合作

美国政府不仅在财政资金和整体规划上管理职业教育的发展,而且在协调学校与企业界建立合作关系上也发挥了不可替代的作用。1994年,联邦政府颁布《从学校到工作机会法案》(School-to-Work Opportunities Act,STW)并逐渐演变为"STW运动",促成了企业雇主参与职业教育课程开发以及为学生提供职业训练的局面,根据1997年的调查数据,全国有39%的雇主参与了某种形式的工作本位学习。[①] 企业雇主参与职业教育办学的热情并没有随着"STW运动"的结束而降低,2001年联邦政府推行的"STC理念"继续强调职业教育与企业界的合作,并作为核心理念之一加以推广。正如美国研究机构所认为的:"新型的合作关系是一种劳动力发展战略,通过

① HUGHES K L. School-to-Work: Making a Difference in Education[R]. New York: Institute on Education and the Economy Teachers College, Columbia University, 2001.

协调整个企业的时间、内容和资源来为教育改革服务。”[①]2006 年，联邦政府颁布《卡尔·D.帕金斯生涯与技术教育法案》，该法案计划通过联邦的拨款资助，以帮助各州更加全面、充分地发展中等、中等后职业教育学生的学术能力和职业技能，其目标包括支持在中等学校、中等后教育机构、学士学位授予机构、地方性职业技术教育学校、当地劳动力投资议会、商界、工业界和中介机构之间建立合作关系。[②] 除了教育部门之外，劳动部还与教育部合作支持社区学院与产业界的合作，如 2009 年，《美国复苏与再投资法案》(American Recovery and Reinvestment Act)修正了 1974 年的贸易法案，授权了“贸易调整援助社区学院生涯培训”(Trade Adjustment Assistance Community College and Career Training，TAACCCT)资助项目。[③]

德国职业教育是典型的合作模式，其职业教育的发展主要是在政府、企业和学校的共同合作下形成的。这就决定了德国政府需要在整体上协调各方利益，深度干预校企合作。其一，联邦和州政府通过立法来规范政府、企业和学校的权利、责任和义务，并且通过投资、评估与引导的方法来促进各方合理分工，实现资源与功能的整合。例如，联邦政府于 2007 年重新修订的《职业教育法》明确了“职业教育的定义、内涵、适用范围，教育者和受教育者的权利及义务，国家机构和经济部门对职业教育的责任和功能”，并要求联邦各州利用新职教法中已经完善的各项条款来优化学校和企业在职业教育质量、数量和效率上的合作。[④] 其二，联邦和州政府开展多项科研项目，目的是探索和验证政、企、校有效合作的路径条件。例如，1999～2003 年联邦和各州教育计划及促进研究委员会开展的“职业教育学习地点合作”，它包含 28 个子项目，研究领域涵盖校企合作、企业合作、自主学习和虚拟学习等，目的是通过实施创新的内容、方法和方案深化学习地点合作，持续优化

---

① STONE J R，ALIAGA O A. Career and Technical Education，Career Pathways，and Work-Based Learning：Changes in Participation 1997-1999[R]. Columbus：National Dissemination Center for Career and Technical Education，The Ohio State University，2003.

② U.S. Department of Education. Carl D. Perkins Career and Technical Education Act of 2006[EB/OL]. (2006-8-12)[2022-3-10]. https://www.congress.gov/bill/109th-congress/senate-bill/250.

③ 汤霓，石伟平.新职业主义视角下美国社区学院产教合作模式研究[J].外国教育研究，2015，42(5)：58-68.

④ 姜大源.德国联邦职业教育法译者序[J].中国职业技术教育，2012(10)：71-88.

培养质量，提高企业职业教育参与度，完善校企合作的现代化进程。①

韩国职业教育领域的产学研合作主要是指企业、科研院所和职业院校之间的合作，通常以企业为技术需求方，与科研院所和职业院校之间展开合作，其实质是以人才、技术和效益为纽带，促进技术创新所需的各种生产要素的优化组合。随着韩国产学研合作的深入发展，其合作的主体、类型以及内容也在不断地丰富与完善，而不仅仅囿于共同培养人才、信息共享和设施设备等资源的共同利用。当前，韩国职业教育领域的产学研合作增加了政府、金融界、自治团体等利益相关主体，其合作类型也随着合作主体间需求的不同而生成双向或多向联合合作的模式，合作的内容则扩展到共同研发新技术、人力开发、技术转让、创业以及信息沟通等方面。韩国职业教育领域的产学研合作主体的多元化、合作类型的多变化以及合作内容的多样化，都是以企业、科研院所和职业院校三者为主体支撑的，其基本思想是加强以企业为主导的产学研合作，强调产学研合作中市场的主体作用。这种以企业为主导的产学研合作方式，主要以企业的规模和效益来判断合作的模式。对于大型企业，职业院校要结合企业的具体需要制定人才培养方向，而对于中小型企业则予以技术支援和人才支持，使产学研合作朝着共赢的方向发展。总之，以企业为主导的产学研合作更好地发挥了市场在职业教育发展中的重要作用，进而促使职业教育发展与市场需求相契合，有效地促进了韩国经济社会的发展。

日本的产学合作是较为成功的典范。日本企业界与职业学校之间的合作为其经济社会发展培养了大批合格的劳动者，也助推了职业教育的社会效益的提升。产学合作的方式主要是学习者到企业实训实践、顶岗实习，而企业则为学校提供设备、资金和派出技术教师授课等。日本的产学合作教育体制是在政府立法的推动下逐渐完善的，同时也受益于企业参与合作的积极性和责任感。日本政府设立了学术振兴资金、科研费补助金等，对产学合作项目给予一定的资助，学校可接受企业的委托或与企业一起从事相应项目研究工作，并快速、便捷地将科研成果转化为生产力。② 进入 21 世纪以

① 江奇.德国职业教育校企合作机制研究[D].西安:陕西师范大学,2014.

② 桑凤平.日本职业教育促进产业发展的经验及其借鉴[J].教育研究,2012,33(6):150-154.

来，企业参与校企合作的积极性不断增高，其合作比率与企业规模成正比。日本经济产业研究所 2005 年的调查数据显示："2000 人以上的企业参与校企合作的比例一度达到 81.9%，而且企业参与的意愿也明显增强。"[①]

总之，由于各国间政治制度、经济体制和历史文化观念的不同，国外行业企业参与校企合作的动机、广度、深度和持续性都呈现出显著的差异。国外校企合作可分为两种模式：一是以企业为主导，此种模式以美国、韩国、日本为代表；二是以行业为主导，此种模式以德国为代表。无论是出于追求利润的动机，还是其社会责任感的体现，国外行业企业主动参与校企合作的做法对我国职业教育治理来说都是值得借鉴的。

（七）立法规定企业内职业培训

美国和德国政府并没有出台专门的职业培训法律法规，在相关的职业教育法律法规中也未对企业内职业培训做出具体说明，而只是在相关的职业教育法律法规中规定了企业参与职业教育的责任和义务，因而这里仅就韩国和日本的企业内职业培训加以描述。

韩国政府特别重视企业内职业培训，这是除学校职业教育以外的又一重要的职业教育类型。企业内职业培训的对象主要包括领导人员、管理人员、新工人以及技术人员等，其培训内容主要包括技术技能培训、职业道德教育、职业生涯规划、战略经营以及提高办事能力的教育等，其目的是提高在职职工的技术能力和职业素养，以及提升企业的经济效益和社会效益。韩国政府以立法的形式明确规定了企业参与职业教育和进行在职职工培训的责任。例如，《职业培训措施法》（1974 年）、《职业培训资金法》（1976 年）和《职业训练基本法》（1976 年）等法律法规，不仅规定了企业的职业培训责任，而且对职业培训的税金、培训基金都做出了具体的规定。企业内职业培训属于市场主体行为，并不属于政府的责任，但是，韩国政府以立法的方式规定企业内职业培训的行为，这属于政府主导型市场经济的特点，同时也是政府引导社会力量参与职业教育的具体体现。

---

① 日本经济产业研究所.创新体系的产学合作调查报告(2005)[EB/OL].(2010-12-9)[2022-3-10].http://www.rieti.go.jp/cn/projects/2005/index.html.

日本的企业内职业培训主要源于企业实行终身雇佣制，几乎所有的大型企业都自行制定本企业内员工的职业教育和培训，而企业员工也逐渐将企业视为家族般的“命运共同体”，自觉接受企业内的职业教育和培训。当前，企业内的职业教育和培训已经成为各企业自身发展的一部分，成为助推日本经济发展的强大动力，甚至有研究者认为日本的经济奇迹主要靠的是企业职业培训，而不是公办职业教育。[①] 与韩国政府一样，日本政府也以立法的形式明确规定了企业参与职业教育和进行在职职工培训的责任。日本公共职业训练是由劳动省主管、都道府县或雇佣促进事业团开办的一种社会办学的职业教育，旨在对谋职人员或转岗人员进行各种技能的基础训练。[②] 虽然公共职业训练由政府部门主导，但是企业、企业联盟、工会、非营利组织以及委托培养机构等都参与其中。换句话说，公共职业训练并不是完全由政府承担的社会福利项目，而是引入了企业和非营利组织的多元合作供给的职业教育类型，即形成了所谓的“准市场机制”。所谓“准市场”（Quasi-markets），是指介于官僚制和传统市场之间的一种中间体形式。当公共部门放弃对生产服务的垄断和等级制方式而将自己的服务生产开放给其他生产者时，就形成了准市场。[③] 因为准市场首先是市场，所以此处的公共职业训练也可以理解为日本政府引导市场力量参与职业教育治理的行为。

三、美、德、韩、日四国职业教育治理的制度经验

任何国家的职业教育改革与发展都是与其政治制度、经济发展水平、历史文化传统以及所选择的教育保障体系密切相关的，而且各个国家都会根据具体国情和社会经济发展的需要来选择适合本国国情的合理的职业教育治理方式，并根据社会发展的现实需要而不断予以调整。尽管如此，各国职业教育治理仍有规律可以探寻，有经验可以总结，有特色可资借鉴。事实

① 雷·马歇尔，马克·塔克.教育与国家财富：思考生存[M].顾建新，赵友华，译.北京：教育科学出版社，2003：252.

② 石伟平.比较职业技术教育[M].上海：华东师范大学出版社，2001：170.

③ KAHKONEN L. Quasi-Markets, Competition and Market Failures in Local Government Services[J]. Kommunal Ekonomi Och Politik, 2004, 8(3): 31-47.

上，即使是市场化程度最高的国家，在职业教育治理问题上，政府的力量依然是主导性的，只是政府管理的范围和重点存在差异而已。就历史形成的现状而言，可以将国外职业教育治理的制度经验概括为以下几个方面。

（一）政府主导是各国职业教育治理的共同特点

国外职业教育实践证明，虽然各国的政治制度、经济体制、历史文化影响以及所选择的教育保障体系存有差异，使得各国政府对“主导”的理解有所不同，而且“政府主导”的范围和内容也存在显著的差异，但是不同经济体制国家的政府在其职业教育治理过程中都承担了“主导”责任，这一点是相同的。事实上，在市场参与程度较高的国家中，其职业教育治理也有着鲜明的“政府主导”色彩。与计划经济体制国家的全能政府不同，市场经济体制国家的政府在“主导”职业教育治理过程中，更多地采用在法律法规等宏观制约下的“放权式”管理模式，即政府部门制定标准和强化监督权力，而很少介入具体的职业教育办学活动。以美国为例，联邦政府于 2001 年颁布的《“不让一个孩子落后”法案》中，“第一条款”就明确强调了联邦政府的作用，并规定凡是接受联邦资助的州，必须接受联邦政府的评估。在该法案的推动下，美国联邦政府对国家教育的参与达到了空前的高度。正如戴维·康利（David T. Conley）在论述美国管理体制变革历程时所总结的那样：“种种迹象表明联邦政府将通过对州和地方学区的各种调节手段，在教育政策和教育事务中发挥更大的影响力。自 1978 年至今，在所有的教育管理领域中，联邦政府都被赋予了明确的角色。由此，联邦政府在教育领域的影响力和权威性也进一步扩大。”[①]

当今世界发达国家和许多发展中国家都把改革与发展教育、解决教育领域中的问题和推动教育的创新等作为国家最重要的发展目标之一，各国政府则将其作为施政纲领的主要议题。[②] 这种不约而同的普遍现象反映了各国政府与职业教育之间的密切关系：职业教育的改革与发展既离不开政

① 戴维·T.康利.谁在管理我们的学校——变化中的角色和责任[M].侯定凯，译.上海：华东师范大学出版社，2011：30.

② 魏志春.新阶段政府教育管理职能应如何转变[J].人民教育，2009(23)：6-9.

府的资源投入,也无法摆脱政府的主导和控制。或者说,任何国家的政府为了国家的安全和自身利益的实现,都不会也不愿放弃对职业教育的干预和控制。这和艾略特(Thomas S. Eliot)所说的“战争的意义太重大了,不能完全交给将军们决定”[①]一样,职业教育对世界各国来说太重要了,政府也不能轻易地将其交给市场决定。

国外政府主导职业教育治理的鲜明表现就是明确职业教育的公益性。政府对职业教育公益性的认识,从理论上看就是政府赋予职业教育何种产品属性,并由此决定政府在职业教育治理中所扮演的角色。经济学理论认为,市场是社会资源配置的最佳方式。但是职业教育所具有的外部性、公益性和准公共产品属性,使得市场无法有效供给和配置职业教育资源。为此,外国政府都将职业教育作为公共事业或公益事业予以明确,即都由政府承担发展职业教育事业的主导责任。一言以蔽之,各国政府对职业教育产品属性的认识以及由此认识所产生的积极干预,正是政府主导职业教育治理的重要表现。

(二)完善的法律法规体系是职业教育治理的根本保障

市场经济体制国家的职业教育发展的特点之一,就是逐步建立了较为完善的职业教育法律法规体系。可以说,国外职业教育的法治化过程,就是一部完整的职业教育发展史。每逢职业教育发展的关键时刻,外国政府通常都要通过法律予以规范和指导。美国、德国属于联邦制国家,联邦政府和州政府都有立法权,联邦政府制定职业教育基本法,各州根据自身特点制定符合本地职业教育发展需要的法律。韩国和日本作为亚洲资本主义国家,政府出台的《私立教育法》是其独特之处。为私立教育立法,本身就具有政府主导的意义,这是与韩、日两国政府主导的市场经济体制相一致的。为职业教育立法并不是韩国和日本的特色,事实上,世界各国的职业教育都是在法律法规的规范和指导下逐步发展的,但是韩国和日本的职业教育立法的连续性和为私立学校立法是其独特之处。具体而言,国外职业教育治理的

① 约翰·S. 布鲁贝克.高等教育哲学[M].王承绪,郑继伟,张维平,译.杭州:浙江教育出版社,2002:32-33.

立法经验主要有三。

其一,政府及时制定和修订与社会经济发展相适应的职业教育法律法规。这些国家的政府都在职业教育发展的关键阶段及时调整职业教育法律法规和政策,较好地满足了社会经济发展和个体发展的需要。以韩国和日本为例,两国职业教育法律的完备性和针对性都走在了世界的前列。两国私立职业院校之多,在世界各国是不多见的,在发达工业国家中也没有一个国家可与之相比。韩国政府于 1963 年颁布的《私立学校法》是政府对私立学校加强统管的划时代的转变,该法阐明了私立学校的特殊性,以保障其自主性和公共性,并由监督厅行使具体的监管权。1990 年,韩国政府对《私立学校法》进行了第 4 次修订,使政府更加明确对私立职业院校的发展责任,政府对私立学校的政策转变为统管与扶植相结合,并成立"私学振兴财团""私学振兴基金会"以改善和保障私立学校的运行。日本政府于 1949 年颁布的《私立学校法》对私立教育的行政管理做了详细规定,明确了文部大臣和都道府县知事的管理责任。1975 年,日本政府颁布实施了《私立学校振兴助成法》,使政府对私立学校的资助有了法律保障。[①] 总之,韩国和日本的私立职业院校都是在两国政府制定的法律的规范和指导下逐步发展起来的,尤其是两国的私立高等职业院校在促进高等教育多样化发展上发挥了不可替代的作用。

其二,注重职业教育法律法规的可操作性。美国和德国的联邦及各州政府的职业教育相关法律法规的特色之一就是广泛且便于执行,韩国和日本政府也以立法的方式对职业教育的具体运行予以规定和指导。这些国家的政府不仅对职业院校的兴办、财政资助、企业的责任以及质量监督与评估等方面提出了具体的行为准则,而且对所涉及的相关主体的权利、责任和利益都予以规定,体现出明确、具体和可操作性等特点。例如,韩国政府颁布的《职业培训措施法》《职业培训基金法》《职业教育和培训促进法》以及日本政府颁布的《职业训练法》等,都具体指出了行业企业在职业教育和培训中应该承担的责任及应该受到的奖惩,为行业企业参与提供了可操作性的规定。

---

① 谢安邦,曲艺.外国私立教育[M].北京:中国社会科学出版社,2003:11-48.

其三，重视以立法保障职业教育经费投入。美、德、韩、日四国政府不仅通过职业教育法律法规明确了政府投入职业教育的责任，而且通过税收、法律、财政支持等政策优惠吸引企业、社会公众积极投入职业教育，形成了多元主体分担职业教育办学经费的局面。政府的政策倾斜，不仅改善了职业教育的办学条件，也在一定程度上提高了职业教育人才培养的质量。例如，美国政府从《莫雷尔法案》开始，在每次立法中都强调政府给予职业教育财政支持，并逐步增强资助的力度，扩大资助的范围。

（三）行业企业积极参与是职业教育治理的根本动力

市场经济体制国家的职业教育的发展都是在政府及其职能部门的干预下运行的，其校企合作平台搭建、教育经费投入和监督评价等具体实践都通过法律法规予以规定。这种政府干预的方式有利于整合社会资源，对劳动力市场需求快速反应，从而形成互利共赢的局面。具体而言，政府鼓励和支持行业企业参与职业教育办学的经验主要有二。

其一，鼓励和支持企业作为最重要的市场主体，为职业教育发展提供资金、设备、实践实训场所以及师资力量等办学要素，有效地助推了职业教育社会效益和经济效益的实现，达到了互利共赢的效果。政府鼓励企业参与职业教育的人才培养，并对参与校企合作的企业给予减免税收等优惠政策。在此过程中，政府将市场主体和人才培养的各个环节有机联结，使企业和学校优势互补，各取所需。校企合作不仅提升了职业院校的人才培养质量，而且有利于企业科学和技术成果的转化以及经济利益的实现。

其二，鼓励和支持行业协会在职业教育的办学和质量监督上发挥重要作用。在政府及其职能部门的指导下，这些国家的行业协会作为第三方机构，在职业教育运行中发挥了咨询、监督、协调、评价等功能，形成了管办评分离的职业教育治理结构，间接地提高了政府干预职业教育发展的效率。这对于我国政府支持行业协会和教育中介组织在职业教育治理中充分发挥作用具有一定的借鉴意义。

第六章　职业教育治理的制度创新原则

第五章考察了国外部分国家职业教育治理的制度安排情况，其职业教育治理过程中的正式制度规范和非正式制度引导的做法，能够为我国职业教育治理的制度创新提供可资借鉴的经验。然而，我国政府在职业教育治理中更好地承担主导责任，真正提升职业教育治理效能，就必须遵循一定的原则或准则。本书认为，政府作为职业教育治理的主导者，应在职业教育改革和发展过程中遵循公平与效率辩证统一原则和个体价值与社会价值辩证统一原则。

一、公平与效率的辩证统一

公平与效率是人类社会的两个最基本价值，如何使公平与效率得到均衡发展，促进社会的和谐与稳定，是社会主义的本质要求。对于职业教育治理而言，其在制度设计上如何处理公平与效率问题直接关系到它的治理成效。政府干预下的公平与效率不同于市场经济中的公平与效率。市场经济中的公平主要是指保障效率高的市场活动主体获得更多的利益；效率主要是指市场配置资源的效率，通常指资源投入和产出的比率。政府干预下的公平主要是指维持公平的市场环境，包括机会公平和结果公平。其中，机会公平主要是指政府应保障市场主体获得同等的市场准入条件，保证参与社会活动中的机会均等；结果公平则主要是指政府通过公权力的运用，通过财政投入、转移支付和专项经费拨款等形式对弱势群体予以补偿,并运用社会保障、社会救济等手段避免社会收入的两极分化。政府干预下的效率主要是指保证市场机制在有效运转中的作用,即保证在有限的资源条件下,以最少的资源成本,通过优化资源配置来创造最大利益。

在理解政府干预下的公平与效率的基础上,我们还需要明确职业教育公平与职业教育效率的含义。有研究者指出,职业教育公平是指所有人接受职业教育的权利和机会的基本平等与对个体发展差异性的尊重,职业教育与普通教育具有同等的发展机会、获得同等的待遇和社会认可。① 这是将职业教育置于整个教育体系中而推导出的结论,即“职业教育公平”与“职业教育机会均等”可视为互换使用的概念。然而,职业教育公平又区别于职业教育平等、职业教育机会均等。职业教育公平的外延显然要比职业教育平等和职业教育机会均等宽泛得多。正如研究者所指出的,在观念层面上,教育公平是教育的质的规定性,表达的是教育对其内在的公平、正义的价值追求;在实体层面上,教育公平是对教育机会与教育资源的平等分配,它可以通过可测度的量化指标体系加以反映。② 另外,职业教育效率是指教育资源的有效配置,其直接表现就是教育资源投入与产出的比率,最终结果是教育质量的提高,也可以理解为职业教育对个体和社会发展的高贡献率。它要说明和揭示的是在职业教育资源总量给定的情况下,如何使职业教育的收益最大化的问题,所要考虑和分析的是职业教育资源配置如何有效实施的问题。

严格地说,职业教育公平与职业教育效率是两个不同的问题,两者大致是相互独立的,因为包括职业教育在内的所有教育类型的公平都是从社会正义、平等、自由、人权的价值中衍生而来的。正如论者所提出的:“教育公平是一个独立的社会发展目标。”③然而,职业教育公平与职业教育效率又是两个密切联系的概念,因为在职业教育资源配置、职业教育政策和发展战略制定过程中,两者不可避免地会产生冲突和争执。究其冲突和争执的原因

---

① 李延平.论职业教育公平[J].教育研究,2009,30(11):16-19.

② 张胜军.政府教育责任的有限性及其边界[J].教育学术月刊,2012(8):16-19+48.

③ 杨东平.教育公平是一个独立的发展目标——辨析教育的公平与效率[J].教育研究,2004(7):26-31.

就在于不同国家或同一国家的不同发展阶段对公平与效率的价值追求不同所产生的差异。对于职业教育资源配置而言,必须将职业教育公平与职业教育效率共同作为衡量资源配置高效与否的评判标准。如果不能厘清职业教育公平与职业教育效率的关系,就会导致二者的分离,从而无法真正评判社会资源在职业教育领域配置的效果。

在经济学界,对于公平和效率的关系的认识,有三种比较有代表性的观点。一是"对立说"。该观点认为,公平与效率之间是一种此消彼长的替代关系或排除关系,追求公平就会降低效率,追求效率就会损害公平,即所谓的"效率优先"或"公平优先"。持这一观点的代表是美国经济学家奥肯(A. M. Okun)。他认为公平与效率之间的冲突是无法避免的,公平与效率双方都有价值,而且其中一方对另一方没有绝对优先权,因而在它们冲突的方面,就应该达成妥协,这时为了效率就要牺牲某些公平,并且为了公平就要牺牲某些效率。① 二是"统一说"。该观点认为,公平与效率之间并不存在必然的矛盾,本质上是统一的,二者互为目的、相互促进,即所谓的"效率优先,兼顾公平"或"公平优先,兼顾效率"。虽然公平和效率是统一的,但是在经济领域面临无法化解的难题时,就要根据实际情况权衡利弊,选择"效率优先,兼顾公平"或"公平优先,兼顾效率",以满足社会经济发展的需要。三是"辩证统一说"。该观点是上述两种观点的融合,认为公平与效率之间既有矛盾冲突,又相互统一,二者之间的矛盾可以协调,但二者不可以相互替代。公平与效率是矛盾的统一体,公平能够促进效率的提高,而效率为公平的实现提供了物质基础,二者互为目的,在本质上是辩证统一的关系。"现实中的这对概念,既有矛盾的一面,也有统一的一面。应当更加重视其统一的方面,力求缓和矛盾,加强统一。"②

上述三种观点从不同方面论述了公平与效率的关系,并且每一种观点对实践都有一定的指导意义。但是,"对立说"和"统一说"也有着不容忽视的理论缺陷:其一,"对立说"割裂了公平与效率之间的关系,把效率理解为经济效率,而把公平理解为社会公平,并由此认为公平与效率的关系是鱼和

① 奥肯.平等与效率——重大抉择[M].王奔洲,等译.北京:华夏出版社,1999:80.

② 潘懋元.公平与效率:高等教育决策的依据[J].北京大学教育评论,2003(1):54-57.

熊掌不可兼得的关系。按照这一观点，一旦以社会公平为发展目标，就只能以损害经济效率为代价，反之亦然。其二，“统一说”只看到了公平与效率统一的一面，相对忽略了二者矛盾的一面。如果以经济效率为发展目标，在政策和实践上就会选择“效率优先，兼顾公平”的价值取向；相反，如果以社会公平为发展目标，在政策和实践上就会选择“公平优先，兼顾效率”的价值取向。改革开放之后的一段时期，我国政府曾将“效率优先，兼顾公平”作为经济领域的收入分配原则，这在特定历史时期发挥的积极意义不言而喻。但是，这种指导性分配原则也割裂了公平与效率的关系，颠倒了手段与目的的关系，不能真正地推动经济效率的提高。与此同时，“公平优先，兼顾效率”在本质上是低水平的公平，因为这种公平优先的价值取向和以公平促进效率的认识逻辑，看似实现了社会公平，实则在一定程度上造成了公平与效率的矛盾和对立，往往导致社会发展的低效率。

马克思明确指出：“辩证法在对现存事物的肯定的理解中同时包含对现存事物的否定的理解，即对现存事物的必然灭亡的理解。”[①]运用辩证法的思维方式，只有从统一中去把握对立，从对立中理解统一，把对立和统一内在地统一起来，才能真正理解公平与效率的关系。“对立说”只看到了公平与效率之间相互对立、相互反对的关系，而“统一说”只看到了公平与效率之间相互依赖、相互联结的关系。事实上，仅仅承认对立关系和统一关系，还不能真正把握矛盾，只有把这两种关系内在地统一在一起时，才能形成对矛盾的认识。[②] 因此，在哲学层面，对公平与效率的关系应该从辩证统一的角度去理解。“没有公平的效率（质量）是不道德的，没有效率的公平是低水平的。现代社会所追求的是有效率的公平和有公平的效率，即公平与效率的统一。”[③]

政府赋予职业教育何种产品属性，相应地反映了它所追求的公平与效率的价值取向。“政府干预经济的目标是多重的，但种种目标都可以归纳到公平与效率上来，因为公平是社会稳定的条件，效率是社会财富增长的途

① 马克思恩格斯选集（第2卷）[M].北京：人民出版社，1995：112.

② 高清海.马克思主义哲学基础：上[M].北京：北京师范大学出版社，2012：292.

③ 褚宏启.教育公平与教育效率：教育改革与发展的双重目标[J].教育研究，2008(6)：7-13.

径，无论从政治原则还是从经济原则来看，公平与效率都是政府干预的目标。”[①]对于政府干预职业教育的目标来说，也是如此。朝鲜和古巴是实行计划经济体制的国家，由此决定了两国职业教育的人、财、物等各方面资源都依赖政府的调配，职业教育作为政府的“附属物”，如同国防一样被视为公共产品。朝鲜和古巴在职业教育实践中强调公平优先的价值取向，追求结果公平，选择以公平促进效率。这种价值取向在一定程度上促进了社会公平和社会的政治稳定，但是也造成了公平与效率的矛盾和对立，进而导致了经济社会发展的低效率。政府完全提供职业教育产品或服务一般是以较高的社会经济水平为基础的。如果没有该基础作为保障，在政府财政捉襟见肘或社会经济发展水平相对较低的情况下，即使由政府完全提供职业教育产品或服务，其教育质量也是值得怀疑的。正如研究者所指出的：“国家与社会之间缺乏明确的边界，其结果往往导致‘国家社会化’，即产生一个寄生于国家内部的私性社会，公器私用，公共权力被用于追逐私利，却不能为社会提供充分的公共产品，最终必然沦落为一个外强中干的虚弱国家。”[②]因此，职业教育实践中公平优先的价值取向显示出强烈的理想主义色彩，并不能真正有力地促进经济的发展与社会的进步。

在实行资本主义市场经济的国家，美国选择效率优先、机会公平的价值取向。美国经济发展模式属于“盎格鲁—撒克逊模式”，又称“自由市场经济”。该模式的典型特征是社会历来反对政府以任何规划、计划的形式干预其经济活动，并且在促进经济发展上一直强调市场力量的作用，而政府的作用只是维持市场经济秩序、为市场经济的发展提供服务和保障。尽管美国政府历来强调自由、平等、民主、正义，但是其职业教育实践却是在效率优先、机会公平的价值取向之下展开的，即效率优先是美国政府发展职业教育的首要价值取向。

德国选择公平与效率均衡的价值取向。德国经济发展模式属于“莱茵模式”，也称“社会市场经济模式”。政府的作用既不像计划经济那样直接配置经济资源，也不像凯恩斯主义那样运用政策干预具体的经济活动，而是运

① 邓欣，潘祥改.论政府干预目标：效率与公平[J].武汉大学学报(哲学社会科学版)，1994(2)：41-45.

② 王焱.宪政主义与现代国家[M].北京：生活·读书·新知三联书店，2003：6.

用法律和政策维护市场经济运行所必需的秩序。因此，德国政府一方面通过干预来增进社会公平，另一方面要求凭借自由市场经济实现经济效率。这是对只注重效率的市场经济的一种修正，强调的是市场与政府的均衡调节，最终实现的是公平与效率的兼顾。同时，德国的传统文化强调个人自由与社会义务相结合、权力与责任相对等的原则，对此，德国社会学家马克斯·韦伯(Max Weber)在《新教伦理与资本主义精神》一书中就从宗教和文化价值观角度出发，探讨了宗教和文化对经济与社会行为的影响，并将个体服务社会的责任感或美德称为“天职”(Calling)。[①] 这种权责对等的原则必然会贯彻到政府对职业教育的管理之中，其结果非常有利于提高职业教育运行效率。这一点对我国职业教育的改革与发展具有较大的借鉴意义。

韩国、日本选择效率优先、兼顾公平的价值取向。韩国在 1962 年以后推行由政府主导的经济发展政策，取得了被称为“汉江奇迹”的经济成果。日本政府依据“市场失败论”和“高速公路理论”，认为日本经济作为市场经济，其发展需要政府干预。韩、日两国的经济发展模式属于政府主导型的市场经济，该模式强调政府调控职能和市场机制作用相结合，注重行业协会等中介组织在经济活动中的作用，充分运用政府影响下的行政指导手段来支持产业经济的发展。在教育为经济服务的指导思想下，韩、日政府选择了效率优先、兼顾公平的价值取向。两国的私立职业教育的比例非常高，其经费来源主要是学费和企业投入，财政投入的比例较低。在财政资源有限的情况下，政府的配置重点无疑投向了效率，以谋求职业教育外部效益的最大化。由此可见，两国职业教育的“公平成本”主要是通过市场机制实现的，即由私立职业院校收取的学费、企业资助等非公共性投入实现的。

总之，不同经济体制的国家，其政府在对待职业教育公平与效率的价值取向上存在一定的差异，这是由各个国家的具体国情决定的。易言之，一个国家的政治制度、经济体制和历史文化影响的差异，以及一定时期社会发展的需要，决定了该国家在职业教育发展过程中所追求的价值取向。

就我国当前职业教育资源配置而言，它应与其他社会经济领域一样，坚

---

① 马克斯·韦伯.新教伦理与资本主义精神[M].卡尔伯格，英译；苏国勋，覃方明，赵立玮，等译.北京：社会科学文献出版社，2010.

持公平与效率辩证统一的价值取向。在特定的社会发展条件下，我国政府对经济领域尤其是收入分配领域的公平与效率的战略选择有所不同，反映出不同的价值取向，而这种价值取向又逐渐泛化到教育领域，变成了各级各类教育改革的准则。纵观我国职业教育的发展历程可以发现，职业教育领域坚持的公平与效率的价值取向自始至终都与经济领域密切相关。我国职业教育发展中的公平与效率价值取向的演变大致可分为三个阶段。第一，从中华人民共和国成立之初到改革开放前的价值取向。虽然这一时期的职业教育还没有获得真正的发展，但是社会主义制度的建立决定了我国社会各领域都追求"公平优先"的价值取向，这一价值取向自然也泛化到职业教育领域。"公平优先"的价值取向在保障劳动人民公平地拥有受教育的权益、平等地接受职业教育等方面发挥了积极的作用。第二，从改革开放到21世纪初期的价值取向。在这一时期，经济体制改革所奉行的"效率优先，兼顾公平"的价值取向，也自然反映到了职业教育的制度设计上。根据这一价值取向，该时期的职业院校规模得到了跨越式发展，特别是高等职业院校数量逐渐达到了高等院校总数的一半，在促进高等教育大众化和满足人民群众接受高等教育的需要等方面发挥了重要作用。第三，党的十七大以来的价值取向。"初次分配和再分配都要处理好效率和公平的关系，再分配更加注重公平"，这是从实际出发对效率和公平关系认识的不断深化和完善，为我国未来社会各领域所要坚持的价值取向做了明确规定，并且这一价值取向也必然成为今后职业教育改革与发展的重要依据和准则。总之，我国经济领域尤其是分配领域的价值取向对职业教育领域的价值取向的影响是非常大的，甚至是决定性的。

然而，在讨论职业教育的公平与效率的关系时，不能简单地套用其他领域的公平与效率的关系理论。职业教育领域的公平与效率不同于经济领域的公平与效率，其区别就在于资源配置方式的不同。党的十八届三中全会提出："经济体制改革是全面深化改革的重点，核心问题是处理好政府和市场的关系，使市场在资源配置中起决定性作用和更好地发挥政府作用。"但是，我国职业教育属于公共事业和公益事业，其产品属性应定位为公共性程度较高的准公共产品，这就决定了职业教育的资源配置不是由市场起决定性作用,而是必须由政府发挥主导性作用。辩证统一地把握,实际上就是全面地把握,其实质就是共生论的把握。职业教育公平与职业教育效率之间显然不存在矛盾、冲突,不应有轻重之分,二者是同等重要的改革与发展目标,更多的职业教育公平能够促进更高的职业教育效率,二者是共生共存的关系。这一结论表明,政府和市场在职业教育资源的配置过程中,不能因为追求公平而压制效率,也不能因为追求效率而放弃公平。一言以蔽之,政府在处理职业教育公平与效率的关系问题上,应始终坚持辩证统一的观点。

二、个体价值与社会价值的辩证统一

价值是指客体所具有的促进主体生存和发展的属性和能力,是指客体对主体的生存和发展具有的正面意义和积极作用。① 价值来源于客体,取决于主体,产生于实践活动,因而价值只有在主体的需要中才得以体现,不能脱离主体而存在。易言之,价值取决于客体对于主体所具有的作用和意义。

"价值的作用和意义,自然也有积极与消极、肯定与否定、正与负的两种态势之分。"②也就是说,积极的、肯定的作用和意义是价值,消极的、否定的作用和意义也是价值,只不过是性质有所不同罢了。为了区别,人们一般把客体对主体的积极的、肯定的作用和意义称为正价值,简称"价值",把消极的、否定的作用和意义称为负价值,而介于正价值与负价值之间的价值称为零价值。因此,从正价值的意义上说,所谓价值,就是指客体对于主体所具有的积极的、肯定的作用和意义,它能满足主体的某种需要。③

由于职业教育是人类基于自身生存发展的需要而建构起来的,这种需要在本质上是一种社会性的需要。"我们的需要和享受是由社会产生的;因此,我们在衡量需要和享受时是以社会为尺度……"④"需要是同满足需要的手段一同发展的,并且是依靠这些手段发展的。"⑤由此决定了作为客体的职

① 中国社会科学院语言研究所词典编辑室.现代汉语词典[M].北京:商务印书馆,2005:343.

② 王永昌.论价值的含义、要素和生成的根据[J].学术月刊,1986(10):37-43.

③ 庞学光.一个理想的教育世界——学校教育哲学导论[M].天津:天津教育出版社,2011:44.

④ 马克思恩格斯文集(第1卷)[M].北京:人民出版社,2009:729.

⑤ 马克思恩格斯文集(第5卷)[M].北京:人民出版社,2009:585-586.

业教育在满足人的需要的价值关系中，既有个体性，又有社会性；既有个体需要的渗入，又有社会需要的渗入。就职业教育价值而言，它也可以相应地分为个体价值与社会价值。职业教育的个体价值是指职业教育满足劳动者的生存和发展的需要，促进劳动者素质的全面发展等方面的价值；职业教育的社会价值是指职业教育满足社会经济的繁荣和发展，推进社会政治的稳定和完善，促进社会文化的传承、传递和交流，并在一定程度上推动教育公平，助力社会层级流动等方面的价值。

在职业教育的价值取向问题上，曾存在个体本位价值观与社会本位价值观相互对立、相互冲突的现象。个体本位价值观主张从个体生存和发展需要的角度肯定职业教育的价值，认为授予个人谋生的知识和本领，促进个体的发展和完善是职业教育的理想目标。社会本位价值观认为，职业教育的发展应该以服务社会为导向，人的需要完全受制于社会的需要，衡量职业教育的成败得失，要以它是否满足社会的需要、促进社会的发展和维持社会的繁荣为尺度。[①]

改革开放以来，社会本位的职业教育价值观一直占据主流地位，而职业教育的个体价值却一直处于边缘地位或被替代位置。1985 年，《中共中央关于教育体制改革的决定》指出："教育必须为社会主义建设服务。"之后的一段时期，我国各级各类教育都将精力放在为社会主义现代化建设的服务上，而对个体素质发展和个体需要的满足方面的关注相对较少。随着我国社会主义现代化进程的不断推进，研究者对教育价值讨论的重心也相应转移，开始对过度重视教育的社会价值的倾向进行反思，开始关注和讨论教育的个体价值及其与社会价值的关系问题，思考如何才能更好地促进个体素质的发展。这也为 20 世纪 90 年代提出的素质教育思想奠定了基础，并逐步发展为 21 世纪初"以人为本"的教育理念。对于职业教育来说，由于它与经济发展、科技进步的关系极为密切，因此人们对其社会价值就格外关注。虽然 21 世纪以来，在素质教育思想和"以人为本"教育理念指导下，人们开始关注教育的个体价值，倡导教育中的人文关怀，但是在功利主义、社会效率主义、工具主义和实用主义等哲学思潮的强势影响下，职业教育的个体价值仍然

① 庞学光.社会主义社会应重视教育的个人价值[J].教育研究与实验，1989(1)：35-38.

被轻视或忽视。这种强调职业教育的社会价值、轻视职业教育的个体价值的倾向是失之偏颇的，因为单纯地把社会需要的满足与否作为衡量教育价值的唯一标准的观点，实际上是把个人当作满足他人和社会需要的工具，忘记了个人在满足社会需要的同时，自身也有多种需要应当得到满足。[①]

从理论上来看，单纯强调个体本位的职业教育价值观或社会本位的职业教育价值观的偏颇之处，就是将职业教育的个体价值与社会价值割裂开来、对立起来。

从历史唯物主义的立场来看，职业教育的个体价值与社会价值之间的关系是辩证统一的。一方面，虽然"各个人所追求的仅仅是自己的特殊的、对他们来说是同他们的共同利益不相符合的利益"[②]，但是如果没有对个体价值的追求，也就谈不上对共同的社会价值的追求，社会价值的实现就没有依据，因为所谓社会价值，只不过是许许多多相互联系的个体价值的外在化和聚合。另一方面，尽管"人们丝毫没有建立一个社会的意图……他们总是想作为孤立的人发展自身"，但是他们"只有在社会中并通过社会来获得他们自己的发展"。[③] 换句话说，如果没有社会价值的实现，个体价值也变得不可想象，因为"不管个人在主观上怎样超脱各种关系，他在社会意义上总是这些关系的产物"[④]。总之，职业教育的个体价值与社会价值之间是一种既矛盾又统一的关系，因而在职业教育的改革实践中，我们必须坚持个体价值与社会价值辩证统一的观点，必须以如何正确协调个体价值与社会价值的关系为宗旨。

在此需要特别予以说明的是，尽管职业教育的个体价值与社会价值是辩证统一的，但是，当个体需要与社会需要之间存在矛盾时，职业教育的社会价值的实现应该也必须以其个体价值的牺牲为代价。

如上所述，职业教育既具有满足社会存在和发展需要的社会价值，又具有满足个体生存与发展需要的个体价值，这两个方面的价值是全面衡量职业教育价值缺一不可的因素。由于社会价值实际上构成了个体价值赖以实现的必要前提和基础，人们所追求的个体价值只能在社会内部得到满足，个

① 陈信泰，庞学光.理想与现实——论教育价值的全面实现[J].教育研究与实验，1992(3)：5-8.

② 马克思恩格斯选集(第1卷)[M].北京：人民出版社，2012：164.

③ 马克思恩格斯全集(第3卷)[M].北京：人民出版社，1960：235.

④ 马克思恩格斯选集(第2卷)[M].北京：人民出版社，1995：102.

体只能在社会中并通过社会来谋求生存和发展，因而职业教育的社会效用同时也是对于个人的效用。如果能同时实现职业教育的个体价值与社会价值，当然是人类社会所追求的目标。然而，理想并不是现实。就人类教育史的演变而言，教育自人类进入文明社会以来，还从未实现过这一理想（即同时实现教育的个体价值与社会价值）的状态，而是往往在推动社会进步的同时，伴随着部分个体价值的牺牲。① 因此我们看到，不管各个时代采取何种方式来解决个体价值与社会价值之间的矛盾或冲突，所采取的总的原则却是历来相同的，那就是社会价值的实现要以个体价值的牺牲为代价。

职业教育社会价值的实现之所以要以其个体价值的牺牲为代价，是因为在特定的历史阶段，“特殊个体”的利益与人类整体的利益具有暂时的一致性。“特殊个体”是新的社会主体，它在社会的利益结构中占据主导和支配的地位，它必须也必然以牺牲其他个体或阶级的利益的形式来实现自身的利益，从而在客观上推动着社会的进步。② 在社会主义制度背景下，社会利益与个人利益在根本上是一致的，社会的进步虽然要以牺牲部分个体利益为代价，但是社会利益与个体利益之间的矛盾或冲突并不具有对抗的性质，只是表现为因社会需要而限制了部分社会个体更高程度的需要的满足，以部分个体较低程度的利益的牺牲来求得社会的进步。③

现在，我国职业教育改革正在向纵深推进，职业教育发展难免会面临社会价值和个体价值之间的冲突和矛盾。那么，根据“职业教育社会价值的实现要以个体价值的牺牲为代价”的原理，以及这一原理在当今社会中表现的特征，对于职业教育改革的领导者来说，追求完整无缺、没有任何副作用的职业教育改革方案是不切实际的，因为社会主义初级阶段的职业教育改革不可能马上给所有人带来利益。他们要敢于正视职业教育改革已经或将要带来的部分个体利益的牺牲。因此，在政府主导职业教育治理的过程中，相关政策的制定和实施决不能因为害怕可能或必然损害部分个体的利益而止步不前，贻误改革的时机。

---

① 杨琇智，庞学光.教育哲学纲要——学校教育新思维[M].海口：南海出版公司，1997：65-70.
② 庞学光.一个理想的教育世界——学校教育哲学导论[M].天津：天津教育出版社，2011：59.
③ 陈信泰，庞学光.理想与现实——论教育价值的全面实现[J].教育研究与实验，1992(3)：5-8.

第七章　基于制度逻辑的职业教育治理创新路径

目前，我国政府在主导职业教育治理过程中的已有思路、具体措施以及取得的巨大成就，都是值得肯定的。但与此同时，政府在主导职业教育治理方面还存在着一系列亟待解决的问题，这些问题集中体现在职业教育法律法规不够健全、中央政府与地方政府的权责关系不够明确、职业教育财政投入相对不足、企业参与职业教育的积极性不高、职业教育供给模式相对单一、职业院校办学自主权缺失以及职业教育质量监管体系尚不完善等方面。为更好地解决上述种种问题，本章在前面论述的基础上探讨制度逻辑下我国职业教育治理的应对措施。

一、完善职业教育法律法规体系

逐步建立完整的职业教育法律法规体系是政府引领和促进职业教育发展的重要前提。可以说，职业教育发展所涉及的每一个要素、每一个问题，都需要政府以法律法规的形式予以规定和明确。如前所述，政府在担负职业教育发展责任方面存在法律法规不健全的问题。立法的缺失和不完善是制约我国职业教育快速发展的重要原因之一，成为政府主导职业教育发展所面临的急需解决的重要问题。笔者认为，政府应从以下两方面着手，逐步完善职业教育法律法规体系。

(一)修订与完善《中华人民共和国职业教育法》

2022 年 5 月 1 日，新《职业教育法》颁布并实施，这是该法自 1996 年颁布施行以来的首次大修。新修订的《职业教育法》的内容从五章四十条完善至八章六十九条，由原来的 3400 余字扩充为 10000 余字，内容更加充实，包含明确职业教育是与普通教育具有同等重要地位的教育类型，国家鼓励发展多种层次和形式的职业教育，着力提升职业教育认可度，建立健全职业教育体系，深化产教融合、校企合作，完善职业教育保障制度和措施等内容。新《职业教育法》的修订、颁布和实施，本身就体现了党和政府对职业教育事业的重视，这是从建构中国特色职业教育法律体系的角度，强化了职业教育对社会发展和个人发展的重要性，是我国职业教育高质量发展进程中具有里程碑意义的重要举措。然而，作为一种纲领性和指导性的法律，新《职业教育法》的颁布并不意味着它可以一劳永逸地规范职业教育的高质量发展。恰恰相反，我们应该以新《职业教育法》为总纲领，不断完善立法的组织架构，注重立法内容的完整性和可操作性。

其一，形成多元化的立法主体。现代社会是利益多样化的社会，每个群体都有各自的利益要求，并且“不同利益群体和社会成员为实现自己的利益要求，迫切希望将自己的意志输入政治系统”[①]。因此，立法过程的本质就是不同利益主体的利益表达过程。《职业教育法》作为我国职业教育领域的基本法，是职业教育相关利益主体的根本依据和行为指南，因而在其修订过程中，应广泛征求各相关利益主体的意见，以确保各方利益最大化。如前所述，国外职业教育法的制定普遍重视和加强参与机构的建设。例如，德国《职业教育法》的制定是由教育部门、经济部门、行业协会、各类公共部门和教会等社会各界共同参与的，是在各方利益最大化的基础上形成的资源共享的契约关系。这既为德国“双元制”职业教育的展开提供了坚实的法律保障，又使得企业一元符合法律规定并拥有办学资质，从而对全国性的职业教育重大问题做出了合法的相关解释和说明。虽然我国现行的《职业教育法》规定了行业组织、企业和事业组织等相关主体的责任和义务，但并未确立它

---

① 塞缪尔·亨廷顿.变化社会中的政治秩序[M].王冠华，等译.上海：上海人民出版社，2021：11-12.

们作为举办职业教育的主体地位，它们只是作为职业教育的参与者而“参与”其中，因而该法对行业组织、企业和事业组织的约束力较弱。因此，我国在《职业教育法》的修订过程中，应该更加注重立法主体的多元化，由全国人大常委会牵头，教育部会同人力资源和社会保障部、国家发改委和财政部等中央政府职能部门，携手行业组织、企业和各类公共部门等职业教育相关利益主体共同制定和修订《职业教育法》，使之形成组织化的、符合各方利益最大化的、具有强制力的职业教育基本法。

其二，注重立法内容的完整性和可操作性。新《职业教育法》规范的主要内容涉及受教育者、职业教育机构、教师、行业组织和企业、政府职责和行政管理体制、经费、职业教育体系、就业准入制度、职业教育标准建设、职业教育资格证书制、质量监控与保障、督导评估以及职业教育科研机构等众多方面。总体而言，我国职业教育法律规范基本上涵盖了职业教育发展的全局性、根本性、战略性的重大问题，内容基本完整，逻辑相对清晰。尽管如此，一些法律条文的表述和可操作性上仍然存在一定的问题。诚然，《职业教育法》是一个综合性的基本法，会在宏观上有一些原则性和方向性的表述，但是当涉及较为具体的内容时，应该注重内容的针对性和可操作性，增强法律的约束力和规范性，避免使用“应当”“可以”“合格”以及“一定比例”等不具备法律强制力的词语。与此同时，未来修订过程中可以考虑设置“督导评价”专章。虽然新《职业教育法》中的“法律责任”专章对督导评估、质量监控与保障等问题做出规定，但其内容只是涉及法律规则要素中的法律后果和事后处置办法。我们知道，职业教育活动是一个系统的过程，其督导评价应该渗透到每一个环节，因此，可以考虑设置“督导评价”专章，对“督政”“督教”和“质量监控与保障”等方面的主体、权力、责任、工作流程和方法，以及必要的问责制等予以全面而具体的规定，以此保证和促进职业教育在法制化轨道上健康前行。

（二）加强职业教育配套法律法规建设

要形成中国特色的职业教育法律法规体系，除修订和完善《职业教育法》外，还必须加强相关的行政法规、部门规章和条例等配套建设。

其一,制定与《职业教育法》相配套的职业教育单行法。《职业教育法》的主要功能是将职业教育的主要制度以法律的形式确定下来,所以在设计其内部结构体系时必须树立正确的立法理念,不能将职业教育领域所涉及的每个问题都希冀于一部职业教育法律予以确定。可以说,仅仅通过一部《职业教育法》的制定和颁布来解决职业教育中所有问题的想法是不合理的,也是不现实的。因此,为了促进职业教育更好地发展,就需要政府及其职能部门制定与职业教育直接相关的单行法。职业教育单行法是对《职业教育法》的补充和完善,是针对职业教育的中、微观层面问题的可操作性规定,它将有利于增强职业教育法律的实用性和完整性,促使单行法与《职业教育法》共同构成较为完整的职业教育法律体系。为此,政府及其职能部门应该围绕和配合新版《职业教育法》,及时制定职业教育经费使用、校企合作、受教育者权益、教师专业技术评定、职业技术资格评定和督导评价等方面的单行法。

其二,围绕新版《职业教育法》,尽快调整和完善相关的行政法规和部门规章。行政法规和部门规章是职业教育法律法规体系的重要组成部分,它们能够更加适应职业教育发展的实际需要。从目前我国的职业教育法律法规结构来看,一是要修订和完善已有行政法规和部门规章,增加和调整《教师资格条例》《普通高等学校设置暂行条例》《扫除文盲工作条例》《中外合作办学条例》等相关条例中有关职业教育的内容。二是要对其他部门的法律法规如《劳动法》《劳动合同法》《公司法》《企业所得税法》《民办教育促进法》等法律加以配套修缮。例如,在《劳动法》中,应当规定受教育者在与企业签订实习合同或学徒合同后,就应该接受《劳动法》的保护和制约;在《劳动合同法》中,将受教育者的实习合同和学徒合同纳入劳动合同,在合同订立、履行和变更、解除和终止等条款中做出相应规定。① 三是地方政府应结合本地职业教育发展的现实需求,及时修订和完善与国家层面相配套的职业教育相关规章制度和条例。例如,地方政府应出台《地方职业教育校企合作促进法》,此法可以看作《职业教育法》的子法或配套专项法,根据地方职业教育发展的特色,从法治上保障企业参与职业教育的人才培养、资金投入和监督

① 周晶.中国职业教育校企合作制度建设研究[D].长春:东北师范大学,2015.

评价等环节；同时，该法也应对企业的权利、责任、义务、制裁措施以及受教育者权益保护等方面予以明确。不仅如此，地方政府在出台《地方职业教育校企合作促进法》的同时，还应出台与该法相配套的条例，对校企合作的具体问题予以解释和说明，如《职业教育企业资质条例》《企业教师资质条例》《学生实习条例》和《学徒制条例》等。

二、正确处理中央政府与地方政府的关系

政府在主导职业教育治理过程中的重要内容之一，就是正确处理中央政府与地方政府的关系，这其实是职业教育管理体制与机制改革所涉及的重要问题。从根本上说，职业教育的管理体制与机制改革的重要议题就是，讨论如何界定中央政府与地方政府的权责边界，如何分配各级政府之间、政府与学校之间的权利和责任。例如，在职业教育投入问题上，中央政府和地方政府应该如何确定合理的分担比例？在职业院校办学自主权问题上，中央政府应该下放给地方政府哪些办学自主权？地方政府应该赋予职业院校哪些办学自主权？这些问题的解决不仅关系到地方政府的职业教育统筹能力的发挥，也关系到中央政府与地方政府权责关系的基本定位。那么，在我国职业教育发展过程中，如何才能正确处理中央政府与地方政府的关系？对于这一问题，笔者拟从责任分担、投入关系和权力运行监督机制三个方面予以论证。

（一）明确中央与地方的职业教育责任分担

政府的职业教育责任分担是指中央政府与地方政府共同分担相当的职业教育责任，充分发挥中央和地方的职责优势。《国务院关于加快发展现代职业教育的决定》明确强调，要完善分级管理、地方为主、政府统筹、社会参与的管理体制。这意味着在我国政府的职业教育责任分担问题上，要合理定位各级政府的职业教育责任，强化地方政府统筹职业教育的责任。然而，一如前面所指出的那样，目前我国中央政府与地方政府在职业教育发展责任上只有权限的区别而没有职能的差异。这在很大程度上抑制了地方政府

的职业教育治理能力。为解决这一问题，目前较为可行的方法就是通过职业教育法律来明确各级政府的权责关系，并且努力通过法律化、制度化、程序化的手段来协调各级政府的关系。正如研究者所指出的："只有对中央与地方的利益关系进行法律基础上的调控，才能保证中央与地方政府关系的相对稳定性，提高中央政府与地方政府关系调整的规范性，防止中央政府收权放权的盲目性、随意性和地方政府逾越冒犯的可能性。"①

随着社会主义市场经济体制的不断完善，中央政府应该通过法律法规的形式赋予地方政府更多的职业教育治理权，允许地方政府根据自己的需求和经验大胆创新，以最有效地解决职业教育面临的诸多问题。例如，美国是典型的联邦制国家，随着经济发展和统一市场的形成，州和地方政府的职责范围和深度都随之扩展，各级政府都以法律所确定的条文为依据，依法按权限管理属于自己权责范围内的事物，分工明确。美国联邦政府承担了国防、外交、国家安全和跨地区的交通设施等；而发展高等教育和社区学院、保护环境等则是州政府的任务，联邦政府承担一定的筹资比例；地方政府承担辖区内的供水、供电、中小学校投入、医疗机构投资等基础服务的支出。其中，教育支出是州和地方政府最大的支出项目，通常占两级政府总支出的1/3以上。在日本，中央政府在强化自身职能的同时，也积极推进地方自治，中央政府和地方政府依法划分治理范围和权限，降低行政成本，防止政府职能的缺位和越位。在职业教育支出方面，日本中央政府负责公立职业院校开支，并资助私立院校；都道府县负责职业高中、特殊学校、教师工资和人事开支，并资助私立院校。总之，美国和日本在政府间职业教育责任分担方面都明确划分了各级政府的职责，履行职责的受益范围与承担职责的政府层级相对应，即遵循"受益范围原则"②。显然，随着我国社会主义市场经济的发展深化，职业教育资源配置的范围越来越广，方式越来越复杂，如果不以法律法规的形式划分中央与地方的职业教育责任，就容易削弱地方政府的

---

① 柳俊峰.中央和地方政府的利益博弈关系及对策研究[J].西南交通大学学报(社会科学版)，2004(3):68-72.

② "受益范围原则"可以简单地理解为"谁受益谁负责"原则。目前，受益范围原则在处理政府间职责划分上得到各国政府的广泛认同，即根据各级政府所提供的公共产品和公共服务的受益范围划分职责范围。

有效治理能力。

进而言之,中央政府赋予地方政府职业教育治理权的有效途径应是建立负面清单制度,即以负面清单的方式单独列举中央政府的职责,而地方政府承担列举之外的职责。“政府职责分工的同构化,不仅会造成大量宏观微观职能配置错位的现象,而且会极大地模糊各级政府的刚性职责。”[①]因此,政府间关系必须顺应现代市场经济对政府的要求并以此为原则进行调整,以负面清单的方式列举中央政府应该在哪些领域承担更多的职业教育责任,清单之外的职业教育职责和权力则需要下放给地方政府。这在本质上形成了一种“属地化行政发包”的治理体制,并使地方政府之间形成“晋升锦标赛”的激励机制。[②] 这种治理体制固然能够激励各地职业教育的快速发展,但应当防范的是地方政府的短期机会主义行为,因为地方政府具有的信息优势以及政策执行的方向、力度和效果,使其不可避免地夹杂着地方政府的利益偏好。为此,中央政府必须强化其监督责任。总之,在中央政府与地方政府责任清单和职业院校办学自主权清单的支持下,各级政府不仅能够明确其应该履行的职业教育责任,而且能够有效地避免政府的缺位、越位和错位现象的发生。

(二)理顺中央与地方的职业教育投入关系

财权是中央政府与地方政府关系的关键制约因素。地方政府统筹职业教育发展,不仅要依靠行政手段来规划和指导职业教育发展,而且要充分利用财政手段来协调和引导区域内的中等与高等职业教育、公办与民办职业教育的可持续发展。科学合理地理顺中央政府和地方政府的财政关系,将有助于充分发挥各级政府的职业教育发展责任。然而,当前我国公共财政在中央和地方之间的分配比例仍然存在不合理之处,正如研究者所指出的,现阶段中国的财政收入,中央与地方的比例为 55∶45,而支出的比例为 30∶70,其中公共服务支出的比例为 46∶54,明显存在收入与支出比例不匹

---

① 何显明.政府转型与现代国家治理体系的建构——60 年来政府体制演变的内在逻辑[J].浙江社会科学,2013(6):4-13+156.

② 周黎安.转型中的地方政府——官员激励与治理[M].上海:格致出版社,上海人民出版社,2008:21.

配现象。[①] 这一现象在很大程度上制约了地方政府统筹职业教育发展的能力,使其陷入“巧妇难为无米之炊”的困境。为改变这一困境,使地方政府的收入比例与支出比例相一致,党的十八届三中全会提出,要保持现有中央和地方财力格局总体稳定,结合税制改革,进一步理顺中央和地方收入划分。

那么,如何才能更好地理顺中央和地方收入划分?有论者指出,要建立事权与支出责任相适应的财政制度,合理划分并调节中央政府和地方政府的支出责任,合理划分政府间税种和税收权限,使现行财政转移支付制度更加规范化、法律化。[②] 在此基础上,笔者认为,要理顺中央政府与地方政府的财政关系,更好地促进职业教育发展,还应从以下方面着手。一是要建立起科学、规范、透明的政府间财政转移支付体系,即建立以一般性转移支付为主、专项转移支付为辅的制度体系。二是继续发挥中央财政的表率作用,进一步加大对地方特别是中西部地区职业教育事业发展财政转移支付力度。三是地方政府也要切实地根据本地区职业教育事业发展需要,统筹规划,落实责任,建立与职业教育培养成本相匹配的经费保障机制,积极推进校企合作、工学结合,为职业教育发展筹集更多的资金。正如地方政府可以利用债券市场为职业教育直接融资一样,在职业教育人才培养方式、质量监管等方面,地方政府也应吸收企业、非营利组织等市场力量参与其中,特别是在吸引有影响力的企业投资、兴办职业院校时更应如此。四是借鉴德国横向转移支付经验,在中央政府的主导下,提倡地方政府间“互相帮助”,构建省级政府之间和市、县级政府之间的横向转移支付体系。

(三)完善中央与地方的权力运行监督机制

我国职业教育管理体制改革的重要突破口之一在于“简政放权”。简政放权可以简单理解为权力下放,其方式是分权或授权。在职业教育管理体制改革过程中,简政放权就是中央要进一步向地方放权,政府要进一步向学校放权,明确各级政府责任,规范职业院校的办学行为,优化政府与职业院校的关系,激发职业院校办学活力。然而,放权是有限度的,中央政府的权

---

① 齐桂珍.论中国的“大政府”与“强政府”[M].北京:社会科学文献出版社,2011:33.

② 于健慧.中央与地方政府关系的现实模式及其发展路径[J].中国行政管理,2015(12):43-45.

力下放并不意味着放手不管或放弃职责。但是,放权确实意味着中央政府掌控更少的权力和资源,地方政府获得更大的自由度。但更进一步,在地方政府与职业院校的关系上,中央政府却可以发挥更大的作用,即中央政府可以通过法律法规的方式赋予地方政府更多的职业教育办学自主权。那么,如何才能保障权力下放并避免因权力下放而带来的权力滥用的发生?解决这一问题的关键就在于完善中央政府与地方政府的权力运行监督机制。“如果地方政府缺乏有效监督,权力下放则意味着权力存在被滥用的可能性,容易形成各行其是、偏离失控的风险,从而对中央权威产生威胁。”①从中央政府与地方政府的权力关系的演变过程中可以发现,两者的权力关系始终存在张力和冲突。“为避免重蹈‘放权—收权’循环的旧辙,必须打破过去单一的垂直监督的方式,引入更多的监督和制衡地方的力量。”②

因此,完善中央政府与地方政府的权力运行监督机制,应做到以下三点:其一,要完善政府决策的内部监督机制。政府决策的内部监督主要是指各级人大和政协、监察机关、审计机关和上下级机关的监督。但是,这里还有许多问题仍然需要进一步澄清,例如,全国人大和地方人大在监督的权限上如何划分?人大代表的监督权具体包括哪些内容?人大代表行使监督权需要按什么样的程序来操作?诸如此类的问题无疑是监督活动中需要尽快明晰的问题,也是处理中央政府和地方政府关系的深层次问题。③ 其二,应完善政府决策的外部监督机制,充分发挥新闻媒体和公众的监督作用,使公民充分行使宪法赋予的知情权、自由表达权以及监督权。如此,不仅会减轻中央政府权力下放所面临的信息和监督约束,而且也会在很大程度上消解中央政府放权的两难困境。其三,在完善政府决策的内外监督机制的基础上,改革政绩考核方式,将职业教育满意度纳入政绩考核范围。在对地方政府的政绩考核中纳入职业教育满意度,不仅仅是在政绩考核中加入一项指标,它还意味着多元评价主体对地方政府执政效果的主观感受和综合评价。因为职业教育与经济和社会发展的联系尤为密切,企业、个人和社会组织等

① 李立国.国家治理视野下的中央教育行政机构职能分析[J].清华大学教育研究,2014,35(6):11-21.

② 于健慧.中央与地方政府关系的现实模式及其发展路径[J].中国行政管理,2015(12):43-45.

③ 徐佳.论转型经济时期公共财政监督体制的问题和解决途径[J].山东社会科学,2008(12):149-152.

多元主体对职业教育的满意度能够直观地反映出职业教育的办学质量，体现出民众对职业教育的偏好，而这恰恰是地方政府执政效果的具体印证。

三、推进职业教育经费投入的市场化改革

职业教育经费投入的市场化改革，主要是指在社会主义市场经济体制下，政府调动和引导企业、非国有部门以及个人等市场力量参与职业教育投资，以解决职业教育财政性经费投入不足的问题，加快化解职业教育发展与职业教育经费短缺之间的矛盾。从我国职业教育发展的现状来看，尽管政府对职业教育的财政投入逐年增多，但是仍不能满足职业教育快速发展的需求。在有限的财政性职业教育经费投入的情况下，我们需要进一步拓展职业教育的经费来源渠道，寻求职业教育经费投入的市场化改革之道，以缓解政府的财政压力，满足我国职业教育快速发展的需要。笔者认为，对于此问题，应从构建职业教育融资体系和赋予教育券融资功能两方面予以解决。

(一)构建职业教育融资体系

在社会主义市场经济体制背景下，探索能够与财政投入、收费制度共同稳定支撑我国职业教育进一步发展的融资体系，是解决我国职业教育经费投入不足问题的可行路径。构建职业教育融资体系，其本质是消解计划经济体制下的教育经费筹措机制与市场经济背景下的教育发展之间的矛盾冲突，是促进职业教育经费投入市场化改革的有效途径。融资(Financing)即资金融通。广义的融资主要是指资金由供给者向需求者运动的过程，包括资金的融入(资金的来源)和融出(资金的运用)两个方面。狭义的融资主要是指资金的融入，也就是通常所说的资金来源。笔者在本书中使用的是狭义的融资概念，即为职业教育的发展融入资金。美国经济学家格利(G. Gurley)和肖(S. Shaw)提出："融资方式按照储蓄与投资的关系可以分为内源融资(Internal Finance)和外源融资(External Finance)，外源融资的

方式分为间接融资(Indirect Finance)和直接融资(Direct Finance)。"[①]按照他们的理解,内源融资的资金来源主要是投资者自身的留存收益;外源融资的资金来源主要是投资者利用股票、债券、银行贷款等,并以此作为投入资金。

从我国职业教育的性质及其实际运转来看,职业教育融资中较为可行的路径应当是外源融资。究其原因就在于,我国职业教育作为一种教育类型,作为公益性教育事业的重要组成部分,其公益性大于营利性,它在校办企业、技术培训以及知识产权转让等方面所获取的收益不足以作为投资资金,需要寻求职业教育之外的资金以促进其发展。纵观我国政府颁布的法律法规可以发现,政府特别注重教育事业的公益性。譬如,《教育法》和《高等教育法》均特别强调教育的公益属性并明文规定不得以营利为目的。对于民办教育而言,同样也应强化它的公益属性。根据国务院办公厅《关于加强民办高校规范管理 引导民办高等教育健康发展的通知》(2006 年)和教育部《民办高等学校办学管理若干规定》(2007 年)的有关规定,全国各省级政府都在积极推进民办高校年检制度,其主要目的均指向规范民办高校办学趋利行为,预防和化解民办高校办学风险,防止民办高等教育公益性的弱化。

总之,职业教育融资主要是指职业教育通过一定的方式向职业教育之外的其他经济主体筹集资金,以此满足自身可持续发展所需资金的一种活动。一个相对完善的职业教育融资体系至少包括以下三个组成部分,即职业教育的间接融资、职业教育的直接融资和职业教育的融资担保。

1.成立政策性教育发展银行为职业教育间接融资

近年来,随着我国融资体制由政府主导型逐步转向金融主导型、职业教育规模扩大以及职业教育体制机制改革不断深入,金融体制介入职业教育融资的趋势越来越明显。在这一过程中,银行与职业院校的合作(简称"校银合作")、教育储蓄、教育助学贷款等项目都需要设立与教育密切相关的专门的政策性金融机构。不仅如此,我国政府也在逐步明确政策性金融机构

① GURLEY J G, Shaw E S. Financial Structure and Economic Development[J]. Economic Development and Cultural Change, 1967, 15(3): 257-268.

在公共产品供给中的作用。笔者认为,教育领域也应成立自己的政策性金融机构,即政策性教育发展银行,以此缓解财政性教育经费支出的压力。

政策性教育发展银行是政策性银行的类型之一。所谓“政策性银行”(Policy Lender/Non-commercial Bank),是指由政府发起、出资成立,为贯彻和配合政府特定经济政策和意图而进行融资和信用活动的机构。1994年以来,我国政府为了更好地发挥金融市场在国民经济建设中的宏观调控和优化资源配置的作用,相继成立了国家开发银行、中国进出口银行、中国农业发展银行三大政策性银行。政策性银行不以营利为目的,专门为贯彻、配合政府社会经济政策或意图,在特定的业务领域内,直接或间接地从事政策性融资活动,充当政府发展经济、促进社会进步、进行宏观经济管理的工具。同理,政策性教育发展银行主要是指在特定时期,为弥补财政性教育支出不足而利用金融市场进行教育融资和信用担保的机构。它作为教育融资的有力手段,可以为校银合作、教育助学贷款等教育金融业务提供平台,规避商业银行因较高风险而不敢贷款给学校的现象,并且对商业银行的教育投资起到示范和引导作用。同财政预算拨款相比,政策性教育发展银行的资金使用是有偿的,因为其资金是向商业银行有偿筹集的,而财政预算拨款则是根据以收定支、收支平衡的原则无偿拨付给学校的。既然政策性教育发展银行的一部分资金来源于商业银行,它的资金运用又不同于商业银行的逐利性,因而政策性教育发展银行的资金来源以及资金的使用必然会产生缺口。为解决这一矛盾,政府需要建立财政补贴机制,对政策性教育发展银行所从事的低盈利、亏本性投资所造成的亏损及时给予补贴。或者说,政策性教育发展银行从事的教育投资亏损,应控制在财政所能补贴的能力范围以内。

政策性教育发展银行的资金仅仅依靠商业银行的投入是无法安全周转的,还需要政府应有的财政支持,因为该银行的成立在本质上仍然是一种财政投融资行为。财政对政策性教育发展银行的资金支持应体现为两个方面:其一,足额拨付资本金并提供经营资金。在起步阶段,政府应按照政策性教育发展银行金融业务发展所需的信贷资产规模,足额拨付资本金,资金比例应不少于商业银行的投入。[①] 其二,财政贴息支持,即将政府对该银行的财政贴息与该银行的资金投放紧密结合,并且由该银行统一管理财政贴息,从而保证其资金投放的安全周转。

总之,政策性教育发展银行的成立,既有助于教育资金的筹集,又有助于教育资金的运转,从而更好地发挥金融手段在教育投入方面的作用,较好地弥补财政性教育经费投入不足的问题。政策性教育发展银行的融资对职业教育的作用是显而易见的,特别是当前在职业教育财政性投入不足的情况下,这一举措无疑会增加职业教育的财政性经费投入总量和资金投入总量。

2.利用债券市场为职业教育直接融资

教育债券是指学校按照法定程序发行债券并承诺于指定日期还本付息的一种直接融资方式。利用教育债券为职业教育融资,可以进一步拓宽职业教育经费来源的渠道,打破职业教育融资渠道单一化的格局。但是,从目前来看,我国职业教育领域尚未形成有效利用债券市场的优势来拓宽其经费来源的局面。职业教育与债券市场的唯一联结渠道是,中央政府从债券市场上发行国债,而后从筹集到的国债资金中划拨一部分,再通过一定的分配机制下拨给各职业院校使用。例如,2009 年福建省政府从地方政府债券资金中安排 1 亿元用于中等职业教育基础能力建设,并重点支持县级职教中心主体学校学生宿舍建设。2010 年,云南省从 75 亿债券资金中安排 5.31 亿元用于改善中等职业教育学校的办学条件。国债资金用于支持职业教育的发展,一定程度上解决了资金短缺的问题,但是从力度和数量上看仍有较大的拓展空间,因此,我们还要探索新的融资方式,进一步发挥债券市场对职业教育融资的独特作用。概言之,政府作为职业教育的主导者,可以利用以下三种债券融资方法。

其一,中央政府发行职业教育专项国债。由于我国中央政府发行的国债并没有明确用途,并且最终所筹集的国债资金由中央政府统筹使用,因此各利益集团为争夺使用国债资金而进行各种形式的博弈,都试图从国债资金中获得更大的份额,这就导致国债资金中用于职业教育发展的比例难以

---

① 张万朋.试论政策性金融手段在教育融资中的作用[J].教育研究,2003(3):42-46.

得到充分保证。中央政府发行的专项国债是解决这一难题的有效途径，因为专项国债由政府做担保，不存在偿付危机问题，而且政府也会在利率、税收方面给予相应的政策优惠。因此，为确保用于职业教育的国债资金的稳定性，防止国债资金被挪用和挤占现象的发生，中央政府可以尝试发行职业教育专项国债，并明确其性质和用途。

其二，地方政府发行职业教育专项债券。地方政府债券（Local Treasury Bonds），也称"市政债券"（Municipal Securities），指某一国家中有财政收入的地方政府、地方公共机构发行的债券。地方政府债券一般用于交通、通信、住宅、教育、医院和污水处理系统等地方性公共设施的建设。出于地方政府债务风险的考虑，我国政府于 1994 年颁布的《中华人民共和国预算法》明确规定地方政府不得发行地方政府债券。这一禁令一直保持到 2009 年。作为首期地方政府债券，新疆维吾尔自治区政府债券于 2009 年在上证所发行；2011 年，财政部发布公告，决定代理发行黑龙江等省地方政府债券；2014 年，国务院批准上海、浙江、广东、深圳等 10 省市的试点地方政府进行债券的自发自还。这意味着地方政府债券的发行朝着市场化路径迈出了实质性步伐。凭此契机，地方政府可以根据本地区的具体情况尝试发行职业教育专项债券，以吸纳更多的社会资金用于职业教育发展。

其三，发行政府担保的职业院校债券。如果职业院校可以类似于企业发行债券来发行职业院校债券，无疑是职业教育融资的创新之举。发行职业院校债券的风险相对低于"中央政府的职业教育专项国债"和"地方政府的职业教育专项债券"，能够较好地满足职业教育投资收益的长期性需求。事实上，自 20 世纪 90 年代起，美国一些知名大学就已经开始了高等教育债券的探索，1996 年美国发行债券的高校达到 189 所，且发行总额达到 41.4 亿美元，2001 年总额更是达到了 187 亿美元。[①] 那么，在我国社会主义市场经济体制背景下，发行由政府担保的职业院校债券是否切实可行？答案是肯定的。之所以如此断言，主要根据有两个方面。一方面，我国政府有能力发行政府担保的职业院校债券。从我国当前国债负债率来看，国际公认的

① 杨继瑞，孟宪芮.发行高等教育债券：若干思考与对策[J].教育与经济，2011(4)：12-15.

国债负担率[①]的警戒线是发达国家不超过 60%,发展中国家不超过 45%[②],我国的国债负担率一直很低,2014 年为 15.04%[③]。这无疑为我国职业院校债券的发行提供了强有力的市场环境和资金保障。另一方面,发行职业院校债券是当前我国职业教育领域最佳的融资选择。金融市场的三大融资渠道是银行贷款、股票和债券。改革开放以来,银行贷款一度成为职业院校直接融资的最主要途径,但是由于种种原因,银行贷款不良资产比例高、风险累积,影响了融资效率,不适合大规模使用;同时,由于我国资本市场发展较晚,并且受制于职业院校产权结构改革进程,股权融资目前尚不可能成为我国职业教育直接融资的主渠道,因而在债券融资方面发行由政府担保的职业院校债券,应是一个既有益又可行的探索。

为了更好地发挥职业院校债券的融资作用,我们还要思考以下几点。第一,职业教育债券应该由国家教育部门面向社会发行。一般说来,职业院校债券的信誉等级要低于中央和地方政府发行的职业教育专项债券,这对于我国教育部门的信誉、偿还能力等都有较高的要求,而且我国职业院校尚不具备美国知名大学发行教育债券的实力和地位,即便是多所学校联盟的方式也不具备发行此类债券的能力。第二,确定合理的利率。职业院校债券利率直接影响发行主体的筹资成本以及承购者的购买欲望,因而确定合理的利率是职业教育债券能顺利发行的重要前提。在确定职业教育债券的利率时,应根据市场资金供求变化情况,并以银行存款利率为参考,增强债券利率的弹性,逐步体现职业院校债券的信誉和安全的优越性。第三,设计合理的期限结构。我国职业教育应定位为公共性程度较高的准公共产品属性,这一属性决定了职业教育具有建设周期长、投资规模大的特点,因此职业院校债券应以发行中长期(如 5～10 年期)债券为主。

按照上述思路,我国职业教育在债券市场间接融资方面就可以形成由

① 国债负担率=(累积国债余额/年度国内生产总值)×100%,该指标反映着国家累积债务的总规模,是研究控制债务问题和防止出现债务危机的重要依据。一国的 GDP 值越大,国债负担率越小,则国债的发行空间越大。

② 王健,李双双.美国国债负担率高企对经济的影响及对策[J].华东经济管理,2013,27(4):91-97.

③ 根据中经网统计数据库(2014 年国债期末余额为 95655.45 亿元,国内生产总值的现价为 635910 亿元)的有关数据资料测算。

中央政府发行的职业教育专项国债、地方政府发行的职业教育专项债券、政府担保的职业院校债券三个部分组成的间接融资体系(见图 7-1)。

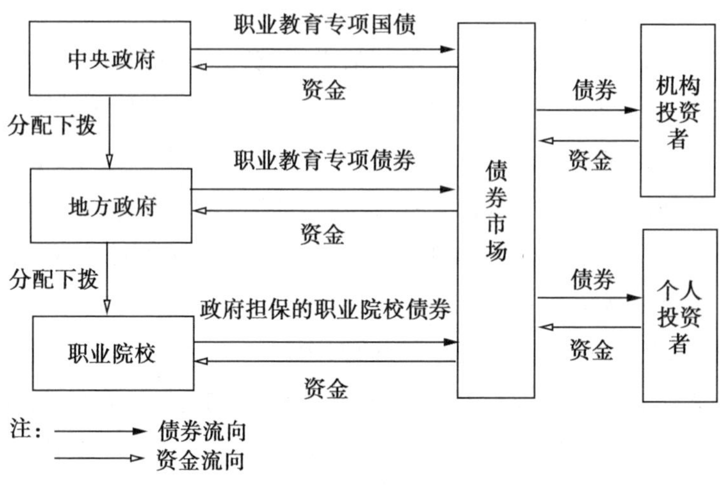

图 7-1　我国职业教育债券融资架构

3.建立职业教育融资担保体系

探索市场经济条件下的金融体系与职业教育体系的合作关系时,涉及很多重大环节,其中之一就是作为金融中间载体的担保机构。正如尚(Yuk-Shee Chan)和卡纳斯塔(George Kanatas)所认为的那样:"当借贷双方具有不同信息时,担保可以提高贷款者对其预期收益的评估能力,即在理性预期信号传递环境中,担保可以充当一种附加的、间接的信号源。当借贷双方由于信念的差异对贷款项目产生不同评价时,担保也能够对合约的形成发挥重要作用。"[①]在建立信贷配给关系的情况下,争取投资者的信任无疑是获取资金的重要手段,而且对银行等金融中介来说,解决借贷双方信息不对称问题更为直接有效的办法就是与借款者建立良好的关系。[②] 正因如此,在建立较为完善的职业教育融资体系的过程中,必须高度重视融资担保体系建设,以此改善职业教育融资环境,提升职业教育信用,化解融资风险。

---

① CHAN Y S, KANATAS G. Asymmetric Valuations and the Role of Collateral in Loan agreements[J]. Journal of Money, Credit and Banking, 1985, 17(1): 84-95.

② BERGER A N, UDELL G F. Relationship Lending and Lines of Credit in Small Firm Finance[J]. Journal of Business, 1995, 68(3): 351-381.

1993年,中国经济技术投资担保有限公司拟作为国内第一家专业担保公司,由国家经贸委(现商务部)经国务院批准成立。该担保公司的成立标志着中国担保业开始起步发展。出于财政资金短缺等历史原因,整个行业发展不久就开始转向以商业性担保为主,但是这些新成立的商业性融资担保机构的运行机制并不完善,且没有适合职业教育融资的担保机构。实践证明,以营利为目的的商业性融资担保机构尽管在一定程度上提高了融资机构的资金可获得性,但同时也大大增加了融资成本,特别是随着近年来宏观经济下行,一些商业性融资担保机构风险爆发,商业性融资担保机构纷纷收缩甚或停止开展融资担保业务,没有切实发挥担保放大作用。① 在此背景下,探索建立尽可能完善的职业教育信用担保体系,就成为一个重要的实践性课题。

2015年,国务院印发了《关于促进融资担保行业加快发展的意见》,该意见主要是为破解小微企业和"三农"等普惠领域的融资难、融资贵难题而制定的,是对我国现行的、以商业性融资担保为主的融资担保行业的一次重新定位。该意见的提出,对于职业教育融资担保体系的建构具有重要的借鉴和指导意义。其借鉴和指导意义就在于,在解决职业教育融资担保问题时,要大力发展政府支持的融资担保机构。这一过程的核心是发挥政府的主导作用,目标是快速建立起提供职业教育融资担保的服务体系。

其一,政府应扶持并建立一批适合职业教育的融资担保机构。融资担保是资金周期性的运用,此过程涉及国家的政策导向、职业院校的诚信评价、担保机构评审及其业务定位等诸多方面。既然如此,单纯依靠市场主体自发地形成职业教育融资担保机构的方式并不可行,因为市场主体的逐利性使其倾向于发展更为成熟和利润更高的领域,从而将职业教育排除在外。因此,当务之急是需要由政府牵头,扶持并建立起一批适合职业教育的融资担保机构。政府既要在宏观上对融资担保体系的建设有所把控,又要解决担保机构的商业模式可持续发展问题。同时,基于我国职业教育的办学体制和管理体制的实际情况,应以中央政府和地方政府为主,先期试点,条件成熟后予以逐步扩大和补充。例如,在银行与职业院校合作过程中,政府支

① 段宏伟.建立提供准公共产品服务的融资担保体系[N].经济日报,2015-10-20.

持的融资担保机构作为资金的载体为职业院校提供担保，但是随着合作项目的增加，政府可以对各融资担保机构进行专业化分工，将诸如基础建设、专业设备和实践实训等方面所需资金分开担保，以减少因信息不对称而产生的道德风险，发挥各融资担保机构的专项担保优势。

其二，发挥政府主导作用，推进再担保体系建设。再担保是指为担保人设立的担保。当担保人不能独立承担担保责任时，再担保人将按合同约定比例向债权人继续剩余的清偿，以保障债权的实现。可以说，再担保是担保行业的“稳定器”。当前，受宏观经济下行影响，信贷风险不断暴露，从而导致担保代偿大幅增加，代偿压力持续加大，急需再担保体系发挥作用。[①] 借助中央财政资金的优势，建立政府、银行和职业院校联合支持的再担保基金，是支持职业院校发展和担保机构正常运转的重要环节。《国务院关于促进融资担保行业加快发展的意见》明确提出：“构建国家融资担保基金、省级再担保机构、辖内融资担保机构的三层组织体系。”这实际上就是新型融资担保行业的骨架或主体，其中最关键的当属设立国家融资担保基金，因为仅仅依靠担保机构自身的风险补偿基金是难以为继的。

(二)赋予教育券融资功能

教育券(Educational Voucher)最早由美国经济学家米尔顿·弗里德曼(Milton Friedman)提出。教育券是政府将原来直接投入公立学校的教育经费按照生均单位成本折算以后，直接发放给学生或家长的一种面额固定的有价证券，代表一定数额的现金，学生可持该券选择任意一所政府认可的公立或私立学校并将之作为学费或其他教育费用，学校凭收到的教育券到政府部门兑换教育经费，用于支付办学经费。[②] 教育券赋予了学生充分的选择权，其目的是鼓励私立学校与公立学校之间的竞争，从而促进公共教育质量的提高，其实质乃是通过择校竞争行为来实现教育的公平与效率。在弗里德曼的设想下，由美国政府资助的教育券计划于20世纪90年代开始逐步推广，虽然教育券所蕴含的推进教育公平与效率一直是人们所追求的理想

① 段宏伟.建立提供准公共产品服务的融资担保体系[N].经济日报，2015-10-20.

② 米尔顿·弗里德曼.资本主义与自由[M].张瑞玉，译.北京：商务印书馆，1986：37.

状态，但是目前美国只有少数州和城市正式明确实施该计划。例如，1990年，密尔沃基市（Milwaukee）实施了美国历史上第一个正式的教育券计划，此后，克利夫兰市（Cleveland）、佛罗里达州（Florida）、华盛顿特区（Washington D.C.）等也相继实施了类似的计划。[①] 而英国等国家根据自己的国情，在引进教育券制度时做了灵活调整，如按资助对象的不同，将教育券分为通用教育券（Universal Voucher Programs）、城镇教育券（Town Tuitioning Programs）、弱势学生教育券（Disadvantaged Student Voucher Programs）和特殊教育券（Special Education Voucher Programs）等形式。[②]

2001年，我国浙江省长兴县首次实施教育券制度。长兴县教育局出台的教育券使用办法提出：为新入民办学校义务教育阶段的学生发放500元教育券，为新入民办学校职高班的学生发放300～800元的教育券。[③] 该县实施教育券制度之后，最引人注目的是当地职业高中招生人数激增。那么，长兴县以教育券代替现金补贴的办法，是否真正促进了当地职业教育的发展？有研究者通过调研指出，教育券仅仅是当地政府所采取的旨在增加职业学校、民办学校招生人数，扩大当地教育供给的种种措施之一，不能简单地将当地职业教育、民办教育的发展归因于教育券制度的实施，因而不能将教育券视为发展职业教育、民办教育的灵丹妙药。[④] 事实上，长兴县推行教育券的实质性意义在于，政府将市场竞争机制引入职业教育领域，促进公立、民办职业院校共同发展，同时承载着政府促进教育公平的理念。但是，在财政性职业教育经费投入总量有限的情况下，长兴县所实施的更像是一种变“暗补”为“明补”的“教育扶贫”政策，并非真正意义上的教育券制度。很显然，这种单一功能的教育券并没有解决职业教育经费短缺的问题，无非是让民办院校分享一份“财政性教育购买力”的喜悦。

笔者认为，只有政府赋予教育券融资的功能，才能真正发挥教育券在增

---

① BELFIELD C R. Vouchers and the Cleveland Scholarship Program：Little Progress So Far[EB/OL].（2006-3-1）[2021-3-10]. https://www.clevelandfed.org/research/commentary/2006/ec-20060301-vouchers-and-the-cleveland-scholarship-program-little-progress-so-far.

② 夏焰，沈有禄.美国教育券的形式、内容、特点、经验及其启示[J].教育与职业，2011(12)：21-24.

③ 凌岚.公共经济学原理[M].武汉：武汉大学出版社，2010：192.

④ 刘晓蔓.对浙江长兴县“教育券”制度的调研报告[J].教育发展研究，2005(12)：20-26.

加职业教育经费投入上的作用，才能真正促进职业教育的公平与效率，从而提高职业教育质量。之所以如此断言，其根据主要有二。

其一，弗里德曼设想的教育券是一种有价证券，本身就具有融资功能。有价证券是资本的运动载体，它具有两个基本功能：一是为经济的发展筹措资本，二是通过有价证券的发行与交易对资本进行分配。从财政学的角度来看，教育券筹集资金的功能就是通过债券市场的流动、交易来为教育融资，以弥补财政性教育经费的不足。教育券制度在国外的实践和我国的探索中，更多的是发挥了教育券的择校功能和促进教育公平功能，尚未有效地发挥教育券在教育融资方面的作用，这也是教育券并未在全球流行起来的原因之一。

其二，政府赋予教育券融资的功能，有利于吸引民间资本投入职业教育。作为“理性经济人”，投资者不论将资本投向哪里，总是为了回报。吸引民间资本投入职业教育领域的前提是允许其获取现金回报，否则不会引起民间资本投资的冲动。所以，“政府追加更多的财政教育经费，可能刺激民间办学投资的增加，有助于在全社会动员更多的资源投资于教育”[①]，这一观点的实现必须以发挥教育券的融资功能为前提，否则就有些勉强。

在发挥教育券的融资功能，为职业教育融资的方式上，政府可以面向学生或家长发行用于职业教育的教育券，由“发放”变为“购买”。作为有价证券，教育券可以由政府委托教育投资机构作为发行者，面向入学者公开发行教育券，在合理的利率基础上，以政府税收为担保，募集资金。例如，政府可以委托政策性教育发展银行面向学生或家长发行教育券，学生或家长以“购买”教育券的方式取代原来政府“发放”教育券的方式，这一过程所产生的资金差额由政府原来用于教育券的财政资金作为补偿。

四、引导企业参与职业教育治理

企业参与职业教育治理是推进职业教育治理体系和治理能力现代化的重要一环。企业作为最重要的市场主体和最重要的社会力量之一，它的参

① 周其仁.教育券的中国意义[J].财经，2003(10)：34-36.

与对职业教育治理具有十分重要的现实意义。从前面对治理理论和职业教育治理的论述中可知，企业的治理能力还不足以独当一面，只能以“参与者”的身份参与到职业教育中来。然而，企业在职业教育治理中的角色又是至关重要的，因为企业和职业教育之间是一种天生的“脐带关系”。正因为如此，《中华人民共和国国民经济和社会发展第十三个五年规划纲要》明确提出要推行产教融合、校企合作的应用型人才和技术技能人才培养模式，推动专业设置、课程内容、教学方式与生产实践对接，其途径是明确政府主体责任，科学制定政策和配置公共资源，广泛动员全社会力量。企业参与职业教育治理主要包括三个部分，即企业参与职业教育管理、企业参与职业教育人才培养和企业投入职业教育。具体而言，企业参与职业教育管理主要涉及职业教育的办学机制、管理机制、“双师型”教师建设和质量监管等方面；企业参与职业教育人才培养主要涉及制定专业培养目标、课程设置与开发、教材编写、教学实施、实训基地建设和质量评价等基本环节；企业投入职业教育主要是指企业的资金投入。从职业教育治理的现状来看，尽管企业在参与职业教育治理中已取得了一定的成绩，但是这种“参与”或“合作”仍有较大的提升空间，企业还没能有效地契合到职业教育的管理和人才培养中去，企业投入占职业教育经费总投入的比例也仍然很低。为此，我国政府应继续发挥社会主义市场经济在资源配置方面的优越性，以治理理念为指导，充分调动企业参与职业教育治理的积极性，大力推进职业教育领域的产教融合、校企合作。

（一）企业参与职业教育治理的理由

从理论和实践两个角度来分析，企业参与和投入职业教育的理由可以归纳为以下四个方面。

其一，根据成本分担理论，企业应分担职业教育的成本。美国经济学家约翰斯通（D. B. Johnston）认为，教育成本应由政府、学生、学生家长和社会人士（捐赠）共同分担。教育是有投资、有收益的活动，满足了多个主体的需要，收益人包括国家、受教育者个人、纳税人（雇主）、企业、家庭、大学。根据市场经济的基本原则,谁收益谁付款,教育的成本就必须由这些主体分担。[①] 成本分担遵循两条原则:一是受益原则,即谁受益谁付款,受益方根据社会和个人收益的大小确定各自需要分担的份额;二是能力支付原则,即所有从教育中获益的人都应按其能力大小分担教育费用,依据边际效用递减的规律,能力大则多分担,能力小则少分担。职业教育成本分担是多方利益博弈的过程,也是各方分配权利和义务的过程。既然职业教育主体的责任和义务有主次轻重之分,那么国家作为职业教育最大的受益者,应该是职业教育成本的主要承担者。企业作为仅次于国家的受益者,理应承担必要的职业教育成本。

其二,根据企业社会责任理论,企业在职业教育发展中应承担社会责任,应积极参与和投入职业教育。企业社会责任是指在市场经济条件下,在企业的经济功能与社会功能相剥离的前提下,作为独立经济组织的企业有目的、有计划地主动承担对包括员工在内的利益相关方和生态环境的社会责任,其结果是企业在创造效益的同时,获得良好的公众形象和社会赞誉,进而提高企业的核心竞争力,实现企业、社会和自然环境的共同可持续发展。[②] 企业的职业教育责任属于社会责任,根据平克斯顿(T. S. Pinkston)和卡罗尔(A. B. Carroll)对企业责任的四个层面的划分[③],企业的职业教育责任可以理解为企业的经济责任、法律责任、伦理责任和自愿责任在职业教育发展中的映射和反映,并且这四个层面责任的比重逐次变弱。由此可见,就企业的职业教育责任而言,企业在职业教育发展中应首先承担经济责任。从学校职业教育的起源来看,它的产生正是在机器大工业之后,企业为了实现利益的最大化,开始对员工培训,进而产生了现代语境中的学校职业教育。在这一过程中,企业将培养人才的责任剥离出来,转移给职业教育承担,但是企业与职业教育之间的分工并没有产生应有的效果,反而使二者逐渐分离。为改变这种局面,企业应承担起必要的职业教育责任,进一

---

① D. B. 约翰斯通.高等教育财政:问题与出路[M].沈红,李红桃,译.北京:人民教育出版社,2004:57-63.

② 李翕然.企业社会责任问题辨析[J].技术经济与管理研究,2012(9):53-56.

③ PINKSTON T S, CARROLL A B. Corporate Citizenship Perspectives and Foreign Direct Investment in the US[J]. Journal of Business Ethics, 1994, 13(3): 157-169.

步加强校企合作。

其三,企业投入职业教育可以获取利润。公共选择学派认为,没有任何逻辑理由证明公共服务必须由政府官僚机构来提供。[①] 由于职业教育作为一种公共服务,其产品属性应定位于公共性程度较高的准公共产品,因此政府应该在职业教育供给问题上承担主导责任。但是,这不代表政府应该完全承担职业教育供给责任,而是政府将可以由市场调节的内容归还市场。关于此,查尔斯·沃尔夫(Charles Wolf)早就指出,对于市场与政府,我们并不是要在完善的市场与不完善的政府或者不完善的市场与完善的政府间进行选择,我们实际的选择是在不完善的市场和不完善的政府间的某种妥协。[②] 市场的基本特征就在于实现私人利益和追逐市场利润。因此,在政府引导企业参与职业教育办学过程中,是否有利可图则成为企业是否愿意参与的关键。

其四,企业与职业院校互为职业教育供给与需求的主客体。从职业教育供给的角度看,在校企合作中,职业院校既要为国家提供职业人才,又要为企业、社会提供培训或服务,这是国家赋予职业院校的神圣使命;企业既要与职业院校合作共同培养和提供合格的劳动者,又要为职业院校提供师资、实习实训基地等,这是企业发展的自身诉求。在校企合作的情况下,职业教育机构已经从学校扩展至企业,而企业也不再只是职业教育的消费者,同时也是职业教育的生产者。这意味着校企合作使得企业和职业院校都成为职业教育供给的行为主体。从职业教育需求来看,一是营利性企业对职业教育存在需求,要求职业教育培养的合格劳动者能够为企业带来利润,并成为企业未来发展的后备力量;二是职业院校对企业的兼职教师、实训场所、资金投入以及培训“双师型”教师等存在需求。这意味着校企合作使得企业和职业院校都成为职业教育需求的行为主体。由此可见,校企合作增加了企业和职业院校在职业教育供给与需求方面的相关性,超越了传统的企业作为消费者、学校作为生产者的局限,促使企业与职业院校互为职业教

① 周志忍.当代国外行政改革比较研究[M].北京:国家行政学院出版社,1999:78.

② 查尔斯·沃尔夫.市场或政府——权衡两种不完善的选择[M].谢旭,译.北京:中国发展出版社,1994:10,26.

育供给与需求的主客体。因此,在企业与职业院校逐渐形成互为职业教育供给与需求的主客体的情形下,企业理应积极投入职业教育。

(二)发挥正式制度与非正式制度的合力

如何引导企业参与职业教育的管理、人才培养和投入一直是政府加快发展职业教育所面临的重要问题。事实上,除了极少数的典型福利国家(如瑞典)和社会主义国家(如朝鲜、古巴)的职业教育完全由政府投入以外,世界上绝大多数国家的职业教育发展都强调企业参与和投入的重要性。如前所述,政府主导地位的实现方式是引导,这种引导包括正式制度的强制性引导和非正式制度的引导。

其一,以法律的形式明确企业在职业教育中的权利、责任和义务。政府应在法律的框架下,建立企业参与职业教育的制度和章程,将企业参与职业教育的鼓励性政策与不履行职业教育义务的惩罚性政策相结合。例如,德国在"双元制"职业教育的运行中,企业的资金投入、优惠措施以及校企合作培养人才细节等方面都严格遵循法律法规的指导。德国联邦政府于1981年颁布的《教育促进法》规定,所有国营和私营企业,无论培训企业还是非培训企业,在一定时期内都须向该基金缴纳一定数量的中央资金;通常按企业员工工资总额的一定百分比提取,国家根据经济发展状况来不断调整比例,其值一般介于0.6%和9.2%之间。① 不仅如此,企业与国家各自分担职业教育经费并合作培养技能人才,企业必须按照德国《职业教育法》的规定,与接受"双元制"职业教育的青年人签订公法范畴的职业教育合同,并根据《职业教育条例》规定的全国统一的资格标准及相关教学内容,进行基于工作(工作岗位、工作过程)的学习,培养学生的职业能力。② 这一经验表明,若要真正发挥企业在职业教育治理中的独特作用,就必须将校企合作作为衡量企业和企业家的标准之一,并以强制性的法律法规予以保障。

其二,借鉴发达国家的经验,适时制定并逐步完善吸引企业参与和投入职业教育的优惠政策。政府对企业的优惠政策,是政府引导企业参与和投

① 杨波怡.高等教育办学模式改革研究[M].长春:吉林大学出版社,2018:149.

② 姜大源.德国"双元制"职业教育再解读[J].中国职业技术教育,2013(33):5-14.

入职业教育的重要方法之一。这些优惠政策包括企业参与职业教育的利益补偿机制、企业投入职业教育的税收减免政策等,以切实满足企业的利益需求。美、德、韩、日四国的经验表明,政府在不同时期,根据职业教育发展的现实需要,及时制定和出台的有利于增加企业利益的优惠政策,是有效激发企业积极参与职业教育人才培养和投入职业教育的持久动力。例如,韩国政府于 1976 年出台的《职业培训资金法》就明确规定,企业有责任对职业培训投入资金,所投资金享有免税权;日本政府于 2000 年出台的《产业技术力强化法》则强化了中央政府、地方政府、职业院校和企业等各方在产学合作、产业振兴中的责任。

其三,政府为企业和非营利组织搭建平台,充分发挥二者在职业教育治理中的"协动"作用。"协动"是不同种类、不同性质的组织为了达成一致的社会目的,在保持各自的资源、特性的基础上,以平等的立场协力采取行动。"协动"的要素有以下几点:各个主体享有共同的目标;主体自主、自律与平等;为了达成目标,各主体之间应各有偏重,相互弥补;各主体承担相应的责任;依据求同存异的原则,相互尊重各自的特点,达成目标。如前所述,当前国外的非营利组织在参与社会治理方面发挥着越来越重要的作用,而以政府牵头来搭建平台的形式促进企业和非营利组织的相互支持、承担与合作,不仅有助于发挥非营利组织的积极作用,而且有助于增强企业和非营利组织的"协动"作用。在探讨非营利组织提供公共产品或服务的独特作用时,常会用到"志愿失灵"(Voluntary Failure)理论。该理论认为,非营利组织本身也有缺陷,从而导致"志愿失灵",然而,"志愿失灵"又可以通过政府来弥补,政府与非营利组织应该是一种伙伴关系。[①] "合作理论"(Cooperation Theory)也认为,非营利组织在参与社会治理的过程中,虽然能弥补政府与市场在提供公共服务方面的失灵,但作用有限,必须与政府协力合作才能更好地发挥作用。[②] 因此,在企业参与职业教育治理的积极性较弱的现实背景下,较为可行的措施就是由政府牵头来搭建平台,将职业院校运行所需的基

---

① 莱斯特·M.萨拉蒙.公共服务中的伙伴——现代福利国家中政府与非营利组织的关系[M].田凯,译.北京:商务印书馆,2008:12.

② 胡澎.日本非营利组织参与社会治理的路径与实践[J].日本学刊,2015(3):140-158.

础设施、专业培训、课程开发或“双师型”教师培养等“共赢项目”，通过项目招标、委托的方式输送给企业和非营利组织，而政府则以购买服务的方式来加强二者的相互支持与合作。在这一过程中，政府、企业、非营利组织和职业院校四者就形成了协作互补的局面，甚至可以说是“四方协动”的职业教育治理结构。

（三）继续强化校企合作

国内外职业教育发展的实践证明，良好的校企合作关系是促进职业院校和企业双赢的必由之路。正因为如此，我国政府在历次颁布的法律法规和政策文件中都强调企业参与职业教育的重要性，并将企业作为重要的协同治理主体纳入职业教育治理之中。例如，《国务院办公厅关于深化产教融合的若干意见》明确指出，要深化“引企入教”改革，支持引导企业深度参与职业学校、高等学校教育教学改革，多种方式参与学校专业规划、教材开发、教学设计、课程设置、实习实训，促进企业需求融入人才培养环节。这对于推进当前人力资源供给侧结构性改革、深化职业教育体制机制改革以及创新各层次各类型职业教育模式都具有重要的指导意义。与此同时，在职业教育理论界，我国研究者从企业公民、利益相关者、契约精神和成本分担的角度对企业参与职业教育进行了系统的分析和论证，其理论性共识就是企业应该也必须担负起职业教育发展责任。

然而，当前我国职业教育领域不同层面的校企合作还多停留于表象，职业院校和企业之间的合作近似政府或其主管部门主导下的“拉郎配”式的关系联姻，缺乏真正意义上的深度融合和专项合作。虽然校企双方会因政府的外部驱动而产生合作行为，但同样会因政府换届和政府官员的离职而终结。从价值驱动的角度来看，任何层次或形式的融合与合作都应依托共同体强烈认可的价值范式，如果缺少了价值主体的深层价值思考和主动意愿，那么就很难产生合作过程中的自主和自觉行为，其合作也就难免造成不可规避的内生性流弊。随着政府、职业院校和企业等治理主体的治理能力和治理水平的提升，其利益诉求和利益博弈的情形也变得更加复杂化，这促使我们不得不更加关注利益相关者各自的行为逻辑，从多重制度逻辑的角度去分析职业教育治理过程中各利益主体的行为方式。

制度逻辑是指某一领域中稳定存在的制度安排和相应的行动机制，每一种制度场域都有其自身的行动逻辑，不同的逻辑强调不同的评价基础，强调不同行动取向的优先性。[①]"制度逻辑是一套控制着特定组织域中各种行为的信念系统，也是一套组织原则，它为组织域的参与者提供了有关他们应该如何开展活动的指南。"[②]当我们以多重制度逻辑的视角来审视当前我国政府及其主管部门主导的校企合作时，就会发现，当前的校企合作样态缺乏稳定性和持续性的重要原因之一，就是过度强化了政府的行为逻辑而忽视或轻视了职业院校和企业的行为逻辑。职业院校的行为逻辑主要是指职业院校为谋求自身发展，在政策执行、经费获取、社会影响力提升、办学自主权扩大等方面寻求利益最大化的过程，具有公益性；企业的行为逻辑主要是指企业基于成本和收益的考量，在税收优惠、资源获取、战略发展等方面谋求利益最大化的过程，具有逐利性。因此，为进一步提升校企合作的质量，政府作为主导者，应从单维制度逻辑向多重制度逻辑转变，充分发挥制度在协调各方利益、优化行为主体行动等方面的重要作用。

其一，打破不同制度逻辑之间的冲突和矛盾，建立有利于校企合作有效推进和持续激励的制度逻辑。明晰的校企合作产权制度是校企双方开展合作的基本制度保障。正如研究者所指出的，对于以市场为导向的校企合作而言，清晰的产权界定是开展合作的前提和基础。只有产权清晰界定，明确双方权责利关系，才能在校企合作的执行过程中正确处理校企双方的权利边界问题，规范利益双方的合作行为，使外部收益内部化。[③]职业院校仅有经营权而没有所有权，其解决之道应该是政府与职业院校订立契约，授予职业院校在校企合作中的相应权利，并以股份制的形式建立产权清晰、责权明确的政校关系。

---

① 斯科特.制度与组织：思想观念与物质利益[M].姚伟，王黎芳，译.北京：中国人民大学出版社，2010：39-43.

② FRIEDLAND R, ALFORD R R. Bringing Society Back in: Symbols, Practices and Institutional Contradictions[M]//POWELL W W, DIMAGGIO P J, The New Institutionalism in Organizational Analysis. Chicago: University of Chicago Press, 1991: 248-252.

③ 张斌.多重制度逻辑下的校企合作治理问题研究[J].教育发展研究，2014，34(19)：44-50.

其二，推进多重制度逻辑的演进，在政府主导下逐步推动主体行为创新。在多元化的制度环境中，政府、职业院校和企业三者为追求自身利益而遵从各自的行为逻辑，呈现出一副竞争、冲突和妥协交织的画面。因此，政府作为职业教育治理的主导者，应进一步完善相关法律法规的可操作性，规范校企双方的职责，协调校企双方的利益诉求，引导职业院校和企业形成互利共赢、长期稳定的合作关系。与此同时，政府还应逐步弱化行政权力，以目标管理、质量监督的方式实现对校企合作的间接管理，避免政府因官员的个人偏好、政绩追求和形式主义而直接干预校企合作的具体事宜。

其三，建立协同创新机构，以实现对多重制度逻辑的有效管理。目前我国没有专门的机构来负责职业教育领域的校企合作事宜，而主要依赖于相关部委和行业协会的指导和说明。就校企合作这一长期战略而言，应尽快在地市级以上政府成立负责校企合作管理、决策、咨询和服务的专门机构，用以整合各种资源，落实各类优惠政策，进而形成长期稳定的校企合作关系，并有效提升职业教育治理水平，提升职业教育人才培养质量。

总之，我国政府引导企业参与职业教育治理，必须尽快完善相关法律法规和落实相关优惠政策，只有在法律框架的规制和优惠政策的引导下，才能真正激发企业参与和投入职业教育的动力，进而增强职业教育的办学活力和提升职业教育的吸引力。与此同时，政府应积极为企业和非营利组织“协动”供给职业教育而搭建平台，提供更多的“协动”项目，以此提高企业参与职业教育治理的积极性。

五、探索新的职业教育供给模式

如前所述，我国职业教育只有遵循政府主导的职业教育治理逻辑，实施政府主导的“多元共治”模式，才能真正实现职业教育治理体系和治理能力现代化的目标。政府有效供给职业教育，应主动寻求与社会力量的合作，形成长效的合作机制，探索新的职业教育供给模式，进而促进职业教育资源整合，促成多元主体间的协作和互补，从而助推职业教育治理体系和治理能力现代化。

(一)寻求与市场力量的合作

伯顿·克拉克(Burton Clark)提出的“三角协调”理论为分析职业教育治理主体之间的互动关系奠定了较好的理论基础。根据该理论的分析维度,职业教育的发展主要受政府权力、市场力量和职业院校(学术权威)三种势力整合的影响,现实中的三种力量在不同时空背景下的张力形成了不同的职业教育治理模式。从当前我国职业教育治理的现实表征来看,政府、市场、职业院校的三角关系主要是通过政府建构的,市场力量似乎从来没有主动介入的意愿和传统。甚至可以说,我国职业教育治理主体关系近乎是仅由政府与职业院校两个主体形成的附属关系,而市场因素成为三角关系中最为薄弱的因素,对职业教育治理几乎没有影响。这在很大程度上会造成政府权力、市场力量和职业院校三者关系的失衡,使得我国职业教育治理结构不尽合理。

的确,对于处在特殊制度框架和发展阶段的我国职业教育来说,要实现政府、市场力量和职业院校的完全和谐与均衡是很难的。这是因为在我国集中管理体制的惯性和路径依赖作用下,政府权力表现出比其他国家更为强烈的干预冲动和意愿。在职业教育改革与发展过程中,政府不仅集设计、管理、监管和评价等多重角色于一身,而且提供强大而又稳定的资金支持。我们必须承认,这是我国职业教育治理的优越之处,它能在很大程度上保证诸多职业教育问题的有效解决,减少职业教育发展中可能遇到的风险。然而,职业院校出于在评判权和经费上对政府的依赖,很容易产生一种“唯上”心理和“媚上”举动,而这又会从反面直接地强化政府的行政逻辑。这种自上而下的“诱致性”发展和强力财政经费支持的行为逻辑,无疑会进一步固化政府的干预意识,弱化职业院校的发展动力,强化市场主体的“搭便车”心理。其进一步的结果是,在政府与职业院校“亲密互动”的同时,市场力量推动职业院校发展的可能性空间被最大化地挤占。

那么,如何解决这一问题呢?笔者认为,以哈里·德波尔(Harry de Boer)为代表的德国学者们提出的“治理均衡器”(Governance Equalizer)理论对完善我国职业教育治理结构应该具有启迪价值。该理论假定:“社会领域的治理结构是由国家规制、利益相关者引导、竞争机制、学术自治、管理自治等五个维度在某个时间点以某种具体方式组合而成的。在均衡器模型中,这五个治理维度相互独立并且可以被任意调节。"[①]这种糅合了管理主义、市场竞争和社会问责等新公共管理要素的理论框架,对于探究不同治理机制之间的动态关系具有较强的指导意义。

根据"治理均衡器"的假定,在职业教育治理过程中,国家规制主要是指各层级政府制定的用来指导、调节职业教育发展的指令性规章制度;利益相关者引导主要是指政府作为治理权威和重要的利益相关者,通过为各方行动者设定目标和提供建议来引导和规范职业教育发展;竞争机制主要是指职业院校内部及职业院校之间为争取稀缺资源而展开的相互竞争关系;学术自治主要是指职业院校教师群体作为专业共同体,为职业院校及其自身发展争取利益,如在招生规模、专业设置、教师职务评聘甚至教学内容确定等方面争取更多的自主权,并使其制度化;管理自治主要是指职业院校管理层对经费支出、教师聘任和绩效考核等方面的自由裁量权,能够自主地处理院校内部的各种复杂事务。在这种新公共管理的改革思路下,我国政府应以管理者和参与者的双重身份来着手协调不同治理机制之间的动态关系。

其一,发挥国家规制的强制和调节作用,将政府与职业院校之间传统的附属关系转变为以结果为导向的契约关系。政府教育主管部门与职业院校签订绩效协议,通过实行更具弹性和灵活性的目标管理来实现对职业院校的间接管理,将有利于提高职业院校的主动性和积极性。这一契约关系不仅有助于职业院校独立面对市场竞争,逐步建立完善的法人制度,而且有助于提高职业院校的学术自治和管理自治能力。这是实现职业教育均衡治理的首要环节。

其二,建立问责机制,实现职业教育利益相关者间的均衡治理。荷兰学者马克·波文斯(Mark Bovens)曾鲜明地指出:"问责是问责主体与问责客体之间的关系,其中问责客体有义务就其行为进行解释和证明,问责主体可

① JANSEN D. New Forms of Governance in Research Organizations: Disciplinary Approaches, Interfaces and Integration[M]. Dordrecht: Springer Verlag, 2007: 137-141.

以提出问题和做出判断，问责客体要承担相应的后果。”[①]问责机制的惩戒与威慑作用是政府主导职业教育治理的重要抓手，有助于政府通过间接管理协调各利益主体的利益关系，进而建立均衡治理机制。在问责、效率与质量的压力下，只有外部利益相关者有了客观评价标准，他们才会更加积极地承担起自身的责任，充分发挥自身对于职业教育治理和发展的应有作用。

其三，政府主导形塑“平衡器”。政府作为主导者，应主动形塑不同治理机制之间的“平衡器”，平衡各个治理机制之间的关系，有效规避某一维度被过度强化或削弱的现象，从而达到均衡治理的目标。譬如，在职业院校的学术自治相对较弱时，政府可根据职业院校的合理诉求，下放部分专业设置和调整权、人事管理权和收入分配权等办学自主权，以提升学术自治的权重。又如，当竞争机制弱化时，政府应根据职业院校发展的现实需要，在绩效问责、竞争性拨款等方面主动地引入市场化的竞争机制，在鼓励差异化的同时提升政府对公共教育资源的配置效率。

（二）实施职业教育供给的 PPP 模式

PPP(Public Private Partnerships)模式，即公共部门与私人部门的合作，也可称为公私合作伙伴关系。20 世纪 70 年代，美英等西方资本主义国家为解决经济萧条情况下的财政资金不足问题，积极引入私人部门参与公共项目的建设运营，同时将 PPP 模式运用于公共政策领域，并且为规范和推进该模式的发展而出台了一系列政策，极大地促进了公私合作伙伴关系的发展。当前，各国政府在公共医疗、污水处理、教育、燃气等公共服务领域广泛尝试 PPP 模式，表明该模式为一种既有效又可行的运作模式。

联合国发展计划署指出，PPP 是指政府、营利性企业和非营利组织基于某个项目而形成的相互合作关系的形式。通过这种合作形式，合作各方可达到比预期单独行动更有利的结果。合作各方参与某个项目时，政府并不是把项目的责任全部转移给私营部门，而是参与合作的各方共同承担责任

① BOVENS M. Analysing and Assessing Accountability: A Conceptual Framework[J]. European Law Journal, 2007, 13(4): 447-468.

和融资风险。[①] 对此，萨瓦斯(E. S. Savas)有过更具体的解释，即 PPP 模式是指公共部门和私营部门共同参与生产和提供物品和服务的任何安排。合同承包、特许经营、补助等都符合这一定义。这种合作关系主要通过一套协议和计划来进行，合作双方共同承担投资风险、责任以及分享回报。[②] 从以上对 PPP 模式的描述中可以发现，PPP 模式具有以下三个基本特征：一是突出合作的重要性，合作是前提。合作的主体包括公共部门、企业部门、专业部门和社会公众等，其合作的本质就在于政府及其职能部门利用非政府机构所掌握的资源来提供公共产品或服务。二是强调共同受益，实现共赢。由于 PPP 项目一般具有很强的公益性，这意味着项目具有较高的垄断性，能够为非政府机构带来丰厚的利益，有利于吸引非政府机构的积极参与。三是合作各方共同承担风险。在 PPP 项目的确认和可行性研究阶段确定项目的风险分配方案，并贯穿项目始终，形成令各方满意和有效的风险分配方案。

虽然 PPP 模式在我国社会经济领域的运行时间较晚，但是其运行势头却异常高亢。2014 年年初，我国政府在全国部分省市开展名为“政府和社会资本合作”的 PPP 试点，并于 2014 年年底由国家发改委发布了《关于开展政府和社会资本合作的指导意见》。该意见指出，开展 PPP 是创新投融资机制的重要举措，对拓宽社会资本投资渠道、促进投资主体多元化、发展混合所有制经济、加快政府职能转变具有重要意义。2015 年 5 月，国务院总理李克强部署推广政府和社会资本合作模式，以汇聚社会力量增加公共产品和服务供给，并决定在交通、环保、医疗和养老等领域广泛推广。因此，我国政府在公共领域开展 PPP 项目的战略举措，为职业教育供给提供了一个新的视角。基于对 PPP 模式的基本特征和职业教育的准公共产品属性的认识，可以将职业教育供给的 PPP 模式理解为：政府与私人部门之间就职业教育供给而建立一种合作伙伴关系，通过一系列制度安排和协调机制，为社会供给更有效的职业教育产品或服务。具体而言，职业教育供给的 PPP 模式主要包含三种具体模式，即外包模式、特许经营模式和私有化模式(见图 7-2)。

---

① 刘薇.PPP 模式理论阐释及其现实例证[J].改革，2015(1)：78-89.

② 萨瓦斯.民营化与公私部门的伙伴关系[M].周志忍，等译.北京：中国人民大学出版社，2002：21.

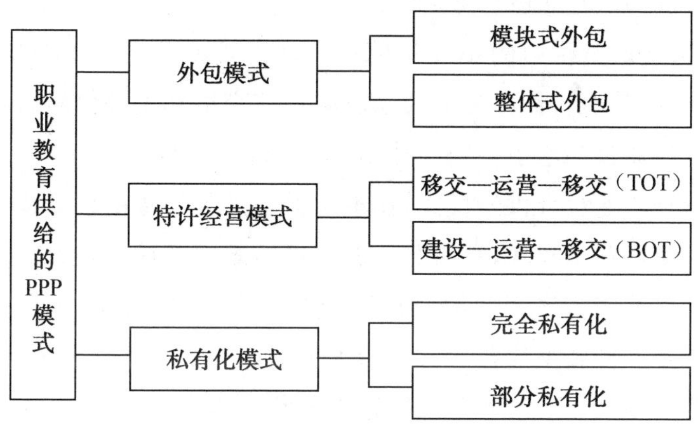

图 7-2　职业教育供给的 PPP 模式

第一，职业教育供给的外包模式。该模式主要是指政府与私人部门通过签订合同，将职业院校的基础设施类、职业教育专业培训类、实践实训类以及职业院校管理类等项目，通过模块化外包和整体性外包的方式托付给私人部门（企业或培训机构）完成。外包模式是国际上政府提供公共产品或服务的常用模式。在签约外包中，政府作为公共服务的提供者，将具体管理运营权交给受托方，由政府向受托方付费购买其生产的公共产品或服务。这一模式既可以节省政府的财政支出，又可以提升服务的专业化水平和服务效率。

第二，职业教育供给的特许经营模式。该模式主要是指政府与私人部门通过签订合同，政府授予私人部门一定期限的特许经营权，许可私人部门兴办和经营职业院校，在规定的期限内，私人部门可以通过经营职业院校获取投资回报，待到特许期满，私人部门将职业院校无偿或有偿转交给政府。该模式主要分为两类：移交　运营　移交（Transfer-Operate-Transfer，TOT）和建设—运营—移交（Build-Operate-Transfer，BOT）。TOT 模式实际上就是政府创办好职业院校以后，授予私人部门经营权和管理权，最后再由私人部门移交给政府进行经营和管理；而 BOT 模式是由私人部门创办职业院校，并经营一段时间后再移交给政府。需要指出的是，虽然 PPP 模式不完全等同于 TOT 模式和 BOT 模式，但三者在本质上是等同的，即都是在政府与私人部门协调机制下形成的有效供给模式，而且从广义上看，PPP 模式可以包含 TOT 模式和 BOT 模式。

第三，职业教育供给的私有化模式。该模式主要是指政府与私人部门通过签订合同，政府将创办完成的职业院校移交给私人部门经营，并对私人部门经营进行监督和给予一定的补贴。

以上三种职业教育供给模式，在本质上都是契约化的供给模式，其核心就在于引入市场竞争模式，提高职业教育供给效率和质量，这应该成为我国职业教育供给的明智选择。抛开具体的职业教育供给模式来说，公私合作伙伴关系更是一种新型的职业教育治理范式。PPP 模式将私人部门引入职业教育服务领域，无疑会使传统政府的纵向一体化"行政命令关系"转变为政府与多元主体之间的"契约关系"，从而形成政府与市场主体之间互动耦合的多元合作治理机制。在此需要说明的是，职业教育产品供给的 PPP 模式代表着公私部门为取得共同的成功而承担巨大风险的关系，而不是追求各自利益最大化。它绝不是政府将职业教育简单地推向民营化或私有化，而是政府引导私人部门承担起它应该履行的社会责任，从而降低职业教育运营交易成本，提高职业教育的效能和人才培养的成效。

尽管 PPP 模式运用于职业教育供给具有多方面优势，但是合作项目运行的整个周期都存在着一定的风险，如合同的制定不够规范、部门之间缺乏协调与沟通以及监督管理机制不够健全而导致私人部门回报率低等。为化解各种风险，政府作为职业教育治理的主导者，应做好以下三个方面的工作。

其一，完善实施公共部门与私人部门合作的制度条件。PPP 模式对于职业教育供给而言是一个创新性工具，其运作过程是非常复杂的，因而必须建立完备的合同体系和良好的解决争议的协调机制，以确保其顺利运行。一方面，要从立法的层面建立对私人部门进入职业教育供给的准入制度、监督管理制度、利益分享与补偿制度以及风险分担制度等刚性制度；另一方面，政府部门还应在引导或吸引私人部门参与职业教育供给上给予一定的政策激励和优惠措施，为 PPP 模式的实施创造良好的制度条件。

其二，成立专业化和独立性的发展促进机构。PPP 模式运作将会涉及不同部门之间的协调与沟通，因而成立专业化和独立性的发展机构来负责

PPP 项目运作中的立项、审批、建设、运营、转移、监管、解决争端、考核评估以及推广等具体工作显得尤为必要。我国已经设立了财政部 PPP 中心协助政府推进 PPP 项目的开展,形成了多层级的治理结构。也有研究者建议,应结合我国政府行政管理架构的特征,在国务院下设 PPP 部际协调委员会(PPP Inter-Ministerial Committee, PPPIMC),并将财政部 PPP 中心升格为国家 PPP 促进中心,以其作为 PPPIMC 的执行机构及秘书处,负责协调、指导、监督中央及地方 PPP 项目的开发工作,由此推动政府与社会资本的充分合作。[①] 笔者认为,我们还应成立隶属于教育部的专门职业教育 PPP 项目的发展促进机构,如职业教育 PPP 项目办公室,以此统筹、协调和指导全国范围内的职业教育 PPP 项目的开展,提高职业教育供给的 PPP 模式的效能。

其三,建立规范、系统的监督管理机制以防范风险。职业教育供给的 PPP 项目的监督管理不同于一般项目的管理,它涉及公共利益和私人部门利益,是在政府和私人部门合作伙伴关系的基础上,为了彼此的利益目标而综合选择的结果。在这一过程中,政府既是履约的一方,又是监管的主体,必须在代表公共利益的同时,保证私人部门获取合理的利润。为此,政府应对职业教育的 PPP 项目的全周期进行监管。在 PPP 模式运行中,政府将融资、提供服务、基础设施建设以及运营等过程中的风险,部分或全部转移给了私人部门,并且通过缩短整个项目生命周期来节约成本。而私人部门在与政府的合作过程中也会降低投资风险并获得利润回报。这就意味着,风险转移和资金使用效率是职业教育供给的 PPP 模式中应该引起高度关注的焦点问题。因此,合理的风险分配必须遵循一定的原则,即将风险转移或分配给更有控制能力或控制风险成本较低的一方,承担的风险程度与风险回报相匹配,承担的风险依据承担能力要设定上限。[②]

---

① 陈新平.关于将财政部 PPP 中心升格为国家 PPP 促进中心的建议[J].清华金融评论,2015(7):57-61.

② 和军,戴锦.公私合作伙伴关系(PPP)研究的新进展[J].福建论坛(人文社会科学版),2015(5):44-51.

（三）与非营利组织合作供给

非营利组织也称“第三部门”或“非政府组织”。它自 20 世纪中期以后在世界各国逐渐流行起来，虽然其含义在各国的界定中不一，但是其本质都是针对政府部门与营利性私人部门之间的社会组织，诸如慈善组织、基金会、协会、学会、民办非营利企业、官办社会团体等。无论非营利组织、第三部门还是非政府组织，它们都超越了“非公即私”或“非私即公”的理论旨趣，只是在不同的语境中各自强调的侧重点有所不同而已。如本书中使用的非营利组织，是为了在职业教育供给问题上区别于政府和营利性私人部门。尽管如此，本书在相关文献的引用上有时也把第三部门、非政府组织在同一含义上予以使用。概括地讲，非营利组织不承担政府组织的政治职能，其决策层和管理层也不应当由政府官员担任或直接控制。但是，这并不是说非营利组织不能让政府组织或政府官员参与其活动，更不意味着非营利组织不能接受政府的支持和资助，而是说非营利组织应当有独立决策权，不为政府所控制。[①] 非营利组织的经费来源主要是政府财政拨款、民间捐款和会员缴纳的会费等非营利收入，其作用的领域主要是政府与私人部门无力、无法或无意作为的社会公益性事业，其目的主要是服务社会大众，促进社会稳定与发展。

国际经验证明，随着经济社会的持续发展，非营利组织在从事社会公益性事业方面发挥着越来越重要的作用，特别是在教育、科学、医疗卫生、社会服务等领域以其特有的社会公益性弥补了政府和市场的某些不足或缺陷，在一定程度上满足了人们的不同层次、不同方面的要求。正如美国学者彼得斯(B. G. Peters)所指出的那样：“政府的改革之道，就是运用它的力量去培育创造出更多的第三部门……顺应这些改革也就成立了所要的组织结构。剩下的问题就是指导这些组织使之符合社会的价值要求，并且有能力去解决社会问题。”[②]非营利组织与政府、市场组织一起在公共领域扮演着举

① 吴东民，董西明.非营利组织管理[M].北京：中国人民大学出版社，2003：8.

② B. 盖伊・彼得斯.政府未来的治理模式[M].吴爱明，夏宏图，译.北京：中国人民大学出版社，2001：72-73.

足轻重的角色，三者之间的相互补充使得人类社会持续稳定的发展成为可能。当今许多国家公共服务领域改革的一个重要切入点就是政府加强与社会的合作，充分发挥非营利组织在募集资金、动员社会参与等方面的优势，使社会力量在市场不愿做、政府做不好的公共服务领域发挥拾遗补阙的重要作用。例如，日本政府于1998年颁布的《特定非营利活动促进法》就大大降低了非营利组织的法人准入门槛，并予以税收等方面的优惠，使得非营利组织在推进包括职业教育在内的众多公共领域发展方面发挥着重要的“协动”作用。在我国，尽管政府与非营利组织合作供给公共产品或服务的体制机制还处于探索发展阶段，但政府向非营利组织购买服务已不是新鲜事。例如，2005年，国务院扶贫办、亚洲开发银行、江西省扶贫办和中国扶贫基金会在北京开展“非政府组织与政府合作实施村级扶贫规划试点项目”，该项目是第一个通过规范程序招标进行的政府购买服务项目，标志着公共服务购买开始进行规范化的试点。①

既然非营利组织作为一支现实的社会力量已经无可争议，那么它作为政府和营利性私人部门之外的社会组织，其供给职业教育的必要性和可行性是什么？对于此问题，可以从以下三个方面来理解。

其一，非营利组织以志愿求公益的特征超越了职业教育供给的现实规定性。非营利组织参与职业教育供给应首先具有合法性。为此，我们应厘清非营利组织的“公益法人”角色，这样才能从根本上杜绝举办者个人财产与学校财产出现混淆不清的关系，才能避免或明或暗的以“赢利”为目的的问题。由于法人享有法人财产权而非所有权，实行法人产权制度②，并且我国《民办教育促进法》规定民办学校对举办者投入民办学校的资产、国有资产、受赠的财产以及办学积累，享有法人财产权，所以非营利组织参与公立、民办职业教育供给，在法律上是被认可、被承认和被支持的，这也是其办学的合法性依据。非营利组织以其公益性、非营利性、组织性等特征，超越了政府部门与营利性私人部门的现实规定性，在职业教育供给问题上可以承

---

① 贾西津，苏明.中国政府购买公共服务研究终期报告(亚行对华技术援助项目 TA4790-PRC：改革支持和能力建设)[R/OL].(2009-9-13)[2022-4-8]. http://wenku.baidu.com/view/3695bf1dfad6195f312ba660.html.

② 王建华.第三部门视野中的现代大学制度[M].广州：广东高等教育出版社，2008：217.

担重要的社会责任。

其二,市场、政府在职业教育供给中的失灵现象,为非营利组织参与职业教育供给提供了现实依据。经济学理论认为,市场经济在经济资源配置等方面具有天然的优势,能通过个体理性最大化的追求实现整个社会向前发展。由于个体都是理性人,容易造成消费的“搭便车”现象,导致许多公共事业无人问津,特别是公共产品常常出现供给不足问题,即出现市场失灵现象。就职业教育供给而言,依靠市场机制或个别消费者与生产者之间的交易来供给,是无法实现的。这就为政府介入职业教育供给提供了充分的理由。但是,政府并非万能的,政府总是试图参与更多的公共事务,而随之而来的则是责任的缺失、组织规模的扩大、经费的膨胀等问题,即在职业教育产品的供给中也会出现政府失灵现象。所以,在市场失灵和政府失灵并存的情形下,职业教育供给还需要政府与私人部门之外的非营利组织介入。

其三,非营利组织能最大限度地满足不同层次的人对职业教育的需求。毋庸置疑,受教育者接受职业教育的期望和要求不可能一模一样,有的人认为,有必要接受3年以上的系统的技术技能训练才能成为合格的劳动者;有的人认为,接受短期的技术技能培训就足矣。不仅如此,由于个体的经济水平、文化背景、个人兴趣和天赋等差异,受教育者在对职业教育教学内容的安排上也存在意见分歧。在此情况下,政府针对大多数人的需要,或者说,政府倾向于中位选民(Median Voter)的偏好的做法,就无法满足小部分人的特殊需要或大多数人的超额需要。因此,政府在通过PPP模式供给职业教育以满足大多数人的需要的同时,还要大力发展非营利组织供给模式,以及时有效地供给和满足不断增长的多样化的需要,从而在根本上解决职业教育供给不足的问题。

总之,非营利组织供给职业教育既是必要的,又是可行的。那么,非营利组织如何供给职业教育产品或服务呢?非营利组织的运转遵循“自愿、非营利”的原则,它所从事的领域也是政府和营利性私人部门“不愿做、做不好和不常做”的领域。因此,相对于政府部门而言,凡是政府部门能够直接供给的公共产品,一般情况下是不允许非营利组织充当供给主体的,即非营利组织不能运用公共权力去实现公共产品的供给;与此同时,相对于营利性私人部门而言，非营利组织也不直接进行社会产品的生产，即使参与部分社会产品的生产，也是在成本与利润持平的状态下运转的。既然如此，非营利组织要想参与职业教育供给，满足特定人群对职业教育的需要，就必须克服自身既无政府行政能力的优势、又无营利性私人部门的资金优势的弱点。这意味着非营利组织在职业教育供给选择上，要么在一定的范围内通过自愿合作方式来提供职业教育；要么争取政府的政策和资金支持，即通过加强与政府的合作来提供职业教育。

一方面，在职业教育的很多领域，非营利组织都可以通过自愿合作的方式供给职业教育产品或服务。例如，随着中国城市化进程的加速，农民工子女、青年农民工的教育问题成为突出的社会问题。出于家庭经济贫困、城市入学政策以及受教育背景的差异等原因，农民工子女、青年农民工等弱势群体接受学历职业教育或职业教育培训的机会受阻。非营利组织可以通过与社区、家庭联合的方式，资助这些弱势群体获得同等的受教育机会。又如，非营利组织可通过与企业合作的方式介入职业教育。非营利组织在募集资金的过程中，应积极寻求与国内外知名企业的合作，主动搭建企业与职业院校合作的“桥梁”。同时，非营利组织在与国际非营利组织合作的过程中，也可以吸收国外资源（如资金、企业）开展各种职业教育项目。

另一方面，非营利组织可以通过与政府的合作来供给职业教育，即政府通过订立服务合同的方式，将职业教育的供给权委托给非营利组织，这样政府与非营利组织就形成了委托—代理关系。委托—代理理论（Principal-agent Theory）是契约理论最重要的发展之一，该理论的分析逻辑就是委托人为了实现自身效用最大化，将其所拥有（控制）资源的某些决策权授予代理人，并要求代理人提供有利于委托人利益的服务或行为。[①] 依此理论，政府与非营利组织之间的委托—代理关系就是政府为实现职业教育产品或服务的效用最大化，将供给职业教育的任务委托给非营利组织来承担。譬如，在达成委托—代理关系的情况下，政府负责筹集资金，非营利组织负责提供职业教育产品或服务，以此满足需求较高的人的额外需要，满足需求特殊的人的特别需要。在此过程中，政府和非营利组织可以发挥各自的优势，不仅

① 刘有贵，蒋年云.委托代理理论述评[J].学术界，2006(1)：69-78.

能够提高职业教育资源使用效率，而且能够满足公众对职业教育的差异化和多样化的需要。

综上所述，我国职业教育供给模式可以由传统的政府供给占主导地位的供给模式转向政府、营利性私人部门、非营利组织三者之间的协作与互补的供给模式，形成多元共治的空间架构(见图 7-3)，这能在一定程度上为我国职业教育供给提供新的改革思路。需要特别指出的是，职业教育的多元供给模式绝不是单纯地化解相对单一的政府供给模式的临时性、急救性措施，而是贯穿职业教育治理全过程的一种基本供给模式，是实现职业教育治理体系和治理能力现代化的重要举措。

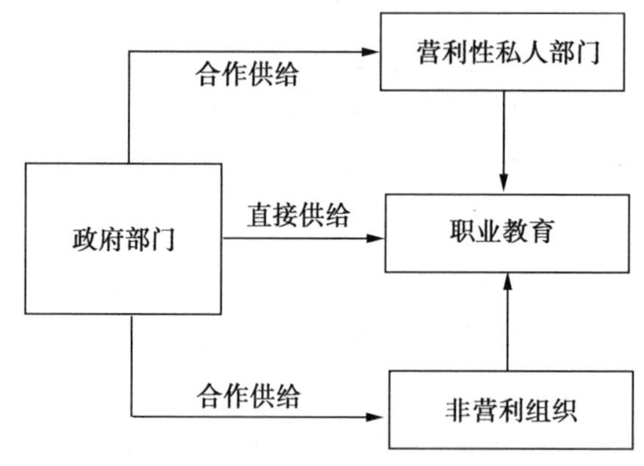

图 7-3　职业教育多元供给模式架构

六、落实和扩大职业院校办学自主权

职业院校办学自主权问题既是处理政府与职业院校关系的核心议题，又是明确界定政府职业教育责任边界的极其重要的一个方面。应当承认，近年来我国在扩大职业院校办学自主权方面取得了很大进展，但是目前职业院校所具有的或已落实的办学自主权仍有较大的提升空间。譬如，政府对公办职业院校的专业设置、收费标准、教师评聘以及教育经费的使用等方面都由行政部门统管、审批，在院校的准入管制、招生、收费以及专业课程设置等方面有其自身特殊性的民办职业院校也面临着同样的问题。职业教育是与市场经济发展联系程度较高的教育类型，职业院校在办学自主权方面所面临的问题使其不能灵敏地根据市场需求调整办学思路，其办学活力也受到很大的抑制。所以，在当前阶段，完善现代职业教育治理结构、建立现代职业教育制度以及提高职业院校的办学质量和效率的根本路径之一，就是要落实和扩大职业院校办学自主权。那么，如何扩大或落实职业院校的办学自主权？笔者的思路是：政府应在有限政府理念的指导下，首先明确政府如何确定职业院校办学自主权，其次要厘清政府应该赋予职业院校哪些办学自主权，最后思考如何落实这些办学自主权。

（一）以负面清单确定职业院校的办学自主权

“负面清单（Negative Listings）是一种外商投资准入制度，旨在推行‘以准入后监督为主，准入前负面清单方式许可管理为辅’，简化或取消行政审批制转而使用备案制度。”①目前全世界已有 70 多个国家采用这种“准入前国民待遇和负面清单”的管理模式。2013 年 9 月，中国（上海）自由贸易试验区首次引入负面清单管理模式，这也引发了社会各界对负面清单管理模式的关注和思考，职业教育领域便是引入负面清单管理模式的领域之一。

2014 年，国家教改办发布的《关于进一步落实和扩大高校办学自主权完善高校内部治理结构的意见》指出：“探索实施高校依法自主办学负面清单管理，清单之外的事项由高校自主行使并依法接受政府、社会及校内监督。”该意见对落实和扩大职业院校办学自主权做出了指导性说明。负面清单管理是最现代的管理方式，将这种管理方式引入职业教育管理，是社会转型期变革政府与职业教育关系的必由之路。

从根本上说，确定职业院校的办学自主权，就是明确政府、市场与职业院校的关系问题，规范和约束政府对职业院校发展的权力边界。政府以制定负面清单的方式确定职业院校办学自主权，不仅顺应了职业院校办学自主权发展的必然趋势，同时也框定了政府的权力边界。一方面，负面清单恪守“非禁即准”的法理逻辑，这意味着职业院校可以根据社会发展形势、市场

① 周光礼，徐梦梦.引入负面清单管理模式重构大学与政府的关系[J].中国高校科技，2014(11)：9-11.

需求以及职业院校自身发展的需要，独立自主地判断“能做什么”“该做什么”；另一方面，职业院校办学自主权的负面清单也是政府的权力清单，实际上这也同时框定了政府的权力边界，政府及其职能部门未经法律授权不得干涉职业院校办学自主权。当然，这并不意味着政府就可以对清单之外的办学事项放任自流，因为政府对职业教育的权力与政府应承担的相应的责任是相辅相成、不可分离的。因此，政府以负面清单的方式确定职业院校办学自主权还应注意以下问题。

第一，负面清单的推行要与相关职业教育法律法规和政策文件的废改行为相结合。以负面清单确定职业院校办学自主权，其根本依据是现行的职业教育法律法规和政策文件，如果依据本身存在过时、相互矛盾等问题，就难以制定出优质的负面清单，因而在全面制定负面清单之前，必须进行一次彻底的法律文件清理工作，尤其是剔除过时或相互矛盾的内容，以更有利于清理不合理的行政权力。①

第二，明确职业院校的权利和义务。政府在制定职业院校办学自主权的负面清单时，不仅要明确对职业院校管理的范围和方法，而且要明确职业院校自主办学的责任和义务。因为政府一旦制定职业院校办学自主权的负面清单，就意味着职业院校必须有能力担负起自主办学的行为，因而明确职业院校的责任和义务十分重要。

第三，进一步明确职业院校的法人地位。尽管现阶段职业院校与上级行政部门或行政主管部门之间存有隶属关系，但是职业院校不应被视作行政部门的附属机构。政府必须以法律的形式明确规定职业院校的法人地位，而在这一立法过程中，要确保人大对清单的审议权和通过权，因为政府法制部门自行出台的权力清单或负面清单必须经过人大的审议、通过后才能真正成为有效的规范性法律文件。②

第四，政府在建立职业院校办学自主权的负面清单的同时，还要做好规划和引导，注意每一项权力的有限性。除此之外，更要加强过程性监督，限制权力滥用和恣意妄为。负面清单管理意味着清单之外的众多自主办学权

---

① 王春业.权力清单制度及其顶层设计[J].天津行政学院学报，2016，18(1)：59-66+2.

② 胡于凝.权力清单制度的动力与阻力探究[J].天津行政学院学报，2016，18(4)：3-11.

将由“核准制”转为“备案制”或“备案制＋核准制”，如果备案不规范，那么负面清单也将虚置。

第五，在制定负面清单的过程中，政府要与其他办学主体进行充分有效的沟通与协调。“大学一方面力求拥有更多的办学自主权，另一方面却不由自主地比过去任何时候更注意政府在社会各种子系统中的协调作用”①，因而政府与其他办学主体应以协调共振为宗旨，尽量做到科学合理，其所涉及的主体主要包括职业院校、教育中介组织、企业、行业组织以及公民个人等。

第六，在职业院校办学自主权负面清单的内容上，应列入的事项主要包括立法、行政规划类、行政许可类、行政监督评估类、经费分配类、行政指导类、行政处罚类以及行政奖励类等项目。

（二）赋予职业院校办学自主权的主要内容

随着社会主义市场经济体制的逐步完善和职业教育国际化趋势的增强，政府赋予职业院校办学自主权已成为职业教育改革与发展的必然选择。政府在制定职业院校办学自主权负面清单的基础上，一方面要落实《关于加快发展现代职业教育的决定》所强调的“职业院校专业设置和调整、人事管理、教师评聘、收入分配等方面的办学自主权”；另一方面还应采用循序渐进的办法，在其他方面寻求突破。笔者认为，当前政府应赋予职业院校办学自主权的主要内容为以下几项。

1.专业设置权

尽管我国的职业教育相关法规政策已赋予职业教育专业设置的自主权，但是在实践中政府基于保障职业教育公益性实现的考虑，在专业设置方面已经超出了法的授予范围。政府对职业院校的专业设置采取的是大一统的管理，制定统一的专业目录，职业院校开设新专业必须严格依照专业目录审批。尽管政府的出发点不无可取之处，但是严格按照专业目录审批不但不符合职业教育的规律，而且也会妨碍职业院校面向市场办学、主动适应社会需求，更不利于职业院校的品牌和特色建设。在当前我国社会经济快速发展的背景下，市场对合格劳动者的需求日益多样化，传统的专业设置方式

① 李泽彧.我国高等学校办学自主权研究[D].厦门：厦门大学，2000.

已不适应市场发展的节奏，职业院校只有面向人才市场和劳动市场，及时调整专业和学生知识结构，才能满足社会经济发展的需要。不仅如此，而且在民办职业院校的专业设置上，政府同样施加了过多的管制。其具体体现是，主要套用公办职业院校专业设置标准，使得民办职业院校不能根据市场需求灵活设置专业，只能被动地向公办院校“趋同”，导致民办职业院校专业设置缺乏特色，影响了市场竞争力。因此，政府在推进职业教育分类管理中，应针对不同性质的职业院校给予不同程度的专业设置权，尤其是对民办职业院校逐渐下放专业设置权，使其能够灵敏地根据市场需求变化来设置专业。必须明确的是，政府赋予职业院校专业设置权，并非意味着政府在这些方面可以撒手不管。实际上，许多职业院校在专业师资准备、实训设备准备、经费准备、专业前景预测等方面尚不具备独立设置专业的条件，这些情况的存在，不仅会造成职业教育质量隐患，而且盲目跟风也会造成不必要的损失。因此，政府应在职业院校专业设置上建立备案制和核准制，在下放专业设置权的同时，更要加强对职业院校专业设置的监管与调控。例如，教育部门可以在综合考虑宏观经济运行、劳动力需求预测以及职业院校办学层次和条件等因素的基础上，确定职业院校的年度招生总数与专业设置数的上限，而职业院校可以根据自身情况来自主增加或裁撤专业，但专业总数不得超出上限。

2.收费定价权

由于我国对中等职业教育将逐步实行国家减免学费政策，所以中等职业教育将不存在收费定价权的问题，这里仅就问题较为突出的公办、民办高等职业院校进行分析。目前，政府为了防止高等职业院校“乱收费”现象的发生，对高等职业院校予以严格的收费管制，要求它们必须按照有关部门的规定收取学费。这一收费规定使得高等职业院校无法通过收费定价的调整迎合市场供求的变化，从而抑制了部分职业院校通过提升质量获取更多办学资金的内在动力，也影响了职业教育领域市场机制的高效运作。对民办职业院校而言，政府因担心其过于注重短期营利性的收费行为，也统一要求参照执行物价部门的规定，导致部分民办职业院校无法调整各个专业的收费定价，也影响了学费价格传递办学质量信息的功能的发挥。事实上，虽然政府的这种担心不无道理，却也在一定程度上抑制了职业院校的发展。职业院校在竞争的市场机制中，高收费往往反映了社会和个人对职业院校质量的认可，高成本也反映了职业院校对办学质量的追求，否则这些学校就会因为没有竞争力而被淘汰，因为没有人会选择收费高而办学质量低的院校。因此，政府应遵循市场规律及职业教育发展规律，在价格方面适当放松管制，赋予职业院校一定的收费定价权。如此，公办、民办职业院校才会有更强大的发展动力去提升教育质量，并通过灵活调整收费定价来提升职业院校自身的竞争力。需要明确的是，职业院校的收费也不能无限度地放开，我们还应看到政府收费管制的积极意义。因为职业院校之间相互有比较、有竞争，收费管制能起到必不可少的监督管理作用。完全放开收费并不利于所有职业院校的发展，只适用于那些高水平、有特色的职业院校及其专业适当放开收费定价。

3.招生自主权

招生自主权就是职业院校拥有自主招生方式和程序来选择学生的权利，这一权利是职业院校进行人才培养活动的基础，也是职业院校独立自主地面向社会办学的具体体现。公民的受教育权包含自由选择教育形式的权利，而保障这一权利的前提是学校要有选择学生的自由，或者说，只有学校获得选择学生的自由，学生才能拥有选择学校的自由。从这一角度来看，政府赋予职业院校招生自主权是保障公民受教育权的需要。生源是职业院校的生命线，是职业院校生存与发展的基础，而保障职业院校招生自主权则是彰显职业教育优势的基本条件。虽然目前我国职业院校在招生方面较以往拥有了更多的自主权，公办、民办职业院校的自主招生比例也增多了不少，但遗憾的是，职业院校的招生自主权至今没有产生预期的积极效果。因为职业院校的招生自主权不仅要体现在招生比例上，还应体现在招生批次和招生层次上，而职业院校目前在这两方面依然没有相应的自主权。所以，政府应继续提高职业院校的社会地位，继续增强职业院校的吸引力，促使职业院校在招生批次和招生层次上能够与普通高等院校拥有同等的地位。在此需要指出的是，政府赋予职业院校招生批次和招生层次等方面的自主权必须有一个前提，即学生及其家长对职业院校的办学质量有较多的了解。否则，将职业院校置于普通院校同等批次招生，实际上会有损职业院校的办学效益。因为在现实运行层面的同批次招生中，由于信息不对称等，许多学生在报考中不清楚职业院校的办学水平，如果被录取后学生才发现并不是自己理想中的院校，反而会影响职业院校的信誉。

4.民办职业院校的准入权

目前，我国政府及其职能部门在民办职业院校准入制度上还存在着管理过度的现象，这在很大程度上影响了政府积极引导民间资本进入职业教育领域的成效，也影响了民办职业院校平等地与公办职业院校开展竞争。在此方面，与我国形成鲜明对比的是，美国、德国、日本、韩国等发达国家的私立职业院校准入门槛低，注册手续简单，职业院校可以自主决定设置专业、自主决定培训内容、积极寻求与企业合作等。因此，我国政府应认真吸纳和借鉴发达国家的成功经验，积极通过制度创新，确保对民办职业院校办学准入决定权和选择权的尊重，改变一味参照公办职业院校设置标准来制定民办职业院校准入条件的制度习惯。应降低民办职业院校准入门槛，尤其是要针对不同类型、不同层次的民办职业院校的特点，设置不同的准入标准，包括学校用地面积、校舍面积、办学资金、师生比等标准，从而提高民间办学的积极性。放松对民办职业院校的准入管制，不仅会促进更多竞争主体进入职业教育领域，增加市场上已有民办职业院校的生存压力，而且能够通过市场竞争的优胜劣汰法则，催生出一批高质量、有特色的民办职业院校，从而提升我国职业教育的吸引力。当然，一味放松管制可能会导致部分民办职业院校过于趋利、追求短期效应、忽视教学质量等现象的产生。因此，政府必须高度重视并规避放松管制的负效应，在适当放松管制的同时，还应加强对举办民办职业院校资格条件的审查。

（三）落实职业院校办学自主权的路径

从来没有一所职业院校曾经能够完全拥有办学自主权，办学自主权从来都是有条件的、相对的。落实职业院校办学自主权并不是简单的“简政放权”问题，而是要“放管结合”，即政府在赋予职业院校办学自主权的同时，还要强化监管责任。在路径选择上，政府及其职能部门不仅要健全相关法律以明确政府和职业院校的权力边界，而且还要积极鼓励并参与制定符合职业院校自身发展规律的学校章程。

1.健全职业院校办学自主权的法律法规

健全职业院校办学自主权的相关法律法规，既是政府实施宏观调控的有效手段，也是职业院校实现自主办学的制度保障，更是防止政府权力消解职业院校权力的刚性边界。健全职业院校办学自主权的法律法规，对于政府和职业院校来说既是一种制度约束，也是一种监督方式，即防止政府的越权行为和监督职业院校自主权的滥用。只有这种明确的、强制的法律规定，才能改变现有政府的管理方式，从而实现政府职能的转变，职业院校的权力能力和行为能力才能得到充分的尊重和发挥。对此，伯顿·克拉克（Burton R. Clark）就曾指出有必要在大学层次帮助管理者确定他们的情境和在系统层次明确管理的定义①，即通过明确规定政府对职业教育的管理方式，以限制政府超越其管理职能而干预职业教育的自行管理。

职业院校办学自主权的扩大和落实极大地依赖于国家法律法规和政策所让渡的空间，因而完整的法律法规体系和配套的相关政策说明就显得尤为必要。或者说，只有借助法律法规来确定和维护职业院校具有的各项法律权力，才能增强职业院校办学自主权的可行性。然而，我国当前《职业教育法》中并没有职业院校办学自主权的相关规定，《教育法》《高等教育法》也只是笼统地规定了学校应拥有办学自主权，执行难度较大。为此，政府应在法律上拓展职业院校办学自主权的内涵和外延，并且根据不同层次、不同性质的职业院校的办学需要增加具体的法律条款，增强法律的适用性和涵盖面。国外职业教育的发展经验表明，以立法的方式来明确政府与职业院校的界限，是维护职业院校办学自主权的有效途径。例如，美国社区学院的办学就通过法律来明确政府和学院的权责边界，即联邦政府通过立法、拨款和信息服务对其进行宏观调控和指导，而州教育行政部门对社区学院的管理则主要是对新建院校进行审批、颁发办学许可证、提供经费、设立课程和师资方面的标准和规章等，除此之外的一切事务均由社区学院自主管理。

---

① 伯顿·R.克拉克.高等教育系统——学术组织的跨国研究[M].王承绪，徐辉，殷企平，等译.杭州：杭州大学出版社，1994：101.

2.通过章程建设实现职业院校办学自主权的扩大

职业院校章程是依照行政法规制定的适用于院校内部的规章制度，是职业院校发展的纲领性规范，是学校依法自主办学、实施管理和履行公共职能的基本准则。按照学校章程自主管理，是职业院校办学自主权的一项重要内容。要想实现自主管理，落实职业院校办学自主权，就必须制定出科学有效、符合学校自身发展特点的学校章程。职业院校章程一旦制定出来，不但职业院校要严格遵守和执行，作为举办者和管理者的政府部门也不能随意逾越职业院校章程而对之直接实施管理，否则将违反相关制度规定。换句话说，只有依法制定体现职业教育特色的章程，才能保障职业院校办学自主权不受政府的过度干预，才会避免办学自主权“一放就乱、一乱就收、一收就死”的恶性循环。总之，加快职业院校章程建设，是落实职业院校办学自主权的关键所在。

《教育规划纲要》明确提出，要加强章程建设，各类高校应依法制定章程，依照章程规定管理学校；《高等学校章程制定暂行办法》(2011)也要求各个高校制定体现学校特色和发展要求的现代高校章程；《关于加快发展现代职业教育的决定》则进一步指出，职业院校要依法制定体现职业教育特色的章程和制度，完善治理结构，提升治理能力。对此，各类型高校积极响应，其章程建设活动也在如火如荼地进行当中。尽管政府、高校以及社会各界已经充分认识到章程对保障办学自主权和依法建立现代大学制度的重要性，但是目前我国职业院校的章程建设的约束力十分有限。究其原因就在于，职业院校章程的建设没有政府的参与，似乎章程建设成了职业院校自我管理的内部规定。如果政府不参与职业院校章程的建设环节，就无法有效地处理政府与职业院校的关系。职业院校章程是政府与职业院校关系的契约，对于双方都具有约束力，因而政府应积极参与职业院校章程建设，将制定符合职业院校自身特色的章程视为一项极其重要的工作，将章程建设视为政府权力边界和职业院校办学自主权的重要突破口，以防止政府的越位管理和职业院校的权力滥用。而在职业院校章程内容的安排上，应至少包括职业院校法人特征，办学理念，办学使命，利益相关者的权利和义务，办学基本制度，文化传承创新以及职业院校人、财、物的管理等部分。

总之,落实和扩大职业院校办学自主权是我国职业教育管理体制改革的重中之重,它不仅关系到政府的职业教育责任的有效性,而且关系到职业教育改革与发展的成效。通过对以上职业院校办学自主权的确定方式、主要内容和落实路径的论述可以发现,落实和扩大职业院校办学自主权的重点就在于政府的"分权"和"监督",即政府既要规范落实已有的办学自主权,又要合理下放应有的办学自主权,既要有效监督办学自主权的执行,又要合理配套办学自主权的支持性政策。只有如此,政府才能真正解决职业院校办学自主权存在的现实问题。

七、加强和改进职业教育质量监管

加强和改进职业教育质量监管是政府在主导职业教育治理的过程中必须履行的重要职责之一。政府不但要建立和完善相关监管法规和政策,对营利性私人部门的投资权、经营权和收益权进行界定和保护,为社会力量进入职业教育领域提供制度激励,而且要尽快完善国家资格框架,促进职业教育与普通教育等同或等值,制定严格的职业教育准入制度,从入口上加强监管、进行资格审查。除此之外,政府加强和改进职业教育质量监管,还应从市场监管和教育中介组织监督两个方面寻求突破。

(一)强化市场监督作用

从国外职业教育发展中政府主导与市场调节的范围和内容来看,政府与市场各自拥有对方不具备的比较优势。这意味着政府在职业教育资源的配置上应当有所取舍,完全由政府或市场配置职业教育资源的认识是片面的,其结果并不利于职业教育质量的提高。政府在职业教育发展中的比较优势在于运用行政、法律和财政等手段来宏观管理职业教育的发展,进而保证职业教育人才培养的质量。市场在职业教育发展中的比较优势在于运用竞争机制、供求机制和利益机制等手段来调节市场主体的行为,进而提高职业教育资源使用效率。基于此,政府应避免对职业院校的监督与约束的单一化缺陷,必须培育多元化的监督与制约主体,以制止或减少因信息不对称而造成的职业院校“败德”行为。因此,政府在发挥自身优势的同时,还应积极引导市场主体参与和改进职业教育质量监管,以建立和加强职业院校的内外部民主监督机制,扩大法治约束的途径。

其一,吸引企业参与职业教育质量的监督与评价。当职业教育培养的人才(劳动者)进入劳动力市场之后,企业等用人单位就成为职业教育质量的检验者。职业教育质量涉及三个基本问题:一是企业需要什么样的人,即质量标准;二是质量如何达到,即质量监督;三是质量能否达到,即质量评价。[①] 因此,在校企合作过程中,政府引导企业参与职业教育质量标准的制定、监督和评价等环节,就显得尤为必要。国外的职业教育实践表明,不论是职业教育质量标准的制定,还是职业教育质量的监督与评价,都应充分吸收企业等用人单位的参与[②],甚至将企业的用人标准作为考核职业教育质量的标准。例如,在德国,联邦职业教育的主管机构设立一个职业教育委员会,委员会由六名雇主代表、六名雇员代表及六名职业学校教师组成,涉及职业教育的事宜,均需报告职业教育委员会并听取意见;同时,州政府设立州职业教育委员会,委员会由雇主、雇员和州级最高部门的代表以相等人数组成。[③] 由此可见,德国政府已充分认识到企业在参与职业教育质量评价与监督方面的重要作用,并以法律的形式予以确定。因此,鉴于我国职业教育治理的现实需要和发达国家的经验,我国政府在加强职业教育质量监管问题上,也应充分鼓励企业参与,即在职业教育质量标准的制定、监督与评价等环节上都应有企业的参与。

其二,强化行业组织的管理和监督责任。行业组织也称“行业协会”,是成熟市场经济国家普遍存在的非营利性社会团体,它不同于营利性的市场主体。从构成来看,行业组织主要由企业成员构成,代表本行业全体企业的共同利益,所以,本书将行业组织的管理和监督责任在这里一并论述,以期充分发挥行业组织在促进本行业全体企业的利益实现和职业教育质量的提

---

① 俞启定,和震,查吉德,等.深入理解规划纲要,促进职业教育科学发展[J].中国职业技术教育,2010(27):5-17.

② 俞启定,和震,查吉德,等.深入理解规划纲要,促进职业教育科学发展[J].中国职业技术教育,2010(27):5-17.

③ 姜大源.德国联邦职业教育法译者序[J].中国职业技术教育,2012(10):71-88.

高等方面的作用。国外经验表明,行业组织在职业教育人才培养模式、人才培养标准、职业资格标准以及职业教育管理和质量监督方面都发挥了重要的作用。比如,韩国和日本政府通过系统的职业教育法律法规强调行业组织对企业的指导、咨询和监督等作用。在我国职业教育发展中,行业组织对企业的管理作用及对职业教育的管理和监督作用还没有真正发挥。究其原因主要有两点:一是缺少行业组织参与职业教育的法律支撑。我国职业教育法律法规并未明确行业组织的主体地位,仅停留在"倡导""鼓励"的层次,因而对行业组织参与职业教育的约束力不强。二是缺少行业组织参与职业教育的"共赢点"。由于缺少税收、拨款、政策等激励机制的引导和支持,行业组织很难找到与职业教育共同合作的项目,或者说,行业组织的尴尬身份使其很难发挥对职业教育的咨询、监督和指导作用。正如研究者所指出的:"80.5%的行业组织没有内部成员单位参与职业教育的制度约束,87.8%的行业组织缺乏鼓励成员单位参与职业教育活动的激励机制。在这种状态下,行业组织'游离'在职业教育体制外,对于职业院校人才培养工作呈隔岸观火之态势。"①因此,强化行业组织在职业教育发展中的管理和监督责任的根本出路就在于,政府尽快完善行业组织参与职业教育发展的法律法规,赋予行业组织应有的法律地位,以充分发挥其在监督职业教育质量、维护中小企业权益以及监督企业履行职业教育责任等方面的作用。

(二)强化教育中介组织监督作用

《教育规划纲要》明确提出:"完善教育中介组织的准入、资助、监管和行业自律制度。积极发挥行业协会、专业学会、基金会等各类社会组织在教育公共治理中的作用。"这一主张预示着教育中介组织将会在教育领域中发挥越来越重要的作用。既然政府已经意识到教育中介组织在协调政校关系、解决政校之间矛盾与冲突中的作用,那么政府就应该建立和培育教育中介组织来监督自身和职业院校的行为,充分发挥教育中介组织在职业教育质量评价、职业院校办学自主权的落实以及职业教育经费投入等方面的监督作用。

---

① 刘根华,胡彦.行业组织参与职业教育的问题及路径研究[J].高等工程教育研究,2016(4):146-150.

教育中介组织作为第三方机构，其对职业教育质量的监督和管理不仅能够保证质量监管的中立性，而且能够在整体上提高职业教育的人才培养质量。在有限政府理念的指导下，当前我国政府提高职业教育质量的理性选择之一，就是将一部分职业教育质量监管任务委托给教育中介组织执行，充分发挥教育中介组织的中立性。需要继续追问的是，教育中介组织在职业教育办学过程中究竟能发挥多大的作用？这一问题不仅取决于教育中介组织的管理能力，更取决于政府在多大范围内退出以及如何培育教育中介组织。就教育中介组织的承接能力而言，目前我国的多数教育中介组织处于中下水平，不论是其管理制度、组织机构，还是其组织能力、服务意识和水平，都还没有达到期望的要求。笔者认为，若要充分发挥教育中介组织在职业教育质量监管方面的作用，政府还应做好以下几点工作。

其一，政府应通过立法、拨款和扶持等手段，培育专业性的教育中介组织。当前，我国政府仍没有从推进政府与非营利组织互动合作的角度来推进管理体制和机制改革，政府与非营利组织的制度化推进相对迟缓。从国外经验来看，以美国为代表的发达国家对教育中介组织都有一套完整的法律法规，对组织成员资格、权利、职责及组织活动方式具有明确具体的规范。① 虽然我国现阶段制定专门的教育中介组织法的条件尚不成熟，但是从教育中介组织的发展趋势及其对法治的诉求来看，为教育中介组织立法又是势在必行的。因此，我国可以采取地方政府先分批立法、协调配套，然后中央政府再适时推出专门的教育中介组织法的思路，以地方为突破口，充分发挥地方政府在组织制度创新中的积极性、主动性、创造性与先行性。

其二，政府应通过分权、赋权的方式，赋予教育中介组织一定的权力。教育中介组织若要实现对政府和职业院校行为的监督，政府应实施简政分权，赋予教育中介组织一定的权力。分权(Decentralization)是指等级体系中的高层实体向下属授权的决策过程。在公共管理领域，一般把分权理解为政府把部分行政执行权让渡给社会团体和个人的一种社会民主管理形式。分权有委托代理(Delegation)和权力下放(Devolution)两种形式。治理理论认为，政府的治理过程不是政府单独行使权力的过程，政府、中介组织和个

① 曾小军.民办高等教育政府干预研究[M].北京：中国社会科学出版社，2014：173.

体之间存在权力的相互依赖和互动。这就意味着，政府不再是唯一的职业教育治理主体，政府必须与教育中介组织、个体联合起来对职业教育进行“多元治理”。因此，政府应该尊重职业教育发展规律，在一些专业性较强的领域实行管理职权的分化，通过授予和委托，将诸如财物审计、准入审批、评估与监督等权力适度下放给职业教育中介组织，以提高政府管理的专业化程度。例如，世界上很多国家在政府与大学之间建立了中介拨款机构，美国、英国、新西兰等国家都采取教育中介组织评估，并且根据评估结果与财政拨款挂钩的方式引导大学间的良性竞争。①

其三，完善对教育中介组织的监督机制。任何社会组织都需要有效的管理和有力的监督才能健康发展，教育中介组织处于成长阶段更应如此。如果失去应有的社会监督或监督不到位，也将出现滥用特权、贪污社会资金等丑闻，严重影响到其公信力和社会合法性。② 当前，我国政府对教育中介组织的监督以及教育中介组织的自我监督机制都不完善，突出表现为内部自律失灵、外部他律缺失和同行互律缺乏三个方面。③ 为此，政府对教育中介组织的监督可从三个方面着手。一是在倡导伦理道德建设的同时构建问责机制，实现对教育中介组织的道德自律与制度自律的共生。二是政府应对教育中介组织的成立进行法定程序的审核登记，由教育主管部门核准同意，民政部门审批登记。通过建立完善的资格审查、准入制度、监督管理制度、资金扶持制度和行业自律制度等，以规范和引导教育中介组织的行为。在教育中介组织开展业务时，教育部门和登记部门还要对其进行业务指导及政策执行监督检查。三是建立教育中介组织协会，实行质量监控，协调教育中介组织与学校、政府之间的关系。

总之，职业教育质量监管不仅是政府的责任，同时还是市场主体与社会组织的责任。加强和改进职业教育质量监管，既需要厘清政府的宏观管理职能，实行政校分开、管办评分离，又需要政府充分调动社会各方面的积极

---

① 杨东平.2020：中国教育改革方略[M].北京：人民出版社，2010：137.

② 周志忍，陈庆云.道德驱动的自律与制度化自律——希望工程公共责任和监督机制研究[J].中国行政管理，2001(3)：10-14.

③ 张雅勤，陈秀峰.非营利组织的公平物品供给优势及路径——以“春蕾计划”为例的分析[J].学习与实践，2010(10)：101-106.

性、主动性，使之参与到职业教育质量监管中来。

八、推动竞争机制嵌入职业教育项目制

在当前我国职业教育治理视域下，政府主导职业教育项目制治理仍然是最有效的途径。但是，这种治理的有效性必须建立在多元共治理念的基础上，充分吸收市场力量的参与，并将市场竞争机制融入职业教育项目制运行的各个环节之中。唯有如此，才能真正激发职业教育项目制的活力，提高职业教育项目制的运行质量。具体而言，政府可以从以下四个方面着手。

其一，将生源纳入评选指标体系，完善职业教育项目制的遴选机制。政府及其职能部门在确定职业教育项目制运行单位的过程中无疑会权衡各项指标，遴选出相对优秀的运行单位，并以此发挥项目的导向、示范和引领作用。但是，项目评选指标的数量、权重的差异，往往也会导致评选过程中的摇摆现象，甚至导致最需要项目支持的“非优秀”院校难以获批项目。笔者认为，从当前我国职业院校发展的现实需要来说，将生源纳入核心指标体系，能够在客观上完善项目制评选机制。因为生源是职业院校的生存之本，对生源的竞争本身就关系着职业院校的生存命脉的竞争。从某种意义上说，生源的多寡能够在很大程度上代表职业院校的办学水平高低，而将职业教育项目申报与生源挂钩，不仅可以促使职业院校不断提升自身办学水平以吸引更多生源，而且会进一步增强职业院校的市场竞争意识。这一基于竞争的评选机制，将有效消解项目制“择优”逻辑所带来的负面影响，将有效助推职业教育项目制中市场竞争机制的完善。

其二，完善间接拨款机制，促使职业院校依赖竞争获得项目资金。改变职业教育项目制资源依赖和行政依赖的重要举措之一，应是进一步完善经费拨款机制，发挥竞争机制在资源配置中的作用。从欧美发达国家的经费拨付经验来看，经费分配的“中介化”逐渐成为一种主流方式，并将有效提高经费拨付效率，即通过“政府—中介组织—高校”的间接拨款体制，打破完全由政府决定资金分配的局面，促使职业院校参与市场竞争，从而提高自身办学质量。我国职业教育项目制治理可借鉴这一做法，在政府主导下，依托信

誉度良好、规范程度高的中介组织对职业院校进行跟踪评估，并将评估结果作为后续申报项目的重要依据。而这里的评估指标，前期可由政府和中介组织共同协商制定，等待中介组织的运转相对成熟后，可转由“委托—代理”的方式执行。

其三，培育职业院校主体自觉，规避项目申报中的机会主义。从我国项目制的运行情况来看，其所遵循的“一事一议”原则很容易引发项目的“短命化”。[①] 而资源输入的间断性和项目执行的“碎片化”[②]，也同样会导致职业教育项目制面临资源的可持续发展难题。因此，职业院校应利用项目运行的契机，主动适应社会发展的需要，主动寻求与市场力量的合作，面向市场去寻求自身的生长点。与此同时，政府及其职能部门还应出台《职业教育项目制指导意见》《职业教育项目制管理办法》《职业教育项目制申报意见》等政策文件，从政策法规的角度对项目制的申报流程予以规范和指导，强化职业院校的多样化、多元化发展意识，鼓励职业院校结合自身发展的个性化差异进行规划设计，支持职业院校自主选择、自主定位和创新发展的方式，主动探寻与市场主体的新型合作关系，而不是将申请项目或争夺“名号”作为发展目标。

其四，继续深入推进第三方评估机制，在项目评估环节纳入市场主体。改变项目评估由教育行政部门全权负责的局面，保证评估的专业性和客观性，与当前社会领域的多元治理理念相契合。职业教育项目制的运行过程中不存在社会学专家所说的“控制权”问题[③]，但是其评估过程中的确存在“政策变通”的现象[④]。职业院校为了达到项目验收的目的，将会与政府发包部门讨价还价，甚至以弄虚作假或者“展现片面的真实”来提升考核成绩，在评估内容、评估方式、评估执行力等方面试图灵活处理。这在很大程度上消解了职业教育项目评估的客观性。2015 年，教育部出台的《关于深入推进教

① 折晓叶，陈婴婴.项目制的分级运作机制和治理逻辑——对“项目进村”案例的社会学分析[J].中国社会科学，2011(4)：126-148＋223.

② 李博.项目制扶贫的运作逻辑与地方性实践——以精准扶贫视角看 A 县竞争性扶贫项目[J].北京社会科学，2016(3)：106-112.

③ 周雪光.项目制：一个“控制权”理论视角[J].开放时代，2015(2)：82-102＋5.

④ 刘骥，熊彩.解释政策变通：运动式治理中的条块关系[J].公共行政评论，2015，8(6)：88-112＋187.

育管办评分离　促进政府职能转变的若干意见》明确指出:“在做好内部评估的同时,要主动委托第三方开展全面、深入、客观的评估。”这对于我国职业教育项目制评估由政府主导转向第三方评估具有重要的指导意义。或者说,主动利用第三方评估结果改进项目制质量,本身就是纳入市场主体的具体体现。而鉴于职业教育项目制评估的特殊性,委托以行业、企业为评估主体的第三方机构则成为开展评估工作的重点。

综上所述,职业教育项目制在助推我国职业教育事业的健康、可持续发展方面发挥了重要的作用,但是其运行过程中竞争机制的有限性仍然是亟待解决的现实问题。政府及其职能部门作为职业教育项目制的引导者、发包方、监管者和参与者,可从完善评选机制、建构间接拨款机制、培育职业院校主体自觉和推进第三方评估等方面着手,破解职业教育项目制中市场竞争机制的有限性问题。当前我国职业教育项目制的运行已经有了市场意识,市场机制也在一定程度上激发了项目制的运行活力并提供了市场空间,但是提升职业教育项目制主体的市场竞争意识,更好地发挥市场机制的正向激励作用,仍然是职业教育项目制改革与发展过程中需要持续思考的重要问题。

结　语

推动国家治理体系和治理能力现代化已成为新时代我国政府全面深化改革的总目标。深化职业教育改革是全面深化改革的一个重要方面，其目标理应是推动职业教育治理体系和治理能力现代化。国家治理，究其实质乃是政府治理，或政府主导的国家治理。因此，笔者选择的关于职业教育治理的制度逻辑的研究，应当是职业教育治理体系和治理能力现代化研究的核心内容之一。

总体而言，本书首先系统地论证了职业教育治理的质的规定性，其目的就是在理论上明确政府是职业教育治理的主导者，职业教育治理的本质就是政府主导的“一主多元”治理。讨论职业教育治理的制度逻辑意蕴，旨在从理论上明确制度逻辑是融通“职业教育之治”与“职业教育之制”的深层逻辑，即制度逻辑形塑和规范职业教育治理行为。因此，对职业教育治理的质的规定性和职业教育治理的制度逻辑的论证，就是从理论上证明：我国职业教育治理是在政府主导下，政府与其他职业教育相关利益主体的多元协调共振，以共同解决职业教育所面临的问题，从而提高职业院校的办学质量，增强职业教育的吸引力的过程。而这一过程正是政府以正式制度规范和非正式制度引导的方式，指导和形塑职业教育治理主体的认知和行为的过程。其次，本书考察和分析我国职业教育治理过程中存在的问题及其原因，接下来再对美、德、韩、日四国职业教育治理的制度安排进行考察，以期对我国职业教育治理效能的提升有所裨益。在上述研究的基础上，笔者再对我国职业教育治理的创新原则进行较为系统的理论探讨，进而研究并提出基于制度逻辑的职业教育治理创新路径。然而，从整体上来看，本书基本上还处于提出问题与解决问题的初级阶段，在对基于制度逻辑的职业教育治理创新路径的讨论上，仅限于理论论证，还未能从实践中得到验证，如在探索职业教育供给的 PPP 模式方面，政府能够在多大程度上与私人部门合作，如何应对合作周期中出现的风险等一系列问题，都需要进行进一步的研究。

我国职业教育治理需要政府扮演主导者角色，承担主导责任。尽管政府和市场是职业教育治理中的两股重要力量，但是我国职业教育治理并不能过分依靠市场，尤其不能过于依靠转型中的企业、发育不成熟的行业和功能缺失的非营利组织，而是需要政府引领市场主体、社会团体以及个人等非政府力量，形成多元共治、协调共振的局面。在此基础上，未来研究需要进一步探索我国政府主导职业教育治理的路径。具体而言，对于职业教育法律法规的完善问题，本书提出在修订和完善《职业教育法》的过程中要形成多元化的立法主体，而多元化的参与机制和利益协调机制则是需要进一步论证的问题。关于处理中央政府与地方政府的关系问题，未来研究需要借助于教育管理体制改革成果，科学合理地界定中央政府与地方政府的权责边界，对各级政府在职业教育发展中的责任分担、财政关系以及运行监督机制提出更加详细、具体的可行性措施。对于职业教育经费投入的市场化改革问题，本书提出的成立政策性教育发展银行为职业教育间接融资、利用债券市场为职业教育直接融资以及赋予教育券融资功能等建议，都还需要进一步的理论论证和实践检验。关于政府引导企业参与职业教育治理问题，需要尽快出台企业参与职业教育的相关法律，需要适时制定并逐步完善吸引我国企业投入职业教育的优惠政策，同时持续探索校企合作的路径。对于职业教育供给模式的探索，需要主动寻求与市场力量的合作，继续挖掘 PPP 模式的优势，因为该模式对政府支持我国公办、民办职业教育提供了一个新的视角。关于落实和扩大职业院校办学自主权问题，虽然本书提出政府应以制定负面清单的方式加以确定，但是负面清单的制定过程较为复杂，需要政府与职业教育多元主体进行“沟通”以协调多元主体的利益。与此同时，还要注意每一项权力的有限性，加强过程性监督，防止职业院校办学自主权的滥用。对于加强和改进职业教育质量监管问题,未来仍需要进一步研究如何更好地发挥市场监管责任和教育中介组织的监督责任。对于职业教育项目制问题,需要继续探索市场竞争机制的嵌入方式,提升职业教育项目制的治理效能。

对于职业教育治理的制度逻辑的后续思考和研究,还应关注我国职业教育治理的本土化问题,因为推进职业教育治理不单是一个对现代职业教育治理结果表达强烈期望的问题,也不单是一个单纯强化政府行政能力、确保政府权威和体现政治意图的过程,而是真正总结出符合我国职业教育发展需要的本土化治理经验,探索出具有中国特色的职业教育治理体系和治理能力现代化之路。特别是在"一带一路"倡议背景下,培育一批有国际竞争力的职业院校,探索具有中国特色的人才培养模式,向世界输出职业教育治理的中国经验,应是助推我国职业教育又好又快发展的重要举措。所谓"职业教育本土化",是指在职业教育改革与发展过程中对外来的教育理论与实践予以认同、吸收并与自身实际相融合,通过改革创新逐步形成具有本国、本地或本校特色的职业教育的过程。然而,随着全球化时代的发展和学习国外职业教育人才培养模式的深入,我国职业教育40余年的发展历程近乎是一个"离家出走"的过程,甚至在"与国际接轨"的时尚口号下,照搬照抄国外职业教育发展模式,脱离了我国职业教育的环境和土壤,这不仅导致我国职业教育的特色不够鲜明,而且也难免落入"不兼容"的泥淖。我国职业教育发展模式"遍地开花"的繁荣景象背后其实是雷同式发展,相对轻视地区发展的特色,忽视与院校优势专业的契合性。这不仅与"办人民满意的职业教育"的目标相去甚远,而且还逐渐成为制约我国职业教育国际化发展的障碍。造成我国职业教育治理本土经验缺失的原因固然有很多,但我国政策主体取代职业教育的本体自觉应该是导致这一问题的根本原因。在政策主导模式下,由政策制定者来规划职业院校本土化的框架和步骤,而职业院校则被动地按照政策的意图开展办学和教学活动。这意味着政策主体实际上取代了职业院校在本土化过程中的主体地位,从而导致职业教育治理本土经验的缺失。事实上,职业教育治理的本土化实践应该是职业院校结合自身的地域特点、资源获取能力和发展阶段,自觉地检视不足、理性地选择实践模式和主动地凝练发展经验的过程，而不是一味迎合政策落实的需要，“赶时髦”地套搬国外职业教育发展模式，或者坚守所谓的“特色”而拒绝国际交往和国际化。

职业教育本土化是职业教育现代化的具体表现之一，是对本土职业教育在思想理念、体制机制、技术手段等各个方面的全面提升，意味着外来教育思想与本土职业教育思想的融合和升华。职业教育本土化问题的实质不在于是否学习和借鉴外来经验，而在于如何与中国鲜活的教育实践相结合，建构有中国特色的职业教育治理体系。可以肯定地说，脱离传统文化和自身特色的职业教育，就无法真正实现本土化，更无助于实现现代化。如前所述，一直以来我国职业教育本土化过程主要是以政策主导的方式来推动的，特别是对于自身建设规划和发展战略不够明晰的职业院校来说，政策主导不失为一种有利途径。但是，在政策主导和行政指令的强制规定下，职业院校被动地执行和体现政策意图，也相应地失去了主动权，在很大程度上抑制了自身的主动性和创新性。

笔者认为，在治埋现代化视域下，推进职业教育本土化的逻辑思路应是在政府主导下，坚持多元主体的协调共振，其最终目标是要形成协商民主的职业教育本土化治理新常态。“协商民主”一直是中国共产党领导的多党合作和政治协商制度建设所关注的主旨议题，其核心理念是强调协商、民主、多元、合作、对话、共赢。这些理念对推进我国职业教育本土化应该有所裨益。从政策主导到协商民主，并不是要否定政府在推进职业教育本土化过程中的主导作用，而是在坚持政府主导地位的基础上，凝聚多元治理主体，拓展民主参与渠道，在协商与对话的基础上共同促进职业教育治理能力的提高。对此，笔者的初步思考有三。一是进一步引导企业参与职业教育本土化进程。企业参与职业教育治理不仅体现在经费投入、实习实训和课程设置等方面，而且反映在它对职业教育应该培养什么样的劳动者的敏锐性上。如果脱离了企业这一用人需求方，那么职业教育也就失去了服务地区经济发展和构建富有特色的人才培养模式的根本原则，其引进和借鉴的外来经验也将大打折扣。在引导企业参与职业教育本土化进程的路径选择上，政府不但要以法律法规和政策给予引导，而且还应积极为校企双方牵线搭桥，以项目委托的方式整合校企双方资源，促使校企双方充分沟通、深度融合、互利共赢。这与推进校企合作的治理思路是并行不悖的。二是培育职业院校的自主创新意识。职业教育本土化之所以成效不彰，除了职业院校一直被动地履行既定的行政意志之外，还在于它缺乏足够的主体自觉，更具体地说，在于职业院校的自主创新意识不足。国外经验之所以会被“国际化”，就是因为实践证明它是“管用”和“有效”的，而当职业院校不能基于自身实践需要去吸收、归纳和建构符合自身发展需要的本土化经验时，就会出现“生搬硬套”“食洋不化”的现象。解决这一问题的有效举措，应该是将自主创新作为考评指标纳入职业院校考核机制，以此促使职业院校增强自主创新意识。三是积极建构多样化平台，促进利益相关者之间的协商和对话。多样化的沟通与协调平台是职业教育利益相关者表达利益诉求、加强沟通协作和促进互利共赢的重要手段。我国各层级职业教育主管部门应担负起构建多样化平台的职责，牵头构建诸如“决策听证会”“项目沟通组”“利益主体委员会”等多种形式和规模的平台，有效发挥政府及其职能部门的组织和协商作用，促进利益相关者的利益最大化，进而提升职业教育服务本国(本地)经济、科技和社会文化的能力。

总而言之，在社会主义市场经济体制背景下，政府作为职业教育治理的主导者，应进一步解放思想，拓宽思路，充分发挥其主导作用，在治理过程上应强调均衡、协商、多元化，在结果评价上应注重绩效，在其影响上应着眼全局，以助推我国职业教育质量的提高和职业教育事业的健康、可持续发展。本书对职业教育治理的制度逻辑的相关问题的探讨，不是要建立具有浪漫主义色彩的政府行为方式，而是着重于思考政府及其职能部门如何在职业教育治理中更好地发挥作用，从而助推我国职业教育实现又好又快发展。笔者认为，这应该成为经济发展新常态背景下我国职业教育改革与发展的明智选择。

附录 A　关于我国政府履行职业教育发展责任状况的调查问卷

尊敬的女士/先生：

您好！非常感谢您在百忙之中参加我们的问卷调查。本次调查的目的是了解您对我国政府履行职业教育发展责任状况的认识。问卷采用匿名的方式，所有项目没有好坏、对错之分，您的回答仅用于学术研究，我们对于您的回答绝对保密。您的意见对于本研究至关重要，请您根据自身的经验与理解，认真、如实地填写（请在选择的序号前画钩；如果选择“其他”，请在其后面横线上做出说明）。

一、基本信息

1.您的性别是：

①男　②女

2.您所在的单位是：

①教育主管部门　②公立职业院校　③民办职业院校

3.您在贵单位的职务是：

①教育局局长/副局长　②职业院校校长/副校长　③教师

4.您的年龄是：

①20～29 岁　②30～39 岁　③40～49 岁　④50 岁以上

5.您的工作年限是：

①5 年及以下　②6～15 年　③16～26 年　④26 年以上

二、问卷：您对政府履行职业教育发展责任状况的认识

1.您认为我国职业教育发展应该由谁来负责：

①政府　②市场　③政府与市场　④职业院校

2.您认为当前我国政府履行职业教育发展责任的主要成就是：

①重视职业教育立法

②不断增加职业教育经费投入

③重视职业教育质量监管

④其他________________________________

____

3.您认为当前我国政府在履行职业教育发展责任上，存在的问题与不足是：

①职业教育法律法规不健全

②对职业教育的经费投入相对不足

③对职业教育的管理有所越位

④其他________________________________

____

4. 您认为当前我国政府在履行职业教育发展责任上，存在问题与不足的原因是：

①政府对职业教育的产品属性定位尚不清晰

②政府在职业教育政策执行上的推动力度不够

③政府存在一定的利益寻租行为

④其他________________________________

____

5. 您认为当前我国职业院校拥有办学自主权的程度是：

①拥有充分的办学自主权　②拥有一定的办学自主权

③拥有较少的办学自主权　④没有办学自主权

6. 您认为当前我国职业院校应该拥有的办学自主权是：

①招生自主权　　②专业设置权　　③课程设置权

④其他____

____

7. 您对目前校企合作的满意程度是：

①非常满意　　②比较满意　　③不太满意　　④不满意

8. 您认为影响校企合作的主要因素是：

①法律法规的强制性引导

②优惠政策的非强制性引导

③校企双方的利益共赢

④其他____

____

9. 您认为目前我国政府对职业院校办学质量监管方面，存在的问题是：

①政府在监督和评价等环节上仍处于绝对的"垄断"地位

②政府的监管手段相对单一

③政府的监管标准尚不够完善

④其他____

____

我们对您再次表示衷心的感谢！如果您愿意与我们进行深入交流，请留下您的联系方式：______________________。

附录B 关于我国政府履行职业教育发展责任状况的访谈提纲

尊敬的女士/先生：

您好！非常感谢您在百忙之中参加这次访谈。为了解您对我国政府履行职业教育发展责任状况的认识，我们诚挚地邀请您根据自身的经验与理解，对下面的问题谈一下您的看法。本次访谈采用匿名的方式，您的回答仅用于学术研究，所有回答没有好坏、对错之分，我们对于您的回答绝对保密。您的意见和观点对于本研究至关重要，真诚感谢您的协助！

1. 您认为我国职业教育发展应该是由政府主导，还是由市场决定？

2. 您认为目前我国政府履行职业教育发展责任的主要成就有哪些？存在的问题与不足有哪些？造成这些问题与不足的原因主要有哪些？

3. 您认为目前我国职业教育的财政性经费投入是否充足？您认为我国政府还应采取哪些手段来增加职业教育经费？

4. 您认为目前我国职业院校在发展过程中是否拥有充分的办学自主权？您认为目前我国职业院校还应该拥有哪些办学自主权？

5. 您对目前校企合作的效果满意吗？如不满意，您认为影响校企合作的主要因素有哪些？您认为我国政府应从哪些方面做出努力，才能进一步促进校企合作，从而形成互利共赢的局面？

6. 您认为目前我国职业院校办学质量监督的效果怎样？存在的问题有

哪些？您认为当前我国政府在职业院校的质量监管方面还有哪些有待加强和改善的地方？

7. 您认为政府有必要对民办职业院校进行管制吗？政府应在哪些方面加强对民办职业教育院校的管制？您对政府管制有哪些具体的期望？

对您再次表示感谢！如果您愿意与我们进行深入交流，请留下您的联系方式：________________________。

参考文献

一、图书

陈剩勇,等.政府改革论:行政体制改革与现代国家制度建设[M].北京:北京大学出版社,2014.

范先佐.教育投资体制改革的理论与实践问题研究[M].武汉:华中师范大学出版社,2003.

改革开放30年中国教育改革与发展课题组.教育大国的崛起(1978～2008)[M].北京:教育科学出版社,2008.

高清海.马克思主义哲学基础:上[M].北京:北京师范大学出版社,2012.

顾明远,梁忠义.世界教育大系·职业技术教育[M].长春:吉林教育出版社,2000.

顾明远,石中英.《国家中长期教育改革和发展规划纲要(2010～2020)》解读[M].北京:北京师范大学出版社,2010.

顾明远.教育大辞典:第12卷·比较教育[M].上海:上海教育出版社,1992.

郭小聪.政府经济学[M].北京:中国人民大学出版社,2015.

国家教委职业技术教育中心研究所.历史与现状:德国双元制职业教育[M].北京:经济科学出版社,1998.

胡代光,厉以宁.当代资产阶级经济学主要流派[M].北京:商务印书馆,1982.

胡家勇.政府职能转变与政府治理转型[M].广州:广东经济出版社,2015.

教育部财务司,国家统计局社会科技和文化产业统计司.中国教育经费统计年鉴——2020[M].北京:中国统计出版社,2021.

靳希斌,刘林,魏真.民办高校发展与策略研究[M].石家庄:河北教育出版社,2010.

匡英.比较高等职业教育:发展与变革[M].上海:上海教育出版社,2006.

厉以宁.当代资产阶级经济学主要流派[M].北京:商务印书馆,1982.

梁忠义.战后日本教育研究[M].南昌:江西教育出版社,1993.

刘春生,徐长发.职业教育学[M].北京:教育科学出版社,2002.

马陆亭.高等学校的分层与管理[M].广州:广东教育出版社,2004.

马早明.亚洲"四小龙"职业技术教育研究[M].福州:福建教育出版社,1998.

毛寿龙,李梅,等.西方政府的治道变革[M].北京:中国人民大学出版社,1998.

潘明星,韩丽华.政府经济学[M].北京:中国人民大学出版社,2014.

庞学光.一个理想的教育世界——学校教育哲学导论[M].天津:天津教育出版社,2011.

彭和平,竹立家,等.国外公共行政理论精选[M].北京:中共中央党校出版社,1997.

齐桂珍.论中国的"大政府"与"强政府"[M].北京:社会科学文献出版社,2011.

祁型雨.超越利益之争——教育政策的价值研究[M].北京:高等教育出版社,2003.

桑玉成.政府角色:关于市场经济条件下政府作为与不作为的探讨[M].上海:上海社会科学院出版社,2000.

石伟平.比较职业技术教育[M].上海:华东师范大学出版社,2001.

孙柏瑛.当代地方治理——面向21世纪的挑战[M].北京:中国人民大

学出版社,2004.

孙宵兵,孟庆瑜.教育的公正与利益——中外教育经济政策研究[M].上海:华东师范大学出版社,2005.

覃福晓,金小鹏,童庆平,等.立法过程中的利益表达与整合机制研究[M].北京:中国民主法制出版社,2011.

陶西平,王佐书.中国民办教育发展报告(2003～2009)[M].上海:上海人民出版社,2010.

滕大春.外国教育通史[M].济南:山东教育出版社,1992.

王建华.第三部门视野中的现代大学制度[M].广州:广东高等教育出版社,2008.

王焱.宪政主义与现代国家[M].北京:生活·读书·新知三联书店,2003.

魏娜,吴爱明.当代中国政府与行政[M].北京:中国人民大学出版社,2012.

吴爱明,沈荣华,王立平,等.服务型政府职能体系[M].北京:人民出版社,2009.

吴东民,董西明.非营利组织管理[M].北京:中国人民大学出版社,2003.

谢安邦,曲艺.外国私立教育[M].北京:中国社会科学出版社,2003.

邢克超.共性与个性:国际高等教育改革比较研究[M].北京:人民教育出版社,2004.

熊全龙.中国教育券制度的实践与探索[M].北京:中国教育出版社,2000.

杨东平.2020:中国教育改革方略[M].北京:人民出版社,2010.

杨琇智,庞学光.教育哲学纲要——学校教育新思维[M].海口:南海出版公司,1997.

俞可平.论国家治理现代化[M].北京:社会科学文献出版社,2014.

俞可平.治理与善治[M].北京:社会科学文献出版社,2000.

曾俊.公共秩序的制度安排——国家与社会关系的框架及其运用[M].上海:学林出版社,2005.

曾小军.民办高等教育政府干预研究[M].北京:中国社会科学出版社,2014.

翟海魂.发达国家职业技术教育历史演进[M].上海:上海教育出版社,2008.

张维平,马立武.美国教育法研究[M].北京:中国法制出版社,2004.

张维迎.市场与政府:中国改革的核心博弈[M].西安:西北大学出版社,2014.

中国大百科全书出版社编辑部.中国大百科全书·教育[M].北京:中国大百科全书出版社,2010.

中国社会科学院语言研究所词典编辑室.现代汉语词典[M].北京:商务印书馆,2005.

周黎安.转型中的地方政府——官员激励与治理[M].上海:格致出版社,上海人民出版社,2008.

周雪光.中国国家治理的制度逻辑:一个组织学研究[M].北京:生活·读书·新知三联书店,2017.

周志宏.学术自由与高等教育法制[M].台北:高等教育文化事业有限公司,2002.

周志忍.当代国外行政改革比较研究[M].北京:国家行政学院出版社,1999.

朱新梅.政府干预与大学公共性的实现:中国大学的公共性研究[M].北京:教育科学出版社,2007.

B.盖伊·彼得斯.政府未来的治理模式[M].吴爱明,夏宏图,译.北京:中国人民大学出版社,2001.

D. B. 约翰斯通.高等教育财政:问题与出路[M].沈红,李红桃,译.北京:人民教育出版社,2004.

埃莉诺·奥斯特罗姆.公共事物的治理之道——集体行动制度的演进[M].余逊达,陈旭东,译.上海:上海三联书店,2000.

安东尼·B.阿特金森,约瑟夫·E.斯蒂格里茨.公共经济学[M].蔡江南,许斌,邹华明,译.上海:上海三联书店,上海人民出版社,1994.

安东尼·吉登斯.第三条道路——社会民主主义的复兴[M].郑戈,译.北京:北京大学出版社,生活·读书·新知三联书店,2000.

奥肯.平等与效率——重大抉择[M].王奔洲,等译.北京:华夏出版社,1999.

奥斯特罗姆,帕克斯,惠特克.公共服务的制度建构——都市警察服务的制度结构[M].宋全喜,任睿,译.上海:上海三联书店,2000.

巴泽尔.产权的经济分析[M].费方域,段毅才,译.上海:上海人民出版社,1997.

保罗·萨缪尔森,威廉·诺德豪斯.经济学[M].萧琛,主译.北京:商务印书馆,2013.

鲍德威,威迪逊.公共部门经济学[M].邓力平,译.北京:中国人民大学出版社,2000.

伯顿·R.克拉克.高等教育系统——学术组织的跨国研究[M].王承绪,徐辉,殷企平,等译.杭州:杭州大学出版社,1994.

查尔斯·沃尔夫.市场或政府——权衡两种不完善的选择[M].谢旭,译.北京:中国发展出版社,1994.

大卫·休谟.人性论[M].关文运,译.北京:商务印书馆,2016.

戴维·T.康利.谁在管理我们的学校——变化中的角色和责任[M].侯定凯,译.上海:华东师范大学出版社,2011.

戴维·奥斯本,特德·盖布勒.改革政府:企业家精神如何改革着公共部门[M].周敦仁,等译.上海:上海译文出版社,2006.

丹尼斯·C.缪勒.公共选择理论[M].杨春学,等译.北京:中国社会科学出版社,1999.

道格拉斯·诺斯.经济史的结构与变迁[M].刘瑞华,译.台北:时报文化出版社企业股份有限公司,1995.

德里克·博克.走出象牙塔——现代大学的社会责任[M].徐小洲,陈军,译.杭州:浙江教育出版社,2001.

弗兰斯·F.范富格特.国际高等教育政策比较研究[M].王承绪,等译.杭州:浙江教育出版社,2001.

哈耶克.法律、立法与自由(第二、三卷)[M].邓正来,张守东,李静冰,译.北京:中国大百科全书出版社,2000.

哈耶克.自由宪章[M].杨玉生,冯兴元,陈茅,等译.北京:中国社会科学出版社,1999.

凯恩斯.就业、利息和货币通论[M].徐毓枬,译.南京:译林出版社,2014.

克拉克·克尔.高等教育不能回避的历史——21世纪的问题[M].王承绪,译.杭州:浙江教育出版社,2001.

莱斯特·M.萨拉蒙.公共服务中的伙伴——现代福利国家中政府与非营利组织的关系[M].田凯,译.北京:商务印书馆,2008.

雷·马歇尔,马克·塔克.教育与国家财富:思考生存[M].顾建新,赵友华,译.北京:教育科学出版社,2003.

理查德·A.马斯格雷夫,佩吉·B.马斯格雷夫.财政理论与实践[M].邓子基,邓力平,译.北京:中国财政经济出版社,2003.

洛克.政府论:下篇[M].叶启芳,瞿菊农,译.北京:商务印书馆,1964.

马尔科姆·卢瑟福.经济学中的制度——老制度主义和新制度主义[M].陈建波,郁仲莉,译.北京:中国社会科学出版社,1999.

马克斯·韦伯.新教伦理与资本主义精神[M].卡尔伯格,英译;苏国勋,覃方明,赵立玮,等译.北京:社会科学文献出版社,2010.

曼瑟尔·奥尔森.集体行动的逻辑[M].陈郁,郭宇峰,李崇新,译.上海:上海三联书店,上海人民出版社,1995.

米尔顿·弗里德曼,罗丝·弗里德曼.自由选择[M].张琦,译.北京:机械工业出版社,2013.

米尔顿·弗里德曼.资本主义与自由[M].张瑞玉,译.北京:商务印书馆,1986.

帕特立克·敦利威.民主、官僚制与公共选择——政治科学中的经济学阐释[M].张庆东,译.北京:中国青年出版社,2004.

皮埃尔·卡蓝默.破碎的民主——试论治理的革命[M].高凌瀚,译.北京:生活·读书·新知三联书店,2005.

乔·B.史蒂文斯.集体选择经济学[M].杨晓维,等译.上海:上海三联书店,1999.

乔治・弗雷德里克森.公共行政的精神[M].张成福,刘霞,张璋,等译.北京:中国人民大学出版社,2003.

青木昌彦.比较制度分析[M].周黎安,译.上海:上海远东出版社,2016.

萨瓦斯.民营化与公私部门的伙伴关系[M].周志忍,等译.北京:中国人民大学出版社,2002.

塞缪尔・亨廷顿.变化社会中的政治秩序[M].王冠华,等译.上海:上海人民出版社,2021.

斯科特.制度与组织:思想观念与物质利益[M].姚伟,王黎芳,译.北京:中国人民大学出版社,2010.

维托・坦茨.政府与市场:变革中的政府职能[M].王宇,等译.北京:商务印书馆,2014.

亚当・斯密.国富论[M].孙善春,李春长,译.北京:中国华侨出版社,2010.

亚里士多德.政治学[M].吴寿彭,译.北京:商务印书馆,1997.

约翰・S.布鲁贝克.高等教育哲学[M].王承绪,郑继伟,张维平,译.杭州:浙江教育出版社,2002.

约瑟夫・E.斯蒂格利茨.政府为什么干预经济:政府在市场经济中的角色[M].郑秉文,译.北京:中国物资出版社,1998.

詹姆斯・E.安德森.公共决策[M].唐亮,译.北京:华夏出版社,1990.

詹姆斯・M.布坎南.公共物品的需求与供给[M].马珺,译.上海:上海人民出版社,2009.

詹姆斯・M.布坎南.民主财政论——财政制度和个人选择[M].穆怀朋,译.北京:商务印书馆,1993.

詹姆斯・M.布坎南.民主过程中的财政[M].唐寿宁,译.上海:上海三联书店,1992.

詹姆斯・杜德斯达.21 世纪的大学[M].刘彤,译.北京:北京大学出版社,2005.

ALFORD R R, FRIEDLAND R. Powers of Theory: Capitalism, the

State, and Democracy[M].Cambridge: Cambridge University Press, 1985.

AMSDEN A H. Asia's Next Giant: South Korea and Late Industrialization[M]. Oxford: Oxford University Press, 1989.

BARR N. The Economics of the Welfare State[M]. London: Oxford University Press, 1998.

COHEN A M, BRAWER F B. The American Community College[M]. San Francisco: Jossey-Bass Publishers, 2005.

FREEMAN C. Technology, Policy, and Economic Performance: Lessons from Japan[M]. London: Frances Printer Publishers, 1987.

GORDON H R D.The History and Growth of Vocational Education in America[M]. Boston: Allyn and Bacon, 1999.

GREENWOOD R, et al. The Sage Handbook of Organizational Institutionalism[M]. London: Sage, 2008.

HOWARD M. Public Sector Economics: For Developing Countries[M]. Barbados: University of the West Indies Press , 2010.

HYMAN D N. The Economics of Governmental Activity[M]. New York: Holt, Rinehart and Winson, Inc., 1973.

JANSEN D. New Forms of Governance in Research Organizations: Disciplinary Approaches, Interfaces and Integration [M]. Netherlands: Springer Verlag, 2007.

PAGE G T, THOMAS J B, MARSHALL A R. International Dictionary of Education[M]. New York: Nichols Publishing Co.,1977.

POWELL W W, DIMAGGIO P J. The New Institutionalism in Organizational Analysis[M]. Chicago:University of Chicago Press, 1991.

SPILL R. An Introduction to the Use of Skill Standards and Certifications in WIA Programs, 2002 [M]. Washington, D.C.: National Skill Standards Board, 2002.

The European Centre for the Development of Vocationa Training.The Material and Social Standing of Young People During Transition from

School to Work in the Federal Republic of Germany[M]. Berlin: Berlin Press, 1990.

THORNTON P H, et al.The Institutional Logics Perspective: A New Approach to Culture, Structure, and Process [M]. London: Oxford University Press, 2012.

THORNTON P H. Markets from Culture: Institutional Logics and Organizational Decisions in Higher Education Publishing[M]. Stanford: Stanford University Press, 2004.

WEIDMAN J C, PARK N. Higher Education in Korea: Tradition and Adaptation[M]. New York: Falmer Press, 2000.

二、期刊文献、学位论文

曹晔.新中国成立70年来职业教育产教融合制度的变迁与展望[J].职业与教育,2019(19):19-25.

曾小军.民办高等教育成本分担的路径依赖分析[J].中国高教研究,2013(4):60-64.

曾小军.政府干预民办高等教育的经济学分析[J].教育发展研究,2012,32(19):34-39.

陈剩勇,陈晓玲.产业规划、政府干预与经济增长——2009年"十大产业振兴规划"研究[J].公共管理与政策评论,2014,3(3):6-24.

陈新平.关于将财政部PPP中心升格为国家PPP促进中心的建议[J].清华金融评论,2015(7):57-61.

陈信泰,庞学光.理想与现实——论教育价值的全面实现[J].教育研究与实验,1992(3):5-8.

陈阳.当前国际教育发展主要特点和趋势综述[J].世界教育信息,2016,29(24):61-67.

褚宏启.绘制教育治理的全景图:教育治理的概念拓展与体系完善[J].教育研究,2021,42(12):105-119.

褚宏启.教育公平与教育效率:教育改革与发展的双重目标[J].教育研

究,2008(6):7-13.

戴维·布朗,桑杰夫·凯哈格拉姆,马克·摩尔,等.全球化、非政府组织和多部门关系[J].马克思主义与现实,2002(3):41-48.

邓欣,潘祥改.论政府干预目标:效率与公平[J].武汉大学学报(哲学社会科学版),1994(2):41-45.

丁元竹,丁潇潇.国际视野中的基本公共服务提供模式[J].公共管理与政策评论,2013,2(1):7-22.

董仁忠.职业教育供给:在政府与市场之间的选择[J].教育学报,2009,5(5):121-128.

杜运周,尤树洋.制度逻辑与制度多元性研究前沿探析与未来研究展望[J].外国经济与管理,2013,35(12):2-10+30.

范履冰,曾龙.论教育中介组织的角色和作用[J].国家教育行政学院学报,2011(8):15-19.

菲利普·G.阿特巴赫,李梅.私立高等教育:从比较的角度看主题和差异[J].教育展望,2000(3):9-18.

冯兴元.哈耶克的竞争观[J].学海,2014(5):152-156.

高月春.韩国职业教育的经验及其启示[J].国家教育行政学院学报,2007(11):82-85+53.

葛新斌.教育中介组织的合理建构与职能运作探析[J].清华大学教育研究,2011,32(6):99-103.

何国华.凯恩斯主义复兴和宏观经济政策理论的新发展[J].世界经济研究,1999(6):66-70.

何显明.政府转型与现代国家治理体系的建构——60年来政府体制演变的内在逻辑[J].浙江社会科学,2013(6):4-13+156.

和军,戴锦.公私合作伙伴关系(PPP)研究的新进展[J].福建论坛(人文社会科学版),2015(5):44-51.

贺东航,孔繁斌.公共政策执行的中国经验[J].中国社会科学,2011(5):61-79+220-221.

胡伶.教育社会组织发展及其中的政府行为研究——基于部分区域抽样

调查的分析[J].教育发展研究,2010,30(17):7-12.

胡澎.日本非营利组织参与社会治理的路径与实践[J].日本学刊,2015(3):140-158.

胡于凝.权力清单制度的动力与阻力探究[J].天津行政学院学报,2016,18(4):3-11.

黄恒学,孔雪琳.国外公共服务市场化改革研究[J].天津行政学院学报,2015,17(1):97-103.

黄建军.中国国家治理体系和治理能力现代化的制度逻辑[J].马克思主义研究,2020(8):43-51+155-156.

姜大源.德国"双元制"职业教育再解读[J].中国职业技术教育,2013(33):5-14.

姜大源.德国联邦职业教育法译者序[J].中国职业技术教育,2012(10):71-88.

金久仁,龚怡祖.促进教育公平的政府规约性责任研究[J].江海学刊,2015(3):107-112.

景朝亮,毛寿龙.从政府职能转变的视角反思社区基本公共服务[J].天津行政学院学报,2015,17(1):3-8.

匡绪辉.公共财政下教育财政投入模式选择[J].江汉论坛,2002(12):13-15.

劳凯声.社会转型与教育的重新定位[J].教育研究,2002(2):3-7+30.

李滨.试论我国职业教育校企合作政府主导型战略[J].黑龙江高教研究,2010(6):90-92.

李博.项目制扶贫的运作逻辑与地方性实践——以精准扶贫视角看A县竞争性扶贫项目[J].北京社会科学,2016(3):106-112.

李立国.大学治理的制度逻辑:融通"大学之制"与"大学之治"[J].华东师范大学学报(教育科学版),2021,39(3):1-13.

李立国.国家治理视野下的中央教育行政机构职能分析[J].清华大学教育研究,2014,35(6):11-21.

李翕然.企业社会责任问题辨析[J].技术经济与管理研究,2012(9):

53-56.

李延平.论职业教育公平[J].教育研究,2009,30(11):16-19.

刘根华,胡彦.行业组织参与职业教育的问题及路径研究[J].高等工程教育研究,2016(4):146-150.

刘红宇,马陆亭.OECD国家高等教育投入的典型模式[J].高等教育研究,2012,33(5):102-109.

刘骥,熊彩.解释政策变通:运动式治理中的条块关系[J].公共行政评论,2015,8(6):88-112+187.

刘薇.PPP模式理论阐释及其现实例证[J].改革,2015(1):78-89.

刘晓蔓.对浙江长兴县"教育券"制度的调研报告[J].教育发展研究,2005(12):20-26.

刘新萍,孙桂芝.市场经济条件下政府经济职能管窥[J].山东经济,2000(1):17-20.

刘有贵,蒋年云.委托代理理论述评[J].学术界,2006(1):69-78.

刘玉山,汪洋,吉鹏.我国政府购买职业教育服务的运行机理、实践困境与发展路径[J].教育发展研究,2014,34(19):13-19.

柳俊峰.中央和地方政府的利益博弈关系及对策研究[J].西南交通大学学报(社会科学版),2004(3):68-72.

潘懋元,朱乐平.高等职业教育政策变迁逻辑:历史制度主义视角[J].教育研究,2019,40(3):117-125.

潘懋元.公平与效率:高等教育决策的依据[J].北京大学教育评论,2003(1):54-57.

庞学光.社会主义社会应重视教育的个人价值[J].教育研究与实验,1989(1):35-38.

朴贞子,柳亦博.共在与共生:论社会治理中政府与社会组织的关系[J].天津行政学院学报,2016,18(4):12-18.

齐桂珍.国内外政府职能转变及其理论研究综述[J].中国特色社会主义研究,2007(5):87-92.

钱程,韩宝平.多重制度逻辑下职业教育产教深度融合路径创新研究[J].

职业技术教育,2018,39(4):14-18.

渠敬东.项目制:一种新的国家治理体制[J].中国社会科学,2012(5):113-130+207.

桑凤平.日本职业教育促进产业发展的经验及其借鉴[J].教育研究,2012,33(6):150-154.

粟勤.我国经济转轨时期"市场失灵"的特征与治理[J].中央财经大学学报,2006(3):68-71.

孙国华.论法的和谐价值[J].法学家,2008(5):18-19.

汤霓,石伟平.新职业主义视角下美国社区学院产教合作模式研究[J].外国教育研究,2015,42(5):58-68.

王春业.权力清单制度及其顶层设计[J].天津行政学院学报,2016,18(1):59-66+2.

王洪才."双一流"建设的重心在学科[J].重庆高教研究,2016,4(1):7-11.

王健,李双双.美国国债负担率高企对经济的影响及对策[J].华东经济管理,2013,27(4):91-97.

王思懿,赵文华.多重制度逻辑博弈下的美国终身教职制度变迁[J].教育发展研究,2018,38(1):76-84.

王永昌.论价值的含义、要素和生成的根据[J].学术月刊,1986(10):37-43.

魏志春.新阶段政府教育管理职能应如何转变[J].人民教育,2009(23):6-9.

西井泰彦,鲍威.日本私立高等教育财政补助制度与私立高校财务管理[J].教育发展研究,2008(10):1-7.

夏焰,沈有禄.美国教育券的形式、内容、特点、经验及其启示[J].教育与职业,2011(12):21-24.

肖凤翔,于晨,肖艳婷.国家高职教育项目制治理的生成动因、效用限度及优化策略——以"国家示范性高等职业院校建设计划"为例[J].教育发展研究,2016,36(Z1):64-70.

谢作栩.韩国高等教育大众化的发展历程与特征[J].外国教育研究,2002(1):6-9.

辛鸣.哲学视野中的制度本质[J].中共中央党校学报,2004(3):25-31.

徐国庆.职业教育实现现代化的关键是完善国家基本制度[J].华东师范大学学报(教育科学版),2021,39(2):1-14.

徐涵.日本专门学校探索职业教育新方向[J].世界教育信息,2016,29(22):75-76.

徐佳.论转型经济时期公共财政监督体制的问题和解决途径[J].山东社会科学,2008(12):149-152.

徐平.美国合作教育的基本模式[J].外国教育研究,2003(8):1-4.

许明,胡晓莺.当前西方国家教育市场化改革述评[J].教育研究,1998(3):69-74.

燕继荣.从“行政主导”到“有限政府”——中国政府改革的方向与路径[J].学海,2011(3):85-96.

杨东平.教育公平是一个独立的发展目标——辨析教育的公平与效率[J].教育研究,2004(7):26-31.

杨公安.我国现代学徒制非正式制度的缺失与完善[J].教育研究,2017,38(8):91-95.

杨继瑞,孟宪芮.发行高等教育债券:若干思考与对策[J].教育与经济,2011(4):12-15.

杨移贻.后大众化阶段高等教育的审视[J].深圳大学学报(人文社会科学版),2009,26(5):144-148.

游玉佩,熊进.单位制与项目制:高等教育资源分配的制度逻辑及反思[J].江苏高教,2017(2):21-25.

于健慧.中央与地方政府关系的现实模式及其发展路径[J].中国行政管理,2015(12):43-45.

余祖光.透视韩国职业教育与职业培训[J].中国职业技术教育,2003(5):56-59.

俞可平.全球治理引论[J].马克思主义与现实,2002(1):20-32.

俞启定，和震，查吉德，等.深入理解规划纲要，促进职业教育科学发展[J].中国职业技术教育，2010(27)：5-17.

张斌.多重制度逻辑下的校企合作治理问题研究[J].教育发展研究，2014，34(19)：44-50.

张灵，张继平.世纪之初韩国职业教育发展趋向及启示[J].继续教育研究，2010(6)：92-94.

张明军.在新时代的实践中创新民主政治理论[J].政治学研究，2018(2)：28-31.

张胜军.政府教育责任的有限性及其边界[J].教育学术月刊，2012(8)：16-19＋48.

张万朋.试论政策性金融手段在教育融资中的作用[J].教育研究，2003(3)：42-46.

张文静，冉云芳.21世纪以来我国中等职业教育经费投入及影响因素分析[J].教育与职业，2021(4)：32-39.

张雅勤，陈秀峰.非营利组织的公平物品供给优势及路径——以“春蕾计划”为例的分析[J].学习与实践，2010(10)：101-106.

赵伟.培养目标的新界定和我国职教格局的重塑[J].中国职业技术教育，2014(21)：46-51.

折晓叶，陈婴婴.项目制的分级运作机制和治理逻辑——对“项目进村”案例的社会学分析[J].中国社会科学，2011(4)：126-148＋223.

周飞舟.政府行为与中国社会发展——社会学的研究发现及范式演变[J].中国社会科学，2019(3)：21-38＋204-205.

周光礼，徐梦梦.引入负面清单管理模式重构大学与政府的关系[J].中国高校科技，2014(11)：9-11.

周光礼.论中国政府与教育中介组织的互动关系：一个法学的视角[J].北京大学教育评论，2006(3)：140-154＋192.

周其仁.教育券的中国意义[J].财经，2003(10)：34-36.

周雪光，艾云.多重逻辑下的制度变迁：一个分析框架[J].中国社会科学，2010(4)：132-150＋223.

周雪光.国家治理逻辑与中国官僚体制:一个韦伯理论视角[J].开放时代,2013(3):5-28.

周雪光.权威体制与有效治理:当代中国国家治理的制度逻辑[J].开放时代,2011(10):67-85.

周雪光.项目制:一个“控制权”理论视角[J].开放时代,2015(2):82-102+5.

周志忍,陈庆云.道德驱动的自律与制度化自律——希望工程公共责任和监督机制研究[J].中国行政管理,2001(3):10-14.

周志忍.行政效率研究的三个发展趋势[J].中国行政管理,2000(1):37-40.

祝爱武,胡建华.责任与限度:高等教育办学主体研究[J].高等教育研究,2015,36(11):23.

AFONSO A, SCHUKNECHT L, TANZI V. Public Sector Efficiency: An International Comparison[J]. Public Choice, 2005, 123(3/4): 321-347.

BAROLW R. Efficiency Aspects of Local School Finance[J]. Journal of Political Economy, 1970, 78(5): 1028-1040.

BERGER A N, UDELL G F. Relationship Lending and Lines of Credit in Small Firm Finance[J].Journal of Business, 1995,68 (3): 351-381.

BHAGWATI J N. Directly Unproductive, Profit-seeking (DUP) Activities[J]. The Journal of Political Economy, 1982,90(5): 988-1002.

BOVENS M. Analysing and Assessing Accountability: A Conceptual Framework[J]. European Law Journal, 2007,13 (4): 447-468.

CHAN Y S, KANATAS G. Asymmetric Valuations and the Role of Collateral in Loan agreements[J]. Journal of Money, Credit and Banking, 1985, 17(1): 84-95.

COASE R H. The Lighthouse in Economics[J]. Journal of Law & Economics, 1974, 17(2): 357-376.

DUNN M B, JONES C. Institutional Logics and Institutional Pluralism: The Contestation of Care and Science Logics in Medical Education,1967-2005[J]. Administrative Science Quarterly, 2010,55(1):

114-149.

FALKINGER J, FEHR E, et al. A Simple Mechanism for the Efficient Provision of Public Goods: Experimental Evidence [J]. The American Economic Review, 2000, 90(1): 247-264.

GURLEY J G, SHAW E S. Financial Structure and Economic Development[J]. Economic Development and Cultural Change, 1967, 15(3): 257-268.

KAHKONEN L. Quasi-Markets, Competition and Market Failures in Local Government Services[J]. Kommunal Ekonomi Och Politik, 2004, 8(3): 31-47.

MARMOLO E. A Constitutional Theory of Public Goods[J]. Journal of Economic Behavior & Organization, 1999,38 (1): 27-42.

McCHESNEY F S. Government Prohibitions on Volunteer Fire Fighting in Nineteenth-Century America: A Property Rights Perspective[J]. Journal of Legal Studies, 1986, 15(1): 69-92.

MONTGOMERY M R, BEAN R. Market Failure, Government Failure, and the Private Supply of Public Goods: The Case of Climate-Controlled Walkway Networks[J]. Public Choice, 1999,99 (3/4): 403-437.

PINKSTON T S, CARROLL A B. Corporate Citizenship Perspectives and Foreign Direct Investment in the US[J]. Journal of Business Ethics, 1994, 13(3): 157-169.

PURDY J M, GRAY B. Conflicting Logics, Mechanisms of Diffusion, and Multilevel Dynamics in Emerging Institutional Fields[J]. Academy of Management Journal, 2009,52(2): 355-380.

RHODES R. The New Governance: Governing without Government [J]. Political Studies, 1996, 44(4): 652-667.

SAMUELSON P A. Diagrammatic Exposition of a Theory of Public Expenditure[J]. The Review of Economics and Statistics, 1955, 37(4): 350-356.

SAMUELSON P A. The Pure Theory of Public Expenditure [J]. Review of Economics and Statistics, 1954,36 (4): 387-389.

STOKER G. Governance as Theory: Five Propositions [J]. International Social Science Journal, 1998,50(155): 17-28.

THORNTON P H, OCASIO W. Institutional logics and the historical contingency of power in organization: Executive succession in the higher education publishing industry, 1958-1990 [J]. American Journal of Sociology, 1999,105(3): 801-843.

何鹏程.教育公共服务体系构建研究——以上海实践为例[D].上海:华东师范大学,2012.

胡海清.经济利益、价值恰当与企业参与——我国产学合作培养人才政策的制度分析[D].武汉:华中科技大学,2012.

江奇.德国职业教育校企合作机制研究[D].西安:陕西师范大学,2014.

蒋后强.高等学校自主权研究[D].重庆:西南大学,2006.

李泽彧.我国高等学校办学自主权研究[D].厦门:厦门大学,2000.

索丰.韩国大学治理研究[D].长春:东北师范大学,2011.

吴景松.政府职能转变视野中的公共教育治理范式研究[D].上海:华东师范大学,2008.

张茂聪.论教育公共性及其保障[D].济南:山东师范大学,2010.

周晶.中国职业教育校企合作制度建设研究[D].长春:东北师范大学,2015.

三、电子资源

2009 年全国教育事业发展统计公报[EB/OL].(2010-8-3)[2021-5-10]. http://www.gov.cn/gzdt/2010-08/03/content_1670245.htm.

2015 年全国教育事业发展统计公报[EB/OL](2016G7G6)[2021G5G7]. http://www. moe. gov. cn/srcsite/A03/s180/moe _ 633/201607/t20160706 _ 270976.html.

2020 年全国教育经费执行情况统计公告发布[EB/OL].(2021-11-30)

[2022-3-10].http://www.moe.gov.cn/jyb_xwfb/gzdt_gzdt/s5987/202111/t20211130_583350.html.

对十三届全国人大二次会议第3402号建议的答复[EB/OL].(2019-9-23)[2022-3-10].http://www.moe.gov.cn/jyb_xxgk/xxgk_jyta/jyta_zcs/201909/t20190923_400309.html.

福建亿元扶持中等职业教育[EB/OL].(2009-8-17)[2021-3-12].http://zqb.cyol.com/content/2009-08/17/content_2806926.htm.

关于公布现代学徒制第二批试点验收结果和第三批试点检查情况的通知[EB/OL].(2019-10-29)[2022-3-10].http://www.moe.gov.cn/s78/A07/A07_gggs/A07_sjhj/201910/t20191029_405885.html.

国务院办公厅关于深化产教融合的若干意见[EB/OL].(2017-12-19)[2022-4-10].http://www.gov.cn/zhengce/content/2017-12/19/content_5248564.htm.

国务院关于加快发展现代职业教育的决定[EB/OL].(2014-6-22)[2021-3-10].http://www.gov.cn/zhengce/content/2014-06/22/content_8901.htm.

国务院关于印发国家职业教育改革实施方案的通知[EB/OL].(2019-2-13)[2022-3-10].http://www.gov.cn/zhengce/content/2019-02/13/content_5365341.htm.

国务院关于印发国家职业教育改革实施方案的通知[EB/OL].(2019-4-4)[2021-3-12].http://www.moe.gov.cn/jyb_xxgk/moe_1777/moe_1778/201904/t20190404_376701.html.

贾西津,苏明.中国政府购买公共服务研究终期报告(亚行对华技术援助项目TA4790-PRC:改革支持和能力建设)[R/OL].(2009-9-13)[2022-4-8].http://wenku.baidu.com/view/3695bf1dfad6195f312ba660.html.

教育部、财政部关于进一步推进“国家示范性高等职业院校建设计划”实施工作的通知[EB/OL].(2010-7-26)[2021-3-12].http://old.moe.gov.cn/publicfiles/business/htmlfiles/moe/s3876/201008/xxgk_93891.html.

教育部关于以就业为导向,深化高等职业教育改革的若干意见[EB/OL].

(2004-4-6)[2021-6-10].http://www.moe.gov.cn/s78/A07/zcs_left/moe_737/gzjy_qt/tnull_9969.html.

李克强主持国务院常务会 部署推广政府和社会资本合作模式[EB/OL].(2015-5-13)[2022-3-1]. http://cpc.people.com.cn/n/2015/0513/c64094-26996469.html.

落实职业教育各项改革部署[EB/OL].(2020-7-27)[2022-3-10].http://www.moe.gov.cn/jyb_xwfb/s5147/202007/t20200727_475099.html.

美国国家教育统计中心[EB/OL].(2000-7-26)[2021-3-12].http://nces.ed.gov/ipeds/Home/UseTheData.

全国共有职业学校1.15万所,在校生2857.18万人[EB/OL].(2020-12-9)[2022-3-10]. http://www.moe.gov.cn/fbh/live/2020/52735/mtbd/202012/t20201209_504262.html.

全国教育经费执行情况统计公告[EB/OL].(2021-11-30)[2023-3-10]. http://www.moe.gov.cn/srcsite/A05/s3040/202111/t20211130_583343.html.

全国职业教育混合所有制办学研究联盟[EB/OL].(2014-5-6)[2021-3-12]. https://nramve.sdm.net.cn/lmdt/xwdt.htm.

日本经济产业研究所.创新体系的产学合作调查报告(2005)[EB/OL].(2010-12-9)[2022-3-10]. http://www.rieti.go.jp/cn/projects/2005/index.html.

日本文部科学省学校基本调查年次统计(学校数)[EB/OL].(2015-8-26)[2021-3-12]. http://www.e-stat.go.jp/SG1/estat/List.do?bid=000001015843&cycode=0.2015,8.

提高高中阶段国家助学金标准,助力贫困学生成长和技能型人才培养[EB/OL].(2015-3-1)[2021-12-10].http://www.moe.gov.cn/jyb_xwfb/s271/201503/t20150301_185974.html.

BELFIELD C R. Vouchers and the Cleveland Scholarship Program: Little Progress So Far[EB/OL].(2006-3-1)[2021-3-10]. http://www.clevelandfed.org/Research/commentary/2006/ec-20060301-vouchers-and-the-cleveland-scholarship-program-little-progress-so-far.

Clarification Regarding Self-Employment in the Context of "Employment" for VET TEC TrainingPrograms [EB/OL]. (2021-5-24) [2021-10-12]. https://www. federalregister. gov/documents/2021/05/24/2021-10693/clarification-regarding-self-employment-in-the-context-of-employment-for-vet-tec-training-programs.

Education at a Glance 2021 [EB/OL].(2022-2-21)[2022-5-1].https://eduwx.nju.edu.cn/91/af/c22777a561583/page.htm.

U.S. Department of Education. Carl D. Perkins Career and Technical Education Act of 2006[EB/OL].(2006-8-12)[2022-3-10]. https://www.congress.gov/bill/109th-congress/senate-bill/250.